新时代基础教育探索丛书

XIAO XUE BU XIAO

丁苗●著

—— 我的教育探索之路

任何一条教育探索之路都是荆棘丛生的
只有不畏艰难坚定前行者
才能翻山越岭
欣赏桃李芬芳的教育美景

版 武汉出版社
WUHAN PUBLISHING HOUSE

(鄂) 新登字08号

图书在版编目(CIP) 数据

小学不"小"：我的教育探索之路 / 丁苗著. —武汉：武汉出版社, 2023.6
（新时代基础教育探索丛书）
ISBN 978-7-5582-5774-2

Ⅰ. ①小… Ⅱ. ①丁… Ⅲ. ①小学教育–教育研究 Ⅳ. ①G622.0

中国国家版本馆CIP数据核字（2023）第019234号

著　　者：丁　苗
责任编辑：李　俊
封面设计：曾娥梅
出　　版：武汉出版社
社　　址：武汉市江岸区兴业路136号　　　邮　　编：430014
电　　话：（027）85606403　　　85600625
http://www.whcbs.com　　　E-mail: whcbszbs@163.com
印　　刷：武汉鑫金星印务股份有限公司　　　经　　销：新华书店
开　　本：787 mm×1092 mm　　　1/16
印　　张：20　　　字　　数：400千字
版　　次：2023年6月第1版　　　2023年6月第1次印刷
定　　价：65.00元

关注阅读武汉
共享武汉阅读

自 序

　　我是一名从教25年的小学语文教师，也是一名小学校长，多年的教育经验和多重的岗位角色让我对教育有着更为全面、系统的认知和理解。准确地说，20多年来，我从未停止过对教育的探索。武汉市学科带头人、武汉市"功勋"班主任、湖北省基础教育"科研之星"、全国教育改革优秀教师等荣誉是我探索之路上获得不断成长的见证，《小学不"小"——我的教育探索之路》这本书则是我教育路上思考的结晶。

　　《小学不"小"——我的教育探索之路》这本书从教育理念、教育管理、班级管理、课堂教学、语文教育、家校共育六个方面阐述了我对教育的理解。书中各部分的观点、内容及案例都是我平时的经验体会，书中的思想、概念、观点和实践步骤都是从我的教育经验中萃取出来的，既有一定的理论高度，也有实践经验的宽度。因此，无论你是学校的管理者还是教师同仁，我相信本书或多或少都能够给你某些启发。成人的学习是为了解决问题，当你在教育路上感到迷茫困惑，找不到方向、方法时，这本书也许能够给你某些指引。

　　且行且思，方能行之高远！行走在教育之路上，每有想法或思考，我便会停下来思考后形成论文，公开发表，因此我在这本书中也对发表过的教育论文进行了系统的梳理。思考的结晶多了，站位高了，看待事物的视角也不一样了，当我成为武昌实验小学光谷校区的校长之后，我对教育理念有了更深层的认知，也深刻地认识到了教育理念与学校办学之间的关系。教育理念是学校办学行为的先导，是学校办学方针的基石，是学校办学特色的路标，是构建学校校本课程和独特教育方式的依据。因此，一位校长想要办好一所学校，必须在实践中去探索适合人发展的教育理念，并一以贯之地去践行。

　　改革开放以来，我国的小学教育取得了长足的进步。但是我们也应该看到，当前的小学教育理念还存在不少问题，比如教育理念趋同，缺乏新意；教育理念高高在上，没有落地；教育理念变化多端，难以持久。实际上，无论教育理念怎么变化，教育促进人和社会发展的宗旨是不会变的，所以我们要回归到教育的本质去思考，探索出符合社会发展、学校发展以及师生发展的教育理念。校长则需要在此过程中发挥积极主导作用，需要在多元、多样、多质、多态的教育观中形成自己的教育观，构建自己学校的文化形态和内核。而我对学校文化的思考、对教育理念的探索源自我的一线教学经验。当我在湖北省武昌实验小学当小学语文老师并担任班主任时，看到我的孩子们课余时间忙于奔赴各类补习班，我就时常思考一个问题：我们的孩子缺什么？思前想后，我觉得我们的孩子缺"觉"、缺"玩"、缺"自由"、缺"笑"，而这些看似最平常的东西却是孩子们最缺乏的，这不得不让我去思考：教育的目的到底是什么？

湖北省武昌实验小学张基广校长提出了"新自然教育"理念，他认为学校应该做自然、从容、本真的教育，为孩子提供一个自由生长的土地，让孩子拥有真实而幸福的童年，为其一生打好纯净的底色。这种理念也一直影响着我，我也在教育实践中深信不疑并坚定不移地去践行，也在孩子身上看到了最自然的样态。所以，当我成为湖北省武昌实验小学光谷校区的校长之后，我同样秉承着"新自然教育"的办学理念，遵守儿童自由生长的基本规律，尊重儿童的天性，运用本真、自然的方式影响儿童学习，营造一种原生态的、积极的校内校外学习环境，引导儿童自然生长。在教育实践中，我也逐步形成了自己的教育理念。我认为小学教育应尊重儿童"三性"（天性、个性和社会性）、让儿童"三好"（睡好、玩好、学好），帮助儿童自主、自由、有度地自然发展。作为校长，我也在努力让学校成为一所不挡住儿童阳光、允许儿童在地上自由打滚的"田园学校"，让学校成为每一个儿童都愿意驻足的乐园，一个自觉、自然、自在的快乐家园。

"双减"政策出台后，我发现，"新自然教育"理念和"双减"是相契合的，都是为了让教育回归本真，为孩子的终身发展建立良好的教育生态。因此，围绕"双减"政策，我校采取了相应的举措，比如更新家庭作业、改换评价制度、夯实音美体卫、发扬自主教育，且针对不同板块的举措，我校也采取了系列的实践和反思，取得了明显成效。

一以贯之的教育理念不仅能让我在教育改革和时代变革中找到不变的点，还能指导我大胆地去进行教育变革。秉承着"新自然教育"理念，我校将企业的目标管理引入学校管理中，将学校的育人目标定为"中国情怀，世界眼光"。为落实这一育人目标，我校又采取了一系列的举措，在一切流动的细节中贯彻学校的育人目标，其中部分做法还是非常有参考价值和意义的。

班级是学校教育和管理的基本单位，学校教育工作主要通过班级管理工作来落实。在学校育人目标的指引下，我系统分析了当前小学班级管理现状及学生身上需解决的问题，发现解决班级管理问题及学生自身问题的首要措施依旧是目标管理。在符合学校育人目标的前提下，我引导学生去了解和发现自己内心的需求，分析自己的优势和不足，带领他们通过集体讨论、商议共创的方式制定班级目标。然后基于班级目标，再来引导学生制定自己的个人目标，这样个人目标、班级目标及学校目标就达成了统一，清晰明确。

当然制定目标只是班级管理的第一步。为了更好落实目标，我结合自己的班主任工作经历和教育实践经验，提出了"信任放手、欣赏期待、鼓励自主、用心诱导"的十六字班级管理理念。在此理念的指导下，我创新了许多班级管理措施，如由学生集体讨论来商议制定班级班规，确定班徽、班歌；实行"四长"（学习、文明、卫生、生活四位组长）负责制，做到班级人人有事做，事事有人做，时时有事做，事事有时做；实行学期经济管理制度；学生自主组建各种班级社团，保证人人参与；学生自主进行班级环境创设，班级设立"心愿墙"和"涂鸦墙"；小组轮流记班级日志和制作班级小报，学生共同设计组织"班级民主议事会"等。

"双减"政策出台后，我校的大部分管理举措可以照样实施。但"减量不减质"是"双减"对学校提出的内在根本要求。在这种情况下，教师的专业素养显得尤为重要。在教师培养方面，我校根据教师发展需求及自身专业能力，引导教师形成了多个发展共同体组织，比如问导式工作坊、"小时候"儿童全阅读工作室、"石头汤"青年教师工作坊、儿童哲学阅读工作室、阳光心理工作室、教学游戏工作室、课堂观察工作室等。"双减"政策实施之后，我校引导青年教师制定了个人专业成长3年规划，通过校本研修、帮扶措施等促进青年教师的专业发展，以期通过个性化的活动和多重举措，引导教师探索糅合"世界眼光"的方法，全面落实全员育人、全程育人、全方位育人的现代教育理念，更好地适应素质教育的要求和人才培养目标的转变。当然，要想让"双减"政策真正落实，班级管理措施的调整必不可少。在我校育人目标的指引下，我校从新生入学教育、学生兴趣活动、导师制建设、学生个性发展4个维度进行了调整，并取得了一定成效。

总之，站在学校发展的角度，我对学校目标管理有着自上而下的全面、系统的认知；而站在班主任管理的角度，我对学生目标管理及班级目标管理有着自下而上的具体、细致的思考。这两种不同的视角让我深刻地理解了小学教育管理的真谛，即要引导孩子自主、自由、有度地发展，实现自主化管理。

自主化班级管理的核心是培养学生良好的习惯。在我校贯彻的新自然教育理念的统摄之下，我在学校设定了小学生的8个好习惯：见人问声好，走路靠右行，清洁自己做，饭菜吃干净，写字姿势正，做操有精神，每天勤读书，主动常提问。这8个好习惯最终指向不同的优良品德，即礼貌、守则、勤劳、节俭、严谨、乐观、乐学、好问。为全面培养孩子这8个好习惯，塑造孩子的品格，学校创新了一系列做法，如设立"新生入学教育周"；设立自主阅读课、独立学习日；评选"小小美食家"；开展"坚持100天做好一件事情"、主题阅读、每日一歌等活动；设立德育作业，即"做好每天十件事，每年五件小事"；争做生活小主人；开展家务劳动竞赛；制定《学生综合素养发展指南》等。为了把家庭教育的力量也整合进来，学校设立了学校开放周、家长开放日、爸爸接送周、家长课程并开展社区家长评教师活动，每班设立一个班主任、两个副班主任，每位教师负责十多户家庭的家长教育。基于"双减"政策，我校通过将习惯养成与作业设计、劳动课程进行有机结合，将验收知识转向培育孩子习惯，促使孩子养成良好习惯。因为教育就是要培养孩子的习惯，少成若天性，习惯成自然。

"新自然教育"理念不仅融进了学校管理、班级管理，也融进了每一堂课，每一个科目。"新自然教育"指出，课程教学要引导孩子走向"会学"。为了帮助学生走向"会学"，我在学校积极探索新的教育之路，变革教学方式，"四有"课堂就是我重构的小学课堂新样态。"四有"课堂指的是有学生学习、有教师指导、有学科味道、有合作文化的课堂。有学生学习主要关注的是学生怎么学习、学得怎样的问题；有教师指导主要关注的是教师怎么教的问题；有学科味道关注的是教和学的内容是什么的问题；有合作文化强调的是学生学习方式的转变。这4个要素虽指向不同，但相互联系，相互作用，共同构成了我校全体教师对新课堂的理解和追求。为确保"四有"课堂理念落实到课堂教学实践中，我校制定了各学段、各学科"四有"课堂教学标准，形成了"四有"课堂指导手册，指导教师按照"四有"课堂教学标准，不断去规范自己的课堂教学，提升课堂教学质量。在"四有"课堂教学实践中，为避免教师闭门造车，我以学科"四有"课堂教学为蓝本，在校内开展旨在改进课堂教学效果的专业观课议课活动，通过观课议课螺旋式地改进课堂教学。为提高观课议课效率，我还设计了观课量表，优化了观课议课方法，并在教学中去开展行动研究。这种方式使过去基于感受和经验的听评课走向了基于证据和数据的实证分析，促使教研真正指导课堂教学，逐步实现高效的"四有"课堂。当然，观课议课只是开展"四有"课堂教学研究的一种形式，为促使教师全面深入地落实"四有"课堂，我校还开展了形式多样的教研、科研活动，比如有效备课、教育写作、"四有五步"教学法研讨等，使"四有"课堂标准真正内化成教师的教学思想，成为指导教师课程教学的有力武器。

在"双减"政策背景下，"四有"课堂立足守好课堂主阵地，教师通过改变课堂学习方式，让学生在课堂上消化吸收知识，真正帮助学生减轻学业负担。值得注意的是，"双减"政策下落实"四有"课堂，对教师的专业素养提出了更高要求，促使教师要钻研教材的深度和广度，要有大单元教学整体观，要学会把教材用活，还要关注学生的整体状态，引导学生活学活用，从而实现提质增效。如何去落实这些要求呢？作为一名资深的小学语文教师，我通过优化集体备课、优化课堂教学、优化评课议课、优化作业布置与批改、优化检测和辅导等措施使"四有"课堂深入语文教学的全过程，躬身入局，亲自示范，带领学校教师一起成长。

通过小学语文课堂教学实践，我也在思考小学语文教育应该走怎样的路。值得庆幸的是，在不断的实践探索中，我也发现部分教学方法其实是比较适合当前小学语文教育现状的，比如"素读"、"课内海量阅读"、单元课堂组织形式等。在教育实践中，我也逐渐明晰，我理想中的境界是让语文融入学生的骨血之中，让他们从语文课堂中收获对其一生有益的素养。为此，我认为可以从四个方面着手去落实：一是增加课堂语文味，助长语文感知力；二是调动积极性，让每一个孩子都开口；三是合理活用教材教法，开拓语文新视野。随着"双减"政策出台，如何让小学语文教育的路径更加通畅，我也有一些自己的思考，比如让学生成为课堂的主体，引导学生进行大量的阅读和背诵，给课堂做"减法"等都能重构语文教学，更好地应对"双减"这场教育变革。

如果说，作为校长，我的重心在管理；作为语文教师，我的重心在教学；那么作为班主任，家校沟通就是我工作中非常重要的内容。我一直认为学校、家庭和社会教育直接影响着学生的成长，三者达成一致，是教育取得成功的重要因素。为此，我校构建了"三结合"育人体系，即发挥家庭、社会在教育过程中沟通、服务、参与、管理的作用，形成学校、家庭、社会紧密结合的开放办学格局。为夯实"三位一体"工程，我校采取了系列措施，比如设立家长开放日、家校共育委员会、家长学校、爸爸接送周；落实到班级中，我校组织了新型家长会，研发了家长课程，通过书信交心、有效沟通拉近与家长之间的心理距离。同时，我校还联动社会，实现了多方资源共享。在"双减"背景下，我校加强了与家庭、社会的紧密合作，通过与家长连心、与社区拉手的方式守住"双减"阵线，全面落实合作育人目标。家校共育，沟通很关键。我认为作为一名教师，与家长沟通要做到外圆内方，方外有圆，圆中有方。其中，"圆"是和家长交流时的交往之道，"方"是与家长交流时的做人之本。在实际沟通过程中，我们的老师也会遇到一些棘手的问题，面对不同的问题，我也分享了自己的沟通技巧，我相信也能够给阅读到这本书的教师同仁一些参考。

总之，这本书中不仅阐述了教育理念、教育管理、课堂教学、班级管理、家校沟通等方面的理论和观点，也提供了具体的经验和案例，我相信能给广大教育管理者、一线教师提供一些借鉴，促进多样的管理和实践探索，产生更多的思考和实践成果。

感谢在我多年教育实践和教育管理过程中给予我许多帮助的领导、同事、朋友和家人，恕我不能在此一一指名道谢。没有你们的帮助，我不可能顺利地完成本书的写作和出版。

我深知，虽然自己在20多年的教育探索之路上兢兢业业，独立思考，勤于笔耕，取得了些许成绩，但还存在这样或那样的不足。因此，本书的总结或论述也势必存在这样或那样的不足，恳请阅读本书的教育管理者和教师同仁们批评、指正。

任何一条教育探索之路都是荆棘丛生的，只有不畏艰难坚定前行者才能翻山越岭，欣赏桃李芬芳的教育美景。

是为序。

2022年6月

目 录 CONTENTS

第一章

现代小学的教育理念

小学不"小"

XIAO XUE BU XIAO

丁苗 ● 著

—— 我的教育探索之路

第一节 近年小学教育理念回顾

教育是民族振兴、社会进步的基石，寄托着亿万家庭对美好生活的期盼，基础教育势必要走好第一步。"基础"或许为各小学划定了相似的发展范围与培养内容，2007年，教育部基础教育质量监测中心成立，标志着我们国家基础教育的发展进入了一个新的历史时期，教育的眼光开始从规模移向提高教育质量，促进内涵发展。

教育理念是学校眼光的具现，是学校教育观念、思想和价值追求的总和，是具体办学行为的先导，也被称为"学校教育哲学"。

不过让我们先从问题看起，随着发展，小学教育理念也存在不少弱点：

第一，教育理念趋同。"以人为本""以生为本""立德树人"等系列语词被广泛使用，从中看不出学校层级是小学还是高中？这一类理念是所有学校必须做到的，那就无所谓新意。

第二，教育理念高高在上，落不到实处。或许是引入先进理念时未结合本校的实际情况，与现实相距甚远，终究无法将理念渗透入日常的办学行为中。

第三，教育理念变化多端，难以持久。每隔一段时间就换一个理念，一则说明原先的理念本身就与学校关联不紧密，不过是然然可可，二则说明理念的得出也与实际割裂。

天下之事业往往不患有缺点而患有污点，增减容易但矫正十足困难。办学不可陷入改革误区。有多少孩子让我们实验？有多少创新的激情拿来消费？有多少改头换面经得起时间推敲？

大多学校还是进行了有益的尝试，加快了近年来小学教育发展的速度，逐渐击碎千校一貌的局面，学校自身得到解放，更加突出选择性、多样化、个性化，新的优秀教育理念层出不穷，其涉及的方面大致有如下几点：

第一，基于素质教育的特色办学。值得注意的是，近年很少有学校把成绩作为宣扬的旗帜、夸耀的资本，越来越多的学校根据自己的办学传统、历史文化、地域环境等，形成独特的教育理念与培养目标，发展了自己的特色办学名片。特色是学校在长期实践中不断积累、本校突出的优于其他学校的独特风貌，培育办学特色，走个性化发展之路，不仅是学校立足与生存的根本，而且是学校发展与竞争的前提，愈多的学校在要形成学校特色这一点上达成共识。

每一所学校都是潜在的特色学校，小学教育纷纷挖掘自身内部潜力，找到独具特色的突破口。如有学校提出"PDC（Project，项目；Drive，驱动；Create，生成）"理念[1]重点让孩子在动手体验中进行探究性学习，在问题的发现和解决中激发潜能。也有学校重点关注孩子的兴趣，秉持"没有爱就没有教育，没有兴趣就没有学习"的理念。而如"文化立校，书道育人"的理念就将书法教育在小学中付诸实践。

总体来看，部分小学发展体育专项，设置各类运动场馆，聘请专业教练；部分小学注重国学教育，进行课程改革，常态化举行讲座；部分小学推崇各项艺术特长，在校园内开办训练班让学生各展所长。

---

[1] 北京市朝阳区呼家楼中心小学：《让教育走向完整真实的世界——PDC理念下项目群育人系统的构建与实施》，载《人民教育》2018第21期，第2—3页。

现在出色的小学欲在办学竞争中占据一席之地，必然要拥有自己的特色。以上种种，都基于素质教育，重视学生德智体美劳等方面的全面发展。特色渐渐成为当今小学的生命力，是为了适应社会发展的需要而生存、发展的。

说到底，要办特色学校，其实便是办好每一所学校，培养好每一个孩子，让全国的小学纷然林立，精神焕发。

第二，数字化、信息化办学。数字化已然成为连接世界的桥梁与纽带，信息技术对教育发展具有革命性影响，必须予以高度重视。教育部2000年就发出校园网工程建设的决定，希望在5－10年间，在全国中小学基本普及信息技术工程，努力实现基础教育跨越式的发展。到了2010年发布的《国家中长期教育改革和发展规划纲要（2010－2020年）》，其中要求加快教育信息化进程，到2020年基本实现教育现代化。由此，诸多小学把信息建设融入校园理念中，传统的学校管理模式越发难以适应新时代的学校建设要求。大部分学校的校长都充分意识到，要跟上现代教育的节拍，甚至抢占教育现代化的制高点。我这里所说的数字化，不仅是对传统教育的改善，不单指教学用具的革新，更是系统性的理念更新。

从诸多学校的理念中，不难看出现代化、信息化的身影，实现数字化和育人全过程的深度优化融合。诸多小学都基于这一点更新了教育理念，构建了教育教学新范式。

学校在数据驱动下也具有更开放的心态，更创新的精神。如小学都把提升教师、学生数字素养与技能纳入教育目标之内。于教师而言，信息技术无法取代教师，却可以延伸教师。至于学生，需要全面提升社会主义建设者和接班人的数字素养与技能。

数字化让学校的眼光放得更远、更宽阔，学校与学校、学校与社会、学校与区域，经过数据的联通，原本的孤岛汇聚到一处。数字化让许多学校的理念聚焦于让孩子个性化发展，每个孩子得到最适合的教育不再是空口无凭，新时代的因材施教真正焕发生机，诸多学校从数据分析切入，让孩子们在拥有均等选择权利的条件下择取自己最感兴趣的教育。数字化也让学校鼓励孩子自主探究，愈发以学生为中心。如基于数字空间，可以成立特定的学习共同体、再依据需要随时解散。

近年来各小学越发重视以上方面的建设，不过教育工作者们也都普遍认为，虽然技术拥有莫大的优势，但在教育中，促进人和社会双重发展的宗旨不会改变，爱与智慧是永恒的，数字化转型的目的是为我们的基础教育增光添彩。

第三，融合海外办学思想。这里小学的教育理念主要有两方面的变化，一方面是向国际化发展，吸收海外的优秀教育理念。如美国在20世纪80年代提出STEM教育，主要着眼于跨学科、跨领域，以科学技术为路径、实现跨学科融合为特征，关注最新技术及其实践应用，培养能够综合运用多学科知识解决实际问题的复合型创新人才。近年来，有学校提出"STEAM"，将艺术（Arts）融入其中，再如"STREAM"增加了阅读（Reading），"STREAMSS"又增加了体育（Sports）与服务（Services），"STEM+"中的"+"代表连接、跨界整合[1]这一系列理念均强调社会价值、人文艺术与信息技术的相互融合，增加学生智力因素和非智力因素的交叉互动，为创造种子的萌芽、生长提供了肥沃的土壤。

---

[1]邹正：《把"STEM+"理念融入全课程——江苏南京外国语学校的"STEM+"课程探索》，《人民教育》2017第1期，第60—63页。

另一方面是在教育过程中让孩子接触外面的世界，外在世界的大事大举，都随时走入小学课堂。有学校提出"国学立品，双语达人"之理念，以民族根基为立身之本，让学生置身于中西文化的共同熏染下，兼具民族气质与国际形象。还有许多小学与国际接轨，在对外交流中开放包容、以我为主，迈着坚定的步伐走向世界。

第四，学以致用，深化实践。与人性相同，如果只是空有一套巧言令色的理论，没有付诸实际的头脑，言语所架构的色彩斑斓的蓝图再如何宏伟壮阔，也只能犹如重瓣玫瑰，空有其赏心悦目的花色、馥郁的花香与看似昂扬的花蕊，凋谢了却没有种子。基础教育也更着重于在实践中养成孩子的学识、品行。

在课程建设中，近年来小学各学科课标不仅要求学生"了解、知道什么"，还规定了要让学生掌握"能做什么"。任何一门课程都关注从做中学的力量，学习也是实践参与，在实践中增长知识，将知识真正潜移默化成为做事的智慧与胆识、做人的准则与方法。

课程之外，在小学阶段，单一的知识性讲授逐渐丧失生命力，许多知识不能在课堂中得到，许多能力也不可能只靠传统教学活动获取。实践出真知，近水知鱼性，近山识鸟音，认识来源于实践，将知识应用在社会生活中才能实现知识的内化，人只有在锻炼中才能健康成长。于是一些学校愈发关注发挥孩子的天性优势，充分释放孩子们丰富的想象力，致力于培养他们动手创造幸福的能力。一些地区的小学以实践能力的培养为根本出发点，把社会实践作为学校教育的重要组成部分，纳入教育教学的整体规划之中，实践课程、实践基地等纷然兴起。

可见，学校内外都存在着多样、多元、多质、多态的价值观和行为取向，彼此复杂缠绕、矛盾互动。不过南橘北枳，校长在此间应发挥作用，思考如何在新时期多彩流动的氛围中构建自己学校的文化形态和内核。

第二节　从教师经历中形成的教育理念

1998年，我正式迈入教师岗位。当时学校尚有"好班""差班"之分，泾渭分明，最开始交给我的三个毕业班便被冠以了"乱班""差班"的头衔。直至今日，此类粗暴的冠名现象仍然存在。试想其中的孩子是怎样的心情？或许一部分孩子将永远处在这个标签的阴影之下。但经过一年的相处，孩子们都顺利毕业，而且我发现这三届孩子中的"淘气包"有人会关注教室的卫生，有人的童声歌唱清澈嘹亮，有人爱好阅读书籍，他们身上着实充满着无限可能，可以承载无数绚烂的梦想。我衷心祈祷他们未来可以相信自己，无悔地奉献自己的人生。

最初当班主任，很多老师的经验之谈告诉我要"严"，非此无以镇住学生。往往班主任一露面，三五成群的孩子们便一哄而散，在座位上整整齐齐，一有笑闹，便是教师熟悉地呵斥："整栋楼就你们班最吵！"下课后，似乎只有在安坐在位置上的才称得上好孩子，于是走廊空空荡荡，可孩子们的学业真的进步了吗？

随后几年，渐渐地，许多讲授的内容孩子们已了然于心，从开始的几个、后来近乎全班。周末家访时孩子往往不在场，奔忙于各辅导班之间。有时白日里上课，底下的孩子便上演"小鸡啄米图"，如此一来，新知识未掌握，又得晚上下苦功，恶性循环便由此开始了。

见到孩子们的种种生活情态，我思考过这样一个问题：今天的孩子缺什么？

今天的孩子最缺"觉"。小学生每天睡眠要保证10小时，中学生9小时。可是1/2的小学生睡眠不足，2/3的中学生睡眠不足，许多孩子学习时间越长，学习能力却越低，反而成绩不见涨。

今天的孩子最缺"玩"。诚然，网络世界的娱乐花样百出，但那些童年经典游戏还有吗？那些与朋友们一同欢笑、奔跑在草坪上的互动还寻得到吗？丢手绢、跳皮筋、捉迷藏、滚铁环、打陀螺、跳房子……这才是童年，而非沉重的作业与无间断的补习班。游戏与玩耍中真的没有蕴含学习价值吗？

今天的孩子最缺"自由"。现在的孩子习惯了被包办、被安排。一个儿童，如果没有学会独自一个人行动，自主地控制自己的行为，自动地管理自己的意志，到了成人之后，他不但容易受到别人指挥，并且遇事非依赖别人不可。当然，自主、自由不是随心所欲，自由离不开规则和约束。

今天的孩子最缺"笑"。学校应该是师生"白天的家"，让孩子去做自己喜爱的事情，真正的学校应该有四种声音：书声、歌声、哨声、笑声。

在未来，有这么一所我心中的理想学校：上午上文化课，学生在课堂上可以自主思考，自由想象和探索；下午上兴趣课和社团活动，体育、音乐、美术、手工、舞蹈、话剧、诗歌、哲学、游戏、3D打印……——在列；晚上读本书、写写文章、看电影、散步、开晚会，或者发呆；周末郊游、观看体育比赛、参与社会实践或参观博物馆、逛图书馆。也许一时找不到这般理想的学校，但我们可以办孩子喜欢的学校。

张基广校长提出"新自然教育"，其内涵是要做自然、从容、本真的教育，为我们的孩子提供一片自由生长的土地。与此相联系，他曾把教育比作原始森林，因为其中的树木千姿百态，任性生长，连最歪的树也歪得自然而美妙，人工的建造与雕琢可成就不了这般大美与大力。原始森林中，最不需要的就是多事的园丁，满心想着把所有树木扶正却恰恰磨灭了它们各自的灵魂。他理想的教育没有半点矫揉造作、夸大其词、故弄玄虚，不是刻意而为，更贴近原生态的模样，如吃饭喝水一样自然，给予孩子自由，让孩子在校园内拥有真实而幸福的童年，为其一生打好纯净的底色。张基广校长眼中的孩子，时刻都是世间最鲜活、最有力的生命。曾经我也多少忧心孩子的成绩，但实验小学摒弃了功利、浮躁，我的内心也不知不觉沉静下来，我开始想，小学教育难道就是为了增加成绩单上的数字、一路绿灯地升学吗？小学教育不为别的，最重要发挥保底之用，即发展好孩子们的根系，养成良好的性格、拥有终身受益的习惯。

如今我校同样秉承"新自然教育"的办学理念，真正把他们当成孩子，尊重、呵护、耐心，具体要以原生态的学习环境为背景，重视校内外学习环境对学生的积极影响，倡导坚守儿童自由生长的基本规律，尊重和释放儿童的天性，运用本真、自然的方式影响儿童的学习，为儿童提供一种自然适度的教育，从而维护学生自然生长、身心和谐发展。我自己在长期的教学实践中逐步形成三方面的教育理念。

第一，坚持尊崇"三性"的教育，教育要保持儿童的天性，尊重儿童的个性，发展儿童的良好社会性。《中庸》开篇言："天命之谓性，率性之谓道，修道之谓教。"正如哪怕在植物生长的必经之路上设下阻碍强加干扰，它们依然会绕行朝阳生长。天性可贵，童趣无价，孩子们童年的底色应充满希望和生机，而非是一片由白纸黑字组成的灰茫茫的雾霭。玩乐是孩子应有的时光，学校作为孩子度过一天中大半时光的场所，如何不去满足孩子的玩乐心？无趣的学校自然吸引不了孩子，更遑论让他们在此学习了。我们的教育要向儿童的天性靠拢，去适应儿童统一的心理阶段，自然更不必说维护每株幼苗的苗壮成长了。

同样，每个孩子都是独立的个体，心理学上将人分为经典的四种气质类型：胆汁质、多血质、黏液质、抑郁质，先天性的气质很难被改变。一所学校内的孩子，好动或好静，好勇或好智，好慎或好直，为何要将他们裁剪成同样的"规整"模样？教育不是扭曲孩子的枝干，而应为孩子们向不同方向发展而助力。学校是儿童白天的家，我们要让每个孩子都有自己的舞台，都能绽开他未来无限的可能性。

不过我们虽不提倡流水线形成的千篇一律，但我们需要好公民，气质难改，性格可塑。叶圣陶先生曾说："小学教育的价值，就在于打定小学生一辈子有真实明确的人生观的根基。"孩子最终都要进入社会，体验社会生活，从事社会劳动，他们需要具备成为合格社会公民的良好素质。最极端的例子，从校园走出去的孩子不能只是埋头苦学不擅交流，更非耽于享乐不事生产。小学不能是与社会割裂的象牙塔，脱离与社会的交轨，从该阶段起始，就要为学生将来能自立于社会奠定基础，教育是立人的事业，也是社会变革与进步的母体。

而在这之中，我尤其强调关注健康、习惯、劳动、个性四个方面的教育。

关于孩子的体质健康。

校内，低年级实施"课中操"，调节学生课堂学习注意力。学生在动一动、笑一笑的"课中操"中缓解学习的疲惫，提高了课堂学习的效率。实施"课中操"，调节学生学习注意力。教育学研究表明，低年级的孩子单次有效注意力的时间一般保持在20分钟左右，因此，在低年级课堂中带着学生做"课中操"，学生在动一动、笑一笑的

"课中操"中缓解学习疲惫，让注意力再一次集中在课堂学习中，这在一定程度上也增强了课堂学习的效率。

在课堂外，根据各年级孩子的生理发展情况，我要求体育老师有针对性地每天晚上布置十分钟体育家庭作业。学校将学生个人体质达标作为一年级加入少先队员，其他年级评比优秀学生、评选期末免试生等活动的首要标准。通过这样的活动，引导学生经过每天在校的体育锻炼和回家后的体育家庭作业，养成良好的运动习惯，切实增强每个学生的身体素质，促使学生达到基本体质标准。

而体育活动也是学生最喜欢的活动之一，因此，学校将每月一次的"体育嘉年华"列入教育教学计划。每月的体育游戏节成了学生念念不忘的校园活动。学生在愉快的体育活动中，自由地玩耍、快乐地学习。

心理健康同样是学校教育中不可忽视的一环。小学阶段的孩子无忧无虑似乎是人们的普遍共识，"年龄小，不懂事"的观念先入为主，我们往往忽视孩子们的真实心理情况，总是把心理问题当作德育问题，越来越多的病症弥漫在校园。除了常规心理辅导，学校每学期都会邀请相关专家到校进行心理讲座，例如我曾邀请心理健康教育教研员为师生做《做一个温暖而自信的人》的报告，开展励志专题会等。针对心理健康，学校开设了综合学科课程，每班每周都安排一节阳光心理课，既有体育老师教学，又有心理老师授课，探索"体育+心理"的融合课，学生玩着体育游戏时也不知不觉地在上心理课，引导孩子们在运动中更加积极阳光。

此外，我十分重视学生的视力健康，定期组织视力筛查，制定电子屏使用时长控制制度。将学生视力保护工作纳入班级管理内容，让孩子清澈的目光保持更久。我在学校特地设立"黑板日"，每周星期四全天，所有的学科和班级均不得使用电子教学设备，而是使用最质朴的黑板和粉笔来教学，避免师生对电子设备的过度依赖，也减少电子设备给学生带来的视力影响。过往的儿童都是这么学习的，黑板、粉笔、教室，构成了课堂的所有，教育的感召力正是在此。每周留一天进行集体的视觉放松，在黑板上每一道白色笔画的力度中让孩子留下深刻的印象。

在"黑板日"的基础上，再推行"零拖堂"的措施，督促每位老师严格执行下课铃响绝不拖堂的要求，切实保护学生的视力，留给学生轻松、完整的课间时间，保护学生身心健康，让教育回归本质。此举在我校确实颇具实效，2019年我校学生近视率20.1%，2020年近视率18.2%，下降了1.9%。

学校还应当特别关注特殊体质学生，每学期开学，我会让每位家长填写一份学生体质调查表，将特殊体质学生汇总，贴在备课本上，全学科教师共同关注和保护学生的生命安全。

小学阶段形成的许多习惯将使孩子受益终身，这一阶段也是习惯养成的关键时期，"少成若天性，习惯成自然"，我在学校一直坚持进行"八个好习惯"的教育，此点将在第三章展开论述。

至于劳动教育，长久以来一直是我国基础教育的一个薄弱环节。2018年全国教育大会上，习近平总书记强调要培养强调德智体美劳全面发展的社会主义建设者和接班人。我校每学期开展一次劳动技能竞赛或劳动技能趣味运动会，让学生在欢快的气氛中不知不觉地提高了生活自理能力，拓展生活技能，激发了学生的自信心和上进心。不过外在的活动终究只是添彩，我们更需要让孩子在生活的点滴小事中真正热爱劳动，根据不同年级孩子的能力范围，学校规定如"早晨起床自己穿衣物，自己背书包"等硬性要求，让学生从小养成自己的事情自己做的良好习惯。2020年7月15日，教育部公布了《大中小学劳动教育指导纲要（试行）》，对各学段作出了具体要求，更是让教育者确信小学阶段要注重培养学生的劳动意识和劳动安全意识，养成良好的劳动习惯与品质。

而基于学生的个性，学校关注社团课程建设，社团课程是学生自主学习的第二课堂，在这里，学生发展自己的兴趣特长，收获不一样的成长体验。老师们发挥自己的专业特长自主设计社团课程，学生自主选择社团课程，保证全校学生人人都要社团。校园，不仅是知识的园地，是孩子们的乐土，在这片乐土里，孩子们正张开渐渐丰满的羽翼，呈现出追梦之势。

第二，坚持"新三好"的教育，让儿童"睡得好""玩得好""学得好"。 2018年，习近平总书记在全国教育大会上指出，"要树立健康第一的教育理念"。小学普遍关注到孩子的终身发展，"健康生长，所有人生长，不同的人都能得到恰当的生长"。

"新三好"教育将睡眠放在第一位，事关孩子的健康与智力发展。"睡得好"就是维护好儿童身心健康，我国中小学生睡眠不足是不争的事实，这直接影响了少年儿童身体正常发育和心理健康，也会带来学业成绩的下降。研究表明，中小学生晚上睡眠时间每多一小时，成绩就会相应提升4%至10%，而患近视的概率会降低5%左右。很多时候我们只勉励孩子学习要刻苦，而不曾考虑到睡眠的重要性。此类观念迫切需要纠正，放弃睡眠选择学习绝非什么英雄壮举，学习也绝非投入越多时间效果就越好。孩子需要懂得适当投入精力，来收获高效率和高质量。学校一定要作出努力，让学生睡好，还时间给孩子，还睡眠给孩子。

如何帮助孩子高效学习？要引导他们全神贯注。那何时是孩子们的注意力最容易集中的时候？自然是当孩子们感兴趣，乐于沉浸其中的时候。每年新学期开学的时候，我都会问刚进校的孩子，喜欢学校什么？孩子们的回答往往聚焦于三点：一是学校干净漂亮；二是学校有很多可以玩的地方；三是有幼儿园时认识的玩伴。因此，对于刚入校的孩子来说，新学校"好玩"成为孩子对学校的第一印象，而且这个第一印象将成为决定孩子快速适应新学校新生活的关键。新自然教育中的"玩"即游戏，"儿童对周围世界的原初性认识是通过儿童的身体以游戏的方式来实现的。在游戏中，儿童通过听觉、触觉、嗅觉、视觉等身体感知和操作能力与自我、他人和世界进行意义关联和建构。"新自然教育倡导一种"好玩"的教育，就是让儿童有玩的时间、玩的经验、玩的环境，保护儿童玩的权利。

玩是人的天性、更是儿童的本能，说实在的，玩才是那条让孩子更快学习的捷径。会玩的孩子往往能更沉浸思考，他在玩耍中持续投入大量的精力和时间，这正是对注意力的最好锻炼。不仅要独立玩，更要和朋友们一起玩，我们时常看到孩子们三五成群地游戏，这已然是工作团体的雏形了。其中如"孩子王"的角色，就具有领导意识和组织能力，他有能力带动别人跟着他一起玩，而参与其中的每一个孩子，都在进行社交锻炼。无怪乎心理学家常把孩子童年期的玩耍比喻为"人生的彩排"。智慧、创造力、情感养成……安坐着学习，这些素质固然得以平稳提升，而在玩耍中就呈现指数增长的态势了。如果学校是一个足以让孩子玩得好的乐园，怎么会有孩子抗拒上学呢？

绘画足以驰骋想象、音乐锻炼感知与创造、拼图养成逻辑与观察……理论上，任何种类的娱乐活动都有一定的益处，但孩子迟早会面临成人社会的挑战，他们一定要拥有一定的解决问题的能力，纯粹让孩子自由探索、听之任之，绝非学习的唯一途径。因此我们的小学教育就是要创造各种条件和机会让孩子爱玩、会玩，更要"玩得好"，要在玩中学，学得快乐，学得印象深刻。"学得好"就是帮助和引导儿童，在其原有的认知基础之上，按其自然的认知规律，以自然适度的方式对其施加教育影响，让每个儿童都能在其原有水平上获得有质量的发展。由我们来找寻儿童自由意愿与成人引导之间的平衡点，教师在其中更多担任引导者的身份，引导孩子将触角伸向不同方面，儿童会自然地在活动中发育、在活动中求知、在活动中体悟、在活动中启智。

第三，坚持自然适度的教育，帮助儿童自主、自由、有度地自然发展。"自然主义教育"的概念，教育工作者都不陌生，卢梭、裴斯泰洛齐、杜威等人不断发展其理念，认为要把儿童培养成为身心健康、自食其力的自然人，教育者就必须按照儿童的自然本性进行教育。教育应当忽视成人的需求，避免成人过多地干预，充分考虑儿童的特点和需求，给孩子们充分的自由，让他们按照自己的特点和需求去安排自己的学习内容和学习方式，促使他的天性和本能自由自在地成长。

而我所坚持的自然适度，不同于旧有的自然主义教育否定了教育的主观能动性，我认为教师要对儿童的发展进行适度的约束、引导。《中庸》言："中也者，天下之大本也。和也者，天下之达道也。致中和，天地位焉，万物育焉。"这句话用于教育，就是在警示我们真正做到"适度"。孩子的认知能力到底有限度，他们成长的大方向仍然需要教师、家长帮助把控，而追求的"度"绝非放之四海而皆准，应当根据每个孩子的差异来调整。

因此，"新自然教育"不是留恋式地奔向过去，也非完全浪漫式地奔向未来，让孩子在学校的正确引导下尽情挥洒天性，飞扬童真，努力让学校成为一所不要挡住孩子们的阳光、允许学生在地上自由打滚的"田园学校",让学校成为每一个孩子愿意驻足的乐园,构建一个自觉、自然、自在的教育家园。去办一所自然状态的学校,办一所学生喜欢的学校,办一所我们大家的学校。

任何一个进步的体系都是开放的,任何一所成功的学校,都要及时学习优秀的教育理念,方可不落后于时代,以免对孩子造成不利影响。

总的来说,教育工作者的憧憬大体都是相似的,我曾写过一首诗:

你交给我一个孩子

你牵着孩子的手
把孩子交给我
交给我一个希望　还有你的
喜悦和信托

你交给我一个孩子
我会给他一本书　让他闻了又闻
书好香　他相信书里
会有另一个太阳

你交给我一个孩子
我会带他到沙坑　做游戏
垒城堡　把秋千
从春天荡到冬天

你交给我一个孩子
我们一起唱歌　一起舞蹈
渐渐知道　歌声与微笑
是生命中不变的需要

你交给我一个孩子
我会告诉他世界的美好
让他懂得　诚信与善良
勇敢和公道

你交给我一个孩子
孩子和树　一天天长高
然而　校园和教室永远年轻
学校　童心不会老

我牵着孩子的手
我们　笑着一起走
我放开孩子的手
让他自己走

《诗》之《序》曰："菁菁者莪，乐育材也。君子能长育人材，则天下喜乐之矣。"我所坚持的"三性""新三好""自然适度"，旨在通过教师的适当引导，让学生在这样的校园氛围中无拘无束地玩，从容不迫地学，"与其守成法，毋宁尚自然；与其求划一，毋宁展个性"，令如莪蒿般的孩子们，舒适、自由而繁茂地生长，最终绽出玫瑰色的流光。

第三节 "双减"政策下小学教育理念的更新

在小学中常常能见到一种现象：初升小学，孩子们之间都很熟稔，原是他们都早在学前班中相识，教师为了适应孩子的步伐亦加快教学进度，低年级学习高年级的知识，高年级直接跨越到初中教材，"鸡娃""内卷"，此类现象比比皆是。但早熟的果实既不丰满也不甜美，过度超前已然违背孩子的身心发展规律。任何教育都需要时间，多少孩子的课外时光被无穷尽的作业与补习班填塞，谈何五育并举？教育和智力开发越超前越好的观念急需纠正。

其实早在2010年，我国第一个中长期教育规划纲要《国家中长期教育改革和发展规划纲要》中就提及要减轻中小学生课业负担。过重的课业负担严重损害儿童少年身心健康。减轻学生课业负担是全社会的共同责任，政府、学校、家庭、社会必须共同努力，标本兼治，综合治理。把减负落实到中小学教育全过程，促进学生生动活泼学习、健康快乐成长。率先实现小学生减负。

2021年7月24日，中共中央办公厅、国务院办公厅印发《关于进一步减轻义务教育阶段学生作业负担和校外培训负担的意见》（以下简称《意见》）。其中明确规定：全面压减作业总量和时长，减轻学生过重作业负担。

第一，健全作业管理机制。学校要完善作业管理办法，加强学科组、年级组作业统筹，合理调控作业结构，确保难度不超国家课标。建立作业校内公示制度，加强质量监督。严禁给家长布置或变相布置作业，严禁要求家长检查、批改作业。

第二，分类明确作业总量。学校要确保小学一、二年级不布置家庭书面作业，可在校内适当安排时间巩固练习；小学三至六年级书面作业平均完成时间不超过60分钟，初中书面作业平均完成时间不超过90分钟。

第三，提高作业设计质量。发挥作业诊断、巩固、学情分析等功能，将作业设计纳入教研体系，系统设计符合年龄特点和学习规律、体现素质教育导向的基础性作业。鼓励布置分层、弹性和个性化作业，坚决克服机械、无效作业，杜绝重复性、惩罚性作业。

第四，加强作业完成指导。教师要指导小学生在校内基本完成书面作业，初中生在校内完成大部分书面作业。教师要认真批改作业，及时做好反馈，加强面批讲解，认真分析学情，做好答疑辅导。不得要求学生自批自改作业。

第五，科学利用课余时间。学校和家长要引导学生放学回家后完成剩余书面作业，进行必要的课业学习，从事力所能及的家务劳动，开展适宜的体育锻炼，开展阅读和文艺活动。个别学生经努力仍完不成书面作业的，也应按时就寝。引导学生合理使用电子产品，控制使用时长，保护视力健康，防止网络沉迷。家长要积极与孩子沟通，关注孩子心理情绪，帮助其养成良好学习生活习惯。寄宿制学校要统筹安排好课余学习生活。

《意见》要求各地区各部门结合实际认真贯彻落实。同年8月，国务院教育督导委员会办公室印发专门通知，拟对各省"双减"工作落实进度每半月通报一次。新的指南已然来临，小学教育理念更新迫在眉睫，校长要领悟、创造、分享当下的力量。当下，减负不能盲目地减，其目的是促进学生的全面发展，最终达到民族素质的提高。减负的落脚点依然要回归教育的本来面貌，学校不能仅重视对人才的培养，忽视对人格的陶冶。

上文所述我校的新自然教育理念正与"双减"相契合，皆要让教育回归本真，为孩子的终身发展建立起良好的教育生态。本节我将重点结合学校应对"双减"的相应举措来论述。

一、更新家庭作业

"双减"最直白的便是减少学生过重的作业负担，学校要更改作业布置的理念。先来看当下小学生作业存在的问题：

第一，仅就主要考试科目布置书面作业，语文、数学、英语占据大头。

第二，作业布置较为机械、普遍统一化，全权由教师指定，自上而下布置，孩子们完成同样一份作业，没有选择的余地。

第三，作业的评价标准千人一面，"一刀切"未顾及不同孩子的个体差异性。

针对此番现象，结合"双减"政策的要求，我在学校进行了许多颇有效果的尝试。虽然科目、教师之间存在差异，学校应当在整体上摆明态度，设立关于作业的统一标准。

首先，作业是沟通课内与课外的桥梁，一份好的作业设计不仅是对学生课内学习成果的实践、巩固与提升，而且还能将学生的学习兴趣、能力的培养延伸到课外。教师们要追求的，让每一次作业设计，都成为学生再学习的愉快过程。因此要从布置作业转向设计作业，类型、水平、难度、内容、目标等多方面都要纳入考虑范围。

三至五年级的作业设计，学校建议教师根据学生能力分层设计，作业也要对口，重塑孩子的自信。设计的作业和学生实际完成作业需要保持绝对一致，做完作业不是目的，也不必成为结果，重要的是孩子在此过程中巩固了基础，应用了方法，积累了知识，提升了思维。

作业设计，还要关注作业的"量"与"质"，扩展作业设计的视野，不能仅仅局限当下，应考虑到小学阶段孩子终身发展的素质。作业并不是越多越好，题海战术不适用于小学阶段，作业多了，引起孩子的软抵抗，即放慢写作业的速度，对培养孩子的效率意识造成极大不利后果。尤其"双减"政策规定了小学生完成书面作业的平均时间，故而作业布置数量要精、质量要高，课堂作业精选精练，避免重复的、大量的作业训练，要留给学生自由思维的空间和补习弱科的有效时间。我要求教师的作业布置努力做到"三布置三不布置"和"五必"。"三布置三不布置"即布置启发性思考性作业，不布置死记硬背机械训练作业；布置可选择性有层次性作业，不布置重复性作业；布置课外研究性作业，不布置繁难偏旧作业。"五必"，即有发必收、有收必改、有错必纠、有练必评、布置给学生的作业自己必须先做。此外，课堂作业一定要在课内完成，不得挤占学生课间活动时间，严禁拖堂，课间十分钟要让所有学生到室外进行有氧运动，不允许留在室内。

其次，进行直接改革，学校也要推出一些硬性指标，不能出现越减越多、越减越重的情况。如我校针对有作业的年级实行"周三无作业"及"重大节日无统一书面作业"制度，全校统一，不得有任何书写任务。除此之外，让寒暑假作业变脸，寒假暑假我们建议老师和家长在寒暑假尽量少布置书面家庭作业，代以一些不一样的安排，发布实践性的作业，选择性的作业，自主性的作业，发挥孩子的主动权。我曾在班级中布置了"在除夕夜动手做一道菜""爬一次山""拍摄一组家乡的照片"，尽量让作业涉及学生的自我发展、亲情感悟、人际交往、亲近自然、触摸社会等多个方面，从小为之，终身受益。

"双减"严禁要求家长检查、批改作业。我校很早便不布置家长作业，严禁把孩子的作业转嫁到家长身上，实施一系列减负措施，在减轻学生的负担的同时，也减轻家庭负担。如家长免签字，现在家长最头疼的就是批阅孩子的家庭作业并签字，我提倡老师不再对家长作出如此要求，家长检查对错，百害无一利，这很可能会让孩子养成一种依赖心理，对自己的作业不负责任。

最后，改换作业评价制度。设计作业体现老师准确把握学生学习状态的程度，批改作业是教师对学生学习状态的及时反馈和帮助。在作业批改上，建议及时批改、复批复改；批改作业的节奏和教学计划进度一致；作业类别严格按照区教发院的统一要求，不加重学生课业负担。

值得一提的是，为了全方位评估学生，不挫伤学生的学习积极性，我校实行"作业批改双等级评价制度"，学校要求老师们对学生作业的批改有两个方面等次的评价——正确率评价与书写优良等次，要求学科书面作业书写优良率达到100%。每次单元测验或期末考试，我们也将书写纳入评价范畴。同时落实"作业批改不打叉制度"，要求老师们批改作业时不打叉，学生错误的地方用画圈圈或画横线的方式标注出来，用这样的方式保护学生的自尊心，给学生二次批改、订正的机会。我们在学生作业批改上做出了适当的调整，这些措施的实施，从整体上提高了学生书写的工整度。

作业得法，除了布置得法外，也要授人以渔，我们需要对孩子的学习方法进行适当引导。我曾经告诉孩子如何更好地写作业，如一些普遍适用的方法：在写作业之前，简单整理一下课堂上学习的知识点，不仅可以增强记忆、巩固新知识，也可以更好地解决难题，轻松完成作业。分类完成作业，有一定的条理性和整体性，不能杂乱无章、有始无终，做到全神贯注地对待每一门学科。现在我校的教师也会注重方法教育，不仅局限于完成功课的法门，帮助不同的孩子多尝试，找到最适合他们的学习方法。完成作业中专注、冷静的态度也是塑造孩子性格的有力一步。

总体而言，我将"双减"下我校的作业更新概括为"一减六加一放"。"一减"，即减去机械的书面家庭作业，保证学生休息和自主学习时空。"六加"，即全面提升学生综合能力、综合素质，即劳动、锻炼、阅读、鉴赏、组织、思维。"一放"，即尽量放手让学生在老师、家长指导下发展自己的兴趣爱好，要给学生留有更多自主发展的时间和空间。学生的作业做好了，态度就好了；态度好了，成绩就好了，这些都是连贯的。

二、改换评价制度

评价是手段不是目的，评价是为了促进学生的发展，《深化新时代教育评价改革总体方案》中提到，要坚决改变用分数给学生贴标签的做法。著名教育改革家朱永新教授说过："我经常开玩笑说，我们现在是打着全面发展的旗号，干着全面不发展的勾当。上帝让每一个人来到这个世界的时候，其面貌、个性、特长，给这个世界的色彩都不一样。但我们每人都要和上帝对着干，把每个应该不一样的，培养成一样的。我们用标准的大纲、标准的教材、标准的考试规范大家。这就是我们教育的最大缺陷。"①实行减负需要智慧，要从单一的书面检测开始扩展，不仅着眼选拔性评价，探索适合孩子的教育评价方式，良好的评价能够激发学生成长的内动力。每一个学生都是独立的、不同的个体，学生之间存在的是差异而非差距，教育要充分尊重

---

① 朱永新：《新教育之思》，山东友谊出版社，2007年版，第246页。

这些差异，尽量为不同类型的学生提供多样的评价标准。

试想，如果考试的目的不是挑选、淘汰，而是让学生再学习的愉快过程，如果考试的结果不是为了甄别，而是为研究课堂提供依据，也许师生就不会因为考试而备感压力了。但我们不得不承认，考试，特别是书面考试，在今后相当长一段时间内依然会存在，其公平、公正的优势仍不可忽视。但方寸之间天地宽，我们依然能在一定范围内作出灵活改变。

我校采取免试生制度。平时学习认真，作业基本正确的孩子而且体质达标的孩子，可以享受免试生。免试生不用参加期末考试，学校不只看分数，更要看学生平时的学习过程，学习态度。

学期末，我们也将《素质报告册》调整为《学生综合素养发展指南》，成绩只占其中很小一部分。《指南》的具体设定我将在第三章中详细介绍。教育者须时刻牢记，评价不是为了选拔学生，评价是为了让我们创造更适合学生的教育。如果将测试变为达标式评价，兼顾各类学生，关乎他们所面对的生活，还会有多少不胜厌烦的负担呢？

三、夯实音美体卫

曾经的音乐、美术课堂往往被语数英等主课取代，现如今"双减"为其他方面的课程预留了更充分的一席之地，紧抓一切提高孩子成绩的压力减轻了，也就有了更充裕的时间去思考、落实五育并举。

我校严格执行国家课程计划，开足开齐各类课程，任何课程都不能敷衍了事。如音乐学科让器乐进入课堂，并利用大课间的时间，进行器乐吹奏展示，推动学校艺术教育。美术学科坚持每周两节美术课连堂教学，留下足够的时间让孩子执起画笔尽情驰骋想象。上好体育课，杜绝消减、挤占体育课现象。我校研究室内体育课的教学内容及常规，即便是雨天，体育课也要正常开展。以上课程在小学教育中绝不该再处于边缘地带，我们应更关注年轻教师的学习和培训，同样保证此类课程的教学质量。

四、发扬自主教育

叶澜教授曾提出"教育即育个体生命自觉",关注人的主动发展、自觉发展。"双减"政策让孩子有了更多可自由支配的时间,提升了孩子的主动权,小学教育也要让他们懂得如何进行"自主教育",自主,反映的是孩子在活动中的主导地位,锻炼孩子对于自己活动支配、控制的能力。

学生独立学习的能力从哪里来?我认为从学生自主的实践活动中来。我校设有"独立学习日",每月一次,放手让学生自主学习。这一天里,老师都"不见"了,学生按照自己的学习任务单开展属于自己的学习活动。通过类似方式,渐渐地引导孩子作出改变,变消极学习为积极学习。

此外,《意见》明确规定:提升学校课后服务水平,满足学生多样化需求。2021年7月13日,教育部基础教育司司长吕玉刚在新闻通气会上介绍,推行课后服务"5+2"(每周5天、每天2小时)模式。上一小节我提到一系列发扬学生个性的社团,此类社团得益于"双减"能愈发焕发活力,让孩子在"撒欢"中得到全面发展。这一类社团就是让孩子选择发展方向的主阵地。因此,以体育社团与训练队为例,学校的足球队、篮球队、啦啦操队等都不能仅仅是说着好听,摆着好看的组织,要真正做到"教会、勤练、常赛",达到体育育人的目的。通过长期不间断、有计划、有阶段性的培训,培养出一批特色人才。将孩子从培训班、课桌前解放出来后,请学校提供足够的全方位学习的机会,并鼓励孩子们在放学后的时光中为自己的发展做主吧,这也是加强全方面教育的绝佳时机。

总而言之,"双减"政策让小学教育更关注孩子,更贴合孩子的身心发展规律,脱离了"知识书呆"培养的囹圄,如从上述细节处入手,切口虽小,却能撬动学校的整体改革,帮助孩子全面成长。

【附录】

让作业充分发挥育人功能
——"双减"政策背景下学校作业设计的行与思

2021年7月,国家出台了减轻义务教育阶段学生作业负担和校外培训负担的"双减"政策,为推动落实"双减"政策,武汉市光谷第十一小学(以下简称"光谷十一小")加强了作业管理、创新了作业形式,充分发挥了作业育人的功效。

一、强化作业管理,进一步减轻学生过重作业负担

作业管理,责任在学校。为了较好地贯彻国家政策,学校制定了《武汉市光谷第十一小学"双减"政策背景下的作业管理方案》(以下简称《方案》),《方案》中明确规定了作业总量、班级作业布置备查、有学科托管原则上不布置学科家庭作业、周三无家庭作业不背书包回家、不得布置家长作业等作业管理制度。

同时,学校教学管理部门加强作业检查及反馈,并将作业完成情况及批改情况纳入月度教育教学常规考核,对问题突出、违反学校作业管理规定的给予诫勉谈话、通报批评、扣除绩效奖等方式予以惩戒。学校通过制定作业管理方案,进一步减轻学生过重作业负担。

二、加强作业研究,为教师设计作业加油赋能

减轻学生过重作业负担,关键在教师。如何设计出符合学生年龄及心理特点的作业,增强作业的趣味性与有效性,真正让作业发挥良好的育人效果?基于此思考,学校将作业设计纳入学科常规教研。

在教研中,各个学科组围绕"分层作业的设计及实施""实践性作业的布置与反馈""探究性作业的设计与呈现""德育实践性作业的布置""体育作业的落实路径"等话题开展深入的研讨。通过研讨,语文学科组摸索出"阅读作业分层分级考核"的作业形式,数学学科摸索出"作业思维可视化——图画工具辅助作业"的作业类型，英语学科摸索出"AB项"分层作业方法，体育学科摸索出适合学生在家完成的体育类型作业，德育学科向全校学生发出了德育实践性作业号召……通过研讨，老师们对作业的设计与实施有了可操作的方法，对作业育人有了更深入的理解。

三、创新作业形式，拓宽作业育人途径

作业的实施效果，重点在学生。学生是作业实施的主体，其对作业的接受程度是考量作业设计成功与否的重要依据。在教学实践中，光谷第十一小学通过不断创新作业形式，进一步拓宽了作业育人的有效途径。

创设情境性作业，增强作业趣味性。知识需要在实际生活中得到迁移和运用，这样的知识才是活知识。有效的作业，需要学生在具体情景中综合运用知识，将知识转化成素养。在教学实践中，光谷第十一小学教师善于创设情景作业，作业效果也可见一斑。例如，语文学科组创设游戏体验活动，将拼音和词语运用等基础练习寓于游戏活动中。数学学科组联系生活将数学作业和孩子的家庭生活结合起来，帮助学生运用数学知识解决生活中的问题。英语学科组指导学生通过场景绘画进行语言表达。体育学科组通过组织丰富多彩的体育游戏活动，帮助学生在好玩的体育活动中增强学生对体育的参与度……我们看到，学生在这些具体情景中，提高了作业兴趣，作业的育人功效也得到了较好的发挥。

分层作业，提高作业育人的实效性。分层的作业设计与实施是提高作业针对性和时效性的有力武器。在教学实践中，光谷第十一小学教师逐步树立了分层作业设计的意识。老师们根据学生实际情况，创设了ABC类可选择的作业单，例如数学学科组根据题目难易程度，在每次练习中设计基础题、提高题、综合运用题，每个类型题目中有设有难易不一的题目供学生自由选择。又如，语文学科组创设自主学习任务单，通过和学生签订"作业合同"，彼此约定完成的作业和时

间。再如，英语学科在课堂作业设计中，通过设计基础必做题和拔高选做题，帮助基础不一的孩子寻找到自己的作业点，达到因材布置作业的目的。不仅如此，老师们还加强培优辅困的指导，在两类学生中，通过补基础和培优能的作业布置，帮助学困生提高学业和学优生优化学业。

增加实践性作业，发挥作业育人的导向性。"双减"政策之下，我们减少的是学生机械性重复性等无效作业，增加的是增强学生体质的体育实践作业和涵养学生德行的德育实践作业。在教学实践中，光谷第十一小学体育教师根据学生体质健康标准，布置了如跳绳、踢毽子、体育健身操、仰卧起坐、跑步、篮球运动等体育作业。不仅如此，班主任老师还相机给学生布置如洗碗、扫地、叠衣服、自己背书包、自己摆放鞋物、为家人做一个菜（做一顿饭）、和家人读一次书、散一次步等德育家庭作业。我们通过增加实践性作业，充分发挥作业育人导向性，引导学生收获德行成长、增强体质健康。

设计探究性作业，引导学生创造性发展。学生思维品质的提升很大程度上依赖于探究性作业的完成。在教学实践中，光谷第十一小学教师有计划地布置探究性作业，引导学生创造性发展。例如，学生利用数学知识完成测量操场的长度、学校建筑物的面积、计算一亿粒大米的重量等创意作业。在语文综合学习中，有的学生运用所学知识进行童书创作，有的学生为校园景物撰写创意诗，还有的学生走进社区参与社会调查并撰写调查报告……丰富多彩的探究性作业，激发了学生的作业热情，也为学生创新性发展提供了有力帮助。

教者若有心，学者必得益。作业设计与实施，是一种艺术，更是一种创新。"双减"政策背景下，光谷第十一小学整体思考作业管理、优化作业时间、创新作业形式，让更多的老师参与到优化作业设计中，让更多的学生积极参与到作业的实施中来，让作业真正发挥育人的最大功能。

（原载《湖北教育（政务宣传）》2022年第1期）

第二章

小学教育管理经验

小学不"小"

XIAO XUE BU XIAO

丁苗●著

—— 我的教育探索之路

第一节　目标管理

当学校有了既定、可行的理念后，要维持学校稳定发展的步伐往往要花费更多的力气和技巧。"管理"，乍一听人们往往联想到约束、控制、强硬，但管理的另一面，也是管理的真谛，是服务、协调、激发活力。

学校管理的终极目标，不是限制学生，是培养学生。诸多管理方法之中，我以目标管理为学校管理之首要之重，目标管理的概念由美国管理学家德鲁克于20世纪50年代提出，被称为"管理中的管理"。他在《管理实践》一书中提到一则故事：有三个石匠，人们问起他们正在做什么。第一个人回答道："我在挣钱，养家糊口。"第二人言："我正在做全国最优秀的石匠活计。"第三个人抬起头，说："我在建一座大教堂。"[①]校长，抑或班主任，需要的正是第三个人这样的眼光。

一、学校目标管理

把目标管理理论引进学校管理，是一种有益的尝试。正如企业要明白市场是什么从而定下目标，学校也要明确我们需要什么样的人。现代教育如果没有一个清晰的价值目标，其发展可能丧失方向，甚至沦为"教育工厂"。目标管理在学校内所能发挥的作用是：能鲜明地给学校各部门和个人指明奋斗方向，展现未来前景，从而激励人们的

---

① [美]德鲁克著，帅鹏等译：《管理实践》，工人出版社，1989年版，第146页。

斗志，调动人们的积极性；目标管理还能提供工作成效的具体标准，从而有利于提高学校管理效率[①]。爱德温·洛克的"目标设定理论"也认为：目标本身具有激励作用，目标能把人的需要转变为动机，使人们的行为朝着一定的方向努力，并将自己的行为结果与既定的目标相对照，及时调整和修正，从而实现目标。

运用目标管理理论和方法，首要一环是确立目标。学校的目标，要把正确的主流价值观渗透其中。秉持着"新自然教育"的理念，我将学校的育人目标确立为"中国情怀，世界眼光"，心事浩茫接广宇，于无声处听惊雷。

我倡导要有"中国情怀"，学校要去追求有根的教育，中国的学校，中国的孩子，自然要深深扎根于我们民族的土壤中，让孩子们生长在我们的土地上。近些年国际课程尤其受欢迎，哪怕走中西合璧的教育道路，也要牢记我们培养的始终是中国未来的接班人。因此我以为，小学阶段就要对孩子进行爱国主义教育和优秀传统文化教育，把家国情怀播种在孩子心中。为达成目标，我在学校确立了两条路：爱国主义教育、中国优秀传统文化教育。

即使如今的孩子们都早早地接触到了纷繁复杂的网络世界，思想也不应被更广阔的天地所带偏。我们需要、也应当尽早在校园中铺上一层爱国的底色。淌过浑浊的历史之河，我们依然仰望同一片星空，但今天脚下的大地全然不是过去模样，其中缘由何在？是每一代的年轻人们承担起了强国的宿命，我常常看着孩子们欢笑的模样，风把他们的影子渐次拉长，这是未来的时代新人，他们应该要具备爱党爱国之大爱，服务民族振兴之大德，心系国家和世界之大情怀。

[①]杨明，竭宝峰编著：《校长的智慧》，安徽人民出版社，2012年版，第104页。

与此同时，中华优秀传统文化是根魂。2017年，中共中央办公厅、国务院办公厅印发《关于实施中华优秀传统文化传承发展工程的意见》要求，到2025年，中华优秀传统文化传承发展体系基本形成。在这一系列系统工程中，教育是先导，近年来我国各地小学都加强了课程教材研究与建设，让传统文化走进校园。将来孩子走出去，也不会因为民族气节的缺失而迷失自我。社会在变，精髓永恒，固然，许多国外的优秀教育理念可以应用于我国，但我们的学校应该成为一个有中国元素的地方，无论哪所学校，断未有尽舍本国之学而能讲他国之学。孩子长大成人后怎样才能充满自信？必须有文化的根基，有强大的中国灵魂予以支撑，这需要日积月累地积淀，需要基础教育的特别用心。让融合了优秀传统文化的学校课程体系和德育教育活动成为学校的特色，用优秀传统文化塑造学生的中国灵魂。

世界眼光不是"西化"，也不仅仅指学习国外的知识，其用意与近年的"国际理解教育"理念不谋而合，拓宽孩子的眼界，从小培养他们的全球意识，能够站在全人类的立场上，理解、关心国际文化，学会共处、合作，"每个人都能通过对世界的进一步认识来了解自己和了解他人。将事实上的相互依赖变为有意识的团结互助"[1]。

每一个目标的达成都需要在各方细节上下苦功，以下是我在学校落实这一育人目标的措施，部分方法或可以起到些许参考作用。

1.确立校训。我确立了"祖国利益高于一切"的校训，将其贯穿到学校教育的系统实践之中，把爱国主义教育以各种主题和形式润物细无声地渗透到学校教育的方方面面，真正去达成"中国情怀，世界眼光"的育人目标。

---

①联合国教科文组织总部中文翻译：《教育——财富蕴藏其中：国际21世纪教育委员会报告》，教育科学出版社，1996年版，第34页。

2.设计好、办好校园活动。弘扬爱国主义,这是学校德育活动之魂。不让琐屑淹没使命,不让贫瘠荒芜精神,为了让每个孩子了解校训的由来和背后的故事,每年开学初,全体师生一起观看结合本校真实历史制作的视频,感受几代师生的家国情怀。学校开展"我讲校训"的演讲比赛活动,让孩子们把祖国放在心中,早立志;还开展"我有好家风"活动,让家长和孩子一起找找家庭中值得传承的精神财富,有妈妈动情地给孩子讲她如何关爱弱势群体的故事,有爸爸向孩子传达遇到困难怎样做的男子汉气概,还有爷爷的一件军大衣里蕴藏的助人危难的担当。

在活动中也要运用好丰富的中国传统节日教育资源。我国的传统节日是一座富矿,向来与多种风俗密不可分,在学校中便大有可以作为之地,要让在传统节日开展实践活动成为常态。因此,学校要充分抓住传统节日教育契机,如我校在元旦举办"跳蚤市场"的活动,呼应新年的欢乐氛围。重阳则开展以"百善孝为先"为主题的感恩行动。如此种种,增强孩子的文化理解和情感认同。

"春雨惊春清谷天……"传统节气中深蕴的是老祖宗无穷的智慧。从每年的元月一日到一年的末尾,二十多项节庆活动依序举办。如在冬至这一天,我校的学生、老师与家长志愿者一起动手包饺子、煮饺子、吃饺子,促进孩子动手实践操作能力的提升,促进孩子对传统文化的感受和人文背景的了解。

在流动着的一切细节中贯彻目标。我倡议把民间传统体育游戏项目融入体育课程以及大课间的活动,带领学生进行踢毽子、跳橡皮筋、滚铁环、丢沙包、丢手绢等游戏,在趣味运动中把优秀的传统文化捡回来。让每一个孩子喜爱本土文化也是学校教育的职责。

3.文化建设和风细雨,环境育人润物无声。班级中我们随处可见文化墙，校园各地同样是实施办学理念的地点。走进光谷第十一小学的校园，"祖国利益高于一切"的八字校训高挂于教学楼拱门外壁上，耀眼的正体金字与每天清晨响起的嘹亮国歌一起烙印在全体师生的心中，未进学堂，爱国主义教育先行。

4.校本课程的研究。结合我校育人目标来开发校本课程，如我校开设的"20+20传承经典课程"。前者指每天早上安排20分钟全校师生阅读经典——校本教材《读过》；后者为每天中午安排20分钟全校师生习练书法，教师指导，学生练习，一笔一画写好汉字。我校教师还围绕"新自然教育"撰写了小学低段全科阅读实施策略研究、在小学低年段道德与法治课堂中实施儿童哲学阅读的行动研究。

5.教师培养。教师是人类灵魂的工程师，是人类文明的传承者。教师有了深厚的爱国情怀、充沛的文化知识、宽阔的世界视野，自然会培养出同样的学生。教育培训不仅涉及专业之术，更有教育之道；不仅要拥有教育情怀的理想和天空，更应在教育的大地上匍匐而行。在融合国际视野、进行校本研修的大背景下，让学校教师率先提升育人理念、育人方法。

我校教师们根据项目化发展需求和自身专业能力，在发展过程中形成了多个发展共同体组织。青年教师可以根据自己的发展需要自主参与其中。如问导式工作坊、"小时候"儿童全阅读工作室、"石头汤"青年教师工作坊、儿童哲学阅读工作室、阳光心理工作室、数学游戏工作室、课堂观察工作室等，各个工作室立足项目研究开展个性化的活动，研究各个方向的校本教材，探索糅合具有世界眼光的教育方法。

针对青年教师，我开办了"三个一"工程，即每月读一本书，每月一期主题书籍分享，每月写一篇教育随笔。所涉书籍囊括海内外教育，可以涉及教师教育情怀、孩子的心理成长、班级班规的制定等内容，通过提升教师的眼光和素养来促进教师发展，服务学生成长。

二、班级目标管理

在学校的总目标下，部门工作目标和每个人的目标也必不可少，学校除了行政部门外，最多、最关键的部门就是班级。班级是学校教育管理的基本单位，学校教育的工作主要通过班级管理工作的落实与具体实践。可以说，一个学校的所有的教育工作，都要基于班级、源于班级。班级管理对于学校的教育教学工作是非常重要的，班级管理的效果如何，对小学生的学习、生活以及身心发展都有着深远的影响。因此，在小学班级管理中运用更为高效的方法显得尤为重要。

不过班级管理方式的单一化，一直以来都是班级管理工作的难题，在实际的教学中，教师多以常规管理和平行管理为主，尤其是常规管理。但实际上，诸多管理方法如常规管理、平行管理、目标管理和民主管理，皆应该根据班级管理的需要采用。班主任当运用多种管理方式，优化班级管理。

先来看目前小学班级管理存在的一些不尽如人意的情况：

1.师生地位不平等

传统的师生关系是把教师放在权威地位，学生只能被动地接受教师传授的知识和被动地接受管理。这种师生不平等的关系压抑了学生的发展，导致学生无法与教师进行真诚地沟通和交流，影响师生和谐关系的形成。同时，一些地区还存在着班主任辱骂、殴打、体罚或变相体罚学生的现象，造成恶劣的社会影响，阻碍小学生身心健康发展。

2.班主任管理观念落后

作为班级的管理者和引导者，班主任的观念是否科学合理以及能否有效地应对在班级中出现的各类问题十分重要。部分小学班主任只关注学生的考试成绩，而忽视了对班级的管理。班级事务杂乱，没有奖罚分明的班规，班级参加活动无纪律性等都是班主任没有严抓班级管理造成的。教师把提高学生成绩作为工作的重点，在意识上对班级管理不重视，导致班级管理出现了各种问题。

3.工作透明化对管理工作带来挑战

随着科技的发展，师生迎来了互联网教育时代。家长对学生发展提出了更高的标准。互联网教育时代使教学过程透明化，学校教育、班级管理的工作都能瞬间展示给学生家长，同时接受来自学校、家长、社会的评判。班主任管理工作透明度空前提高，家长可以在学校提供的各类照片或视频中观察孩子在学习中的点点滴滴，并对班主任提出看法。班主任的班级管理过程空前透明化对班主任工作有一些不利，甚至造成家长对学校和老师的一些误解，班主任班级管理工作面临挑战。

4.学生个性发展多样化

在新时代的背景下，许多家长对孩子教育的关注度越来越高，积极培养学生的各类才艺和兴趣爱好，让孩子从幼儿园时期就开始奔波于各类校外补习班。学生发展更加多样化，造成学生的学习态度、思维能力、个性发展情况各异，这对班主任班级管理工作造成发很大的困难。

就学生而言，纵观学生自我教育能力的现状，这些年的教育经历也让我意识到我们的孩子身上存在一些普遍问题：

1.缺乏自主意识。他们习惯由家长为自己设定理想和成长目标，习惯走家长给自己安排好的成长路径，不敢，也不会主动分析自己的优势与不足，为自己的成长做主。

2.缺乏自我管理能力。他们习惯于老师、家长的监督与看管，一旦失去监督，就会变得散漫而无所适从：做作业拖延，自习课讲话，生活上丢三落四，总之一切都乱了套。

3.缺乏自律能力。在集体中，他们愿意担任班干部，却无法做到以身作则，往往表现为"严于律人，宽以待己"。

4.缺乏自我反思能力。他们在心理上非常脆弱，只能欣然接受表扬和鼓励，却拒绝接受批评与意见。面对困难、挫折或失败，大多会选择逃避、退缩，而难以鼓足勇气迎难而上，更不会主动地分析原因，思索策略，屡败屡战。

解决以上班级问题、学生问题的首要管理措施，仍然是目标管理。向着学校整体育人目标努力之余，也要先为班级树立目标，班级目标是班级发展的方向和动力，在此之下，每个孩子也要独立树立自己的目标。

我们都认可的出色的班级管理，是培养出人才，不是培训人，是激发每个孩子身上的潜能，最终能够让他们创造自己的价值。后来德鲁克同样提出了"目标管理和自我控制"，他认为有了目标才会有工作，自我控制意味着更强有力地推动，我们的孩子也会因为有了目标而被激发起自己身上积极、持久、强大的内驱力。

首先，要培养出高度凝聚、团结向上的班集体，必须要有明确的目标管理。但班集体的目标的确立，应符合学校育人目标。

上班第二年，我接手一个新班，暑假我在家里煞费苦心，精心设定了十条"高大全"的公约：热爱祖国，热爱人民；诚实团结，拼搏进取；一分耕耘，一分收获……开学不久，这份精美的"公约"早已形同虚设，破损掉落也无人问津。我因此还召开班会，上纲上线地指责孩子："班级的事情一点也不上心，每个人都是班级的小主人，看到东西掉了就当没看见的……如果你自己家的东西破了，掉了，难道你不会粘一下吗？"当时越说越气愤，学生们却呆若木鸡。下课后，的确有学生会主动把"公约"补起来，但是在其内心，其实我知道，他们不是认同了"公约"，而只是想做我眼中的好孩子。

当时我就想，是不是我的"公约"出了问题？目标从来不由管理者一人武断判决，而是部门内所有人的群策群力。作为班主任时，为了准确了解学生对班级的发展期待，我设计了一份调查问卷：你对自己的班集体有着怎样的期待呢？（用1～5个关键词表达）

在44位孩子中，人数最多的有41人，他们期待班级"相亲相爱、互帮互助"，最少5人，提到"爱探索，各科成绩全年级第一"。

了解了同学们的美好期待之后，为了帮助学生设计切实可行的，符合大多数同学意愿的班级目标，我进行了第二次问卷调查：我们班级的优势和不足是什么？

关于优势，同学们的答案五花八门，如爱思考、积极阳光、爱阅读、爱劳动、帮助他人等，且票数平均。至于劣势，孩子们给出的答案有：上课不够自觉、朗诵水平有待提高、有人不完成作业、成绩有人拖后腿。

我相信以上两次问卷，大多数小学班级能得到相似的结果。我们发现，学生对自己、对自己的班级能做比较正确的分析和判断。当然更显而易见的是，孩子们不关注成绩如何，他们都希望有一个融洽、互相促进对方成长的环境，他们往往能敏锐地觉察到什么才是适合自己的。问到长处时，孩子们都将目光投射到同学身上的优良品质，而不足则都关乎学业方面，这些不足都是处在目前看重成绩的价值标准之下才产生的。这是否说明孩子们潜在的价值判断中，成绩或许是无足轻重的东西，品质才弥足珍贵。某种程度上说，孩子们比我们更接近教育的终极目标。

因此班级目标的确立要让学生了解并尊重自己的内心需求，分析自己的优势与不足，在此基础上，确立自己的目标，规划自己的未来，继而进行设计。通过集体讨论、商议制定出的班级目标，不仅内容新，而且大家愿意为之而努力。

班级目标如此确立，那么班规、班徽、班歌等，都可采取类似的方式。我曾让孩子们自己制定的班规往往更为细致、能够更好地达到班级目标，如同学发言之后，掌声必须在三秒钟以上；接受礼物时，一定要说谢谢，不然可以收回；如果有人在课堂上的竞赛游戏获胜，我们要向他表示祝贺……身处班级生活中的孩子们自己一定能给出落实班级目标的具体实操方法，因此，班级内的目标管理就让孩子们放手去做吧，教师更多发挥引领作用。

其次，班级目标确立后，如何让内部的每一个孩子确定自己的目标？上文我提到我校的"独立学习日"，这主要是针对孩子确立自己当日的学习目标，经过这样的初步反复训练后，班主任可以利用班会、课后作业等形式，让孩子们思考自己的个人目标，可以是月度、学期、年度等等。我想，唯一要注意的就是要让孩子把目标表达出来、说出来、写出来都可以，说不出来则做不到，说不清楚则做不好。把目标物化为语言、文字的过程就是让其更清晰、明确的过程，目标越清晰，孩子的动力就越充足。这类活动断然不是一次了事，过一段时间，班主任应该对目标实现过程予以验收，给孩子们提出建议，再进行目标确立。

让孩子确立自己的目标最终难道只是为了管理班级更加顺心，班级成绩愈发突出吗？这只不过是短期成效罢了，通过多次目标活动的强化，班主任要培养的是孩子的目标感。目标感能让他们受益终身，在未来也能明确自己真正想要达到的彼岸，并付诸行动。

学校目标的落实过程必然能引起班级、个人的发展最大化，个人向着目标尽最大努力同样也能令班级、学校的发展最优化。如何让个人、班级、学校三级目标清晰确立、达成统一，是学校管理应着力之处。

第二节　班级管理

　　班主任绝不是在班级有了目标后就可以高枕无忧，班主任日常管理工作的好坏直接关系班级的运转兴衰，与每一个学生的品德养成与个人发展息息相关。班主任除了要及时确立班级目标，更重要的是要引导学生主动参与，在班级活动与体验中自主成长。

　　曾经我作为一名班主任，一直在探索一种轻松快乐的管理方法，即：班级自主化管理。学生要自己管理自己，要求学生转变观念，提高认识，学会自我约束，真正成为班集体的主人。苏联教育家苏霍姆林斯基说："真正的教育是自我教育。"每个学生都有强烈的自尊心和荣誉感，都有为大家服务的美好愿望和做好工作的满腔热情，班主任应适时抓住这些优势加以培养和合理使用，积极发挥学生的主体作用，给学生提供一个自主管理、自我教育的机会，让学生自我成长，从而实现"以学生为中心"的"自主化管理"，为营造优良班风和学风贡献自己的力量。

　　在追寻"自主管理"境界的道路上，我已尝到一些甜头。

一、"四长"负责制

　　寻常的小学班级管理整齐划一、"千班一面"，看不到什么新意和自主的空间。

　　以往在班级中担任管理工作的学生，往往是班干部角色。长此以往，另一批非班干部同学的参与度必然越来越低，在班级这个大家庭中缺少责任感，缺少独立的生活能力。

　　在魏书生老师所教的班级中，他和学生共同讨论制定的法规有

30多项，班级里做到了人人有事做，事事有人做；时时有事做，事事有时做。

我曾在班级中实行"四长"负责制，把全班同学分成四人小组，"四长"为学习、文明、卫生、生活四位组长。如此一来，全班都处在管理与被管理的互动关系之中。最理想的分组状态应为组内异质，组间同质。不过此法更适合相对高年级的孩子，此时班主任也了解孩子了，就可以促成合理化的分组，让不同性格、各有所长的孩子们成为一个小组，促进孩子们之间相互学习与成长。事实证明，当孩子们拥有了一个"头衔"，在广泛的参与过程中，他们在集体中找到了属于自己的位置，能在约束自我的同时，自然而然地拥有较强的责任感，并展现出让我们惊叹的管理能力。

所以对我们的孩子多一些自信吧，相信他们都可以控制自己，也管理好他人。放手的同时，小学阶段的孩子也离不开班主任的目光，我这里所说的目光不是全程陪护，而是班主任要关注他们在小组管理中的成长。要建立明确的表彰制度，对和谐、优秀、有进步的小组，班主任要及时予以肯定，反之，也要适当提示孩子。

班级小组管理的效果如何？答案可以想见。每个学生都获得展现自我和发展才能的机会，学生的主人翁精神、责任感和集体荣誉感得到增强，学生的独立自主的能力也将收获成长。

二、班级社团，人人参与

让学生都参与到管理班级的行列中来，还可以组建班级社团。帮助学生发现自己的特长，发挥自己的优势，学习寻找合作伙伴组建团队。

班级社团有如下要求：第一，每个人必须参加一个或两个团队，但不要超过两个，防止"忙的忙死，闲的闲死"，以保证机会均等，人人都能得到锻炼；第二，团队的宗旨是：利用自己的优势为大家服务，为班级做实事。教师也要有六个"不怕"：不怕不够规范，不怕规章束缚，不怕异性相吸，不怕影响学业，不怕主科教师办社团，不怕小打小闹①。

因此，班级社团从创办时就由同学们自主决定，他们自己进行策划，制作海报宣传，通过演讲招募会员，最后组建了八个社团：摄影社团、资讯社团、美术社团、爱阅书斋、音乐社团、心灵咨询社团、种植社团、生活社团。

以摄影社团为例，孩子们自己总结了社团任务：1."六一"活动等排练为大家照相；2.家长会等重要活动帮大家拍摄；3.班会时照下同学们办的板报；4.学生课程或课前三分钟，我们会为他们录像；5.我们会记录下大家的日常生活；6.我们会在最后一个学期里，记录下每一个美好的瞬间，并上传至QQ空间与大家分享。事实上，孩子们完全可以思虑周全，班主任要提供机会。

如此一来，照顾到孩子们兴趣的同时，这八个社团由学生根据班级实际需要设立，基本上涵盖了班级管理的方方面面，而且他们的活动成果是每个同学所需要的，因此在锻炼过程中，他们不仅实实在在地感受到自己的劳动是有用的，自己的付出没有白费，而且真真切切感受到"我为人人，人人为我"的快乐。一旦孩子们有了我正身处某一社团的自觉，他们便会有意识地学习相关方面的知识，去做符合社团宗旨的事，在服务他人中实现自我发展。

孩子其实很渴望得到他人的信任，希望能有一块土地让自己大显身手。因此在一些以班级为单位参与的活动中，班级的社团模式依然可以运作，如"六一"舞台剧演出，各个社团自主分配了任务：爱阅书斋编写剧本，美术社团负责舞美和服装，音乐社团负责选曲、编

---

①沙培宁、柴纯青主编：《学校管理者的五堂必修课》，教育科学出版社，2013年版，第150—152页。

舞，人人参与、人人上场，全程由孩子们自主完成。成功出演的背后是孩子们各自在所擅领域的精湛演绎，相信未来他们也能起舞在属于自己的舞台。

三、经济制度管理班级

班上可建立经济制度，这是一种独特的管理方法，相较于"四长负责制"更进一步解放了学生的个性和创造才能。

与传统的班级管理较多地表现为班主任的控制不同，经济制度管理改善了班级管理缺少激励性、自主空间不足、独立生活能力不强的问题，能较大地发扬学生的自主性、主动性，并最大限度地让他们得到全面发展。

在班上建立经济制度的步骤大致可分为四步。

第一步，列好一份工作清单，上有教室管理员、银行、电脑管理人、办公室信差、快递员等各种职业，记得要做好详尽的工作内容说明，尽量具体，让孩子们能看懂。每一份工作的薪资都有少许差异，部分职业每天都要工作，所以赚取的金额要比一周只工作一两次的职位多，自然，薪资是虚拟货币。而孩子们都会在开学第一天申请一份工作，他们通常可以通过竞选得到第一或第二志愿的工作。

第二步，制定薪水的作用。班级内部课桌椅的使用需要支付相应的费用，费用安排颇似电影院的最佳观影点顺序/安排，座位越靠前排、处在教室的中央，费用就越高。孩子们必须每月支付座位的"租金"。如果孩子存到的金额为租金的3倍，就可以买下座位，拥有这个位子的"产权"。

第三步，设立奖惩制度。存在一些外快项目，只要是孩子们做了锻炼自己、帮助他人的事情，例如做额外工作或参加学生自主课程，都可以领取到奖金。反之，如果他们未履行职责、偷懒，抑或犯了一些错误，就会被罚款。

第四步，该制度是学期制的，因此最终到了学期末，全班会来一场疯狂的拍卖会，由同学推荐选取拍卖师，通过积攒的资金竞卖每位同学拿出的文具用品和生活用品。

这项制度取得的效果如何呢？

孩子们的热情无疑十分高涨，对他们来说，这是一桩新鲜好玩的事，岗位与工资的设定具有把他们当成大人看待的心理暗示，这无疑满足了儿童的心理。这么一来，班级参与度较普通管理制度提高了许多。如管理电脑的孩子每节课之前都会自觉地打开设备，每天放学亦会关闭；担任办公室信差的孩子总是怀着满满的热情传达好各位教师的安排；管理班级银行的同学一丝不苟，出入账目做得十分清晰。在施行过程中，孩子们也给了我额外的惊喜，有些孩子会刻意攒钱买下同学的座位，然后每个月向同学"收租"。

聪明的学生在购买不动产之际，也开始了解所有权的价值。他们看到有些同学每个月为了付座位租金东拼西凑，部分同学银行账户的存款却越来越多，我常在孩子们的作文中看到他们开始体会到、并体谅父母赚钱的辛苦。同样，他们也发现，拥有房地产后就会有多余的资金来参与每学期举办的拍卖会，财富越积越多。几个月下来，他们也亲身体验了拥有存款与不动产的种种好处，选择不断付房租的孩子也得到了同等的感悟，只不过较为沉重罢了。孩子们都体会到了所有权的好处。在这个活动中孩子的各项能力也得到了提高，班级自主管理能够很轻松地运转起来。

总体来看，经济制度下的班级让孩子们知道节省，学会理财，懂得感恩。教给孩子合理利用每一分钱，不仅是从经济的角度出发，它更是一种技能，一种生存的本领。让孩子们从学会存钱、保持收支平衡、规划未来支出情况中，学习节约，恰当整理事务，合理安排事情，进而懂得合理安排时间，高效利用时间的重要性。这是一个生命课题，教给孩子终身受用的技能，小学班级管理需要方法，利用得好，可以大大裨益于孩子们的将来，或许能为他们怎样规划人生提供蓝图并奠定良好的基础。

四、打造班级环境文化

"让每一面墙壁会说话"，这是教育家斯霍姆林斯基的一个著名观点。目的是让目之所及的每一个空间，都具有潜移默化的育人功能，即"环境育人"。

但有这样一个故事，说一位著名的医科大学教授，在新生入学第一天，把一幅《人体解剖图》挂在教室的墙壁上，然后开始讲课。学期结束，期末考试的内容就是这张人体解剖图，让学生写出人体各器官的名称并标明位置。学生拿到试卷后，目瞪口呆，抱怨教授考非所讲，交了白卷。这个故事告诉我们一个事实：挂在墙上的东西，未必有人看！

在学校里，很多班级耗费时间、精力，张贴悬挂格言警句、校规校纪、安全标语、防病常识等等，把教室装扮得五彩斑斓，其实效如何？一二年级的孩子真的能理解"高档"标语吗？我想，很多人都心知肚明，学生们视而不见。开关旁，"节约用电"的标语赫然醒目，然而到了大课间，教室空无一人，可很多班级仍然灯火通明。卫生角明晃晃地写着"教室是我家，爱护靠大家"，可很多教室仍然是垃圾满天飞。由此可见，依靠环境感染孩子绝不能停留在简单的粘贴行为。

怎样才能让墙壁真正"讲话"？

第一，有参与才会被教育。班级中展示的若是孩子们自己创造的，那也必然是他们喜闻乐见的，能真正起到教育作用的环境文化。与确立班级目标一样，让孩子们自己创造班级标语，低年级的孩子们甚至可以是由拼音构成的条幅。得有一块"任性"的余地，对小学的孩子而言，黑板似乎带有着神圣光环，只有老师能在上面书写，但黑板从来不该是孩子的禁区。在上课以外的时间，就让孩子们尽情发挥吧！有时第二天我看到孩子们在黑板上留下的趣事、正能量事迹、充满想象力的绘图，我都会表扬他们，久而久之，正确的价值观自然形成，孩子们会自觉向着班主任所期待的方向发展。给孩子们一个表现的空间，你会看到他们无边无际的创造力，倾听到他们丰富活跃的内心世界，你会如此真切地发现孩子们是这样的鲜活而可爱。

第二，环境不可纹丝不动，来来去去不过是炒冷饭。新换的标语往往都洁白亮丽，不过一个学期，落灰、残破即是常见之态。担任班主任时，我常常根据孩子们的发展阶段、教材知识来更换班级环境布置的主题。如：三年级的班级文化我们以"牵着蜗牛去散步"为主题，四年级的班级文化以"中国风、青花瓷"为主题，五年级的班级文化为"幸福得像花儿一样"……鼓励孩子们自由发挥，创造任何有关主题的作品。这些布置中，有的清新洒脱，有的励志上进，有的沉稳内敛。符合主题的前提下，班级内布置都是定期更换，让每一个孩子的想法闪光。

第三，要存在个性空间，用个性展示取代成绩表，成就感和自信由此而来。孩子们都有不同的才能，于是墙上要可以看到每个同学的作品，大气飘逸的书法作品、文笔俊逸的习作、匠心独运的标语、清晰干净的答题步骤……孩子们不再为了分数发愁，若能有一隅展示自我的天地，他们也能乐于找到自己爱做的事、擅长的事，抑或在这些事情上用力更深。班主任要把所有可利用的机会给到孩子。

第四，班主任要引导阅读。让文化环绕在孩子们身边润物无声，不论何种布置，都不能一贴了之。首先班主任自己不能对墙壁上学生的展示一问三不知，这也是了解学生的绝佳窗口。要让每一处布置的潜在用心在时时挂念、常常提起中沉淀为班级的集体人格。

此外，我所带领的班级常结合学校活动进行班级环境建设，如学校有落叶周，顺势就将同学们制作的贴画一一展示。至于绿意葱葱的植物角、同学或老师制作的学科思维导图、兼容并包的"English Corner"、图书流动角等，此类布置被应用得十分广泛，这里便不再赘述。若是班主任没有想法，不如将问题抛给孩子们，往往能收获关于班级文化建设颇具创意的新点子。

五、记录班级日常生活

班级文化远不仅仅局限于静态的实施，而处于一种流动的状态，也就熠熠生辉地发挥出无限生命力。上文提到我曾经发布的一份调查问卷，大部分孩子都期待班集体是一个温暖之所在。怎样让这份温暖具象化，我曾在班级中采用《班级日志》和《班级小报》的形式，加强班级成员之间的联系，让班级有血有肉、有温度、有感情，并且让每一个孩子都成为更好的、更具有精神和灵气的自己。

《班级日志》建立在班级的小组自主合作模式之下，在每一小组初具雏形之时，我在班级内正式开展《班级日志》轮流记活动。第一章中我提到在开学初询问新生的问题，有认识的玩伴成为孩子们喜欢学校的重要缘由之一。童年期孩子的特征就是会选择兴趣爱好相似的朋友，大部分孩子都会花大量的时间在固定的团体中。班主任要意识到"同辈压力"对小学生同样发挥着或积极，或消极的作用，且应尽量发挥其积极的一面，即孩子们之间相互的带动作用。流动的《班级日志》为孩子们提供了一种特别的交流途径，他们每天最期待的就是接过小组同学的《班级日志》，很多孩子都不由自主地通过留言的形式与同学交流。

有的孩子因为今天考试没考好，内心沉重、郁闷，小组同学就会在《班级日志》里悄悄写上"冬天来了，春天还会远吗？"，有的因为和同学闹矛盾，被老师批评，小组同学就会写上"知道你不好受，控制不了别人，但是你可以控制自己呀！下回别再冲动，否则快乐无缘！"还有孩子会因为日志上的一些感人故事而为同学点赞，也会为让大家形成好习惯而发出倡议。更有甚者，在日志中调侃一下老师，我就经常被他们揶揄，但我的内心是多么的欣喜，这是因为孩子们把我当作了平等的朋友，亦师亦友。这一本本《班级日志》，不正是自主成长的一路花香吗？

通过《班级日志》的形式，让孩子们进行积极向上的交流，营造良好的情感氛围，孩子们善良的心也展露无遗。也可以把他们拧成一股绳，增强班级凝聚力，促成优良班风的形成。

而我在班级中办的《班级小报》也是由同学们自主设计、制作的。一个个瞬间承载着整个班级一路成长的精彩。

还记得一个六月，即将毕业的孩子们，在校级的篮球联赛上挥洒汗水，呐喊助威，点燃的是孩子们对校园生活难舍的激情。他们自己出海报，自己摄像，自己组织啦啦队，自己用一份份《班级小报》记录下这最难忘的毕业季。这一份份班级小报，背后是孩子们对同学、对集体、对老师、对学校的真情体现。

通过《班级日志》和《班级小报》，让每一位学生逐渐融入班集体中，与老师、同学都成为朋友，把班级当作温暖的家，班级规范自然便得到维护。对正处于儿童阶段的孩子来说，这是他们在加强与同伴联系的过程，也说明孩子正在脱离父母、渐渐独立成长。而对各自奔赴远方的，处于少年、成年阶段的未来的他们来说，这应当是一笔宝贵的财富，他们会感到童年的快乐、班级的温暖。

六、班级活动

班级活动是一个动态、开放的系统，依据节日、纪念日、民俗等均可开展班级活动，不过此类活动各小学班级均能抓住时机进行教育，我在此列举较有特色的一些创新活动。

我曾在班级中实施"班级民主议事会"，有任何问题，都可以广开言路，集全班之力来帮助解决。议事会的结果，也有利于让全班同学形成共识。教学实践中往往会有各学科教学时间与开展活动不能两全的现象，班主任可以发动各科任教师，将学科活动变为班级活动。语文可以有课本剧；数学可以是以数字、图形等为素材，全班同绘一幅图；英语能开发情景剧。深入寻找学科中的文艺素材，利用班会课充足的时间真正激发学生的创造力、提高参与度，让学生在生动活泼的形式中增长对学科的兴趣。

活动中需要注意的事项如下：

1.活动是全体学生自己的。这里包含两方面内容，一方面班级活动的开展，要充分发挥学生的主体性，尊重学生的群体个性和个体个性，不是班主任一味地说教，学生才是活动的真正主人，所以教师要发动班级全体的力量，共同设计、组织。班级活动也不能超越学生现有的身心发展阶段，"班级活动如果过于超越学生现有的发展水平，学生就会因陌生而形成隔膜感；如果大大低于学生现有的发展水平，学生又会因过于熟悉而提不起兴趣"[1]。另一方面，老师要适时从旁辅助，帮助班级所有学生参与其间，享受班级活动的快乐。

2.活动要体现参与之外的价值。所进行的班级活动，要具有一定的教育意义，尽可能地对学生成长的各方面产生积极而有效的影响，使之成为实现学生发展的重要手段。

3.活动的安排要周全、安全。任何活动都要注意提醒学生树立安全意识，使他们掌握保护自己、帮助别人以及应对安全事故的技能。

4.不必太过在意活动的结果。教师不能对学生及活动结果提过高的要求，所制定的关于活动的目标应该既符合实际，又能激发学生的信心和热情。

---

①潘玉峰，赵蕴华编著：《班级管理与活动设计》，安徽人民出版社，2012年版，第33—34页。

5.活动过后要有所提升，教师要及时组织，对整个过程进行总结、反思，询问学生有何种价值观方面的收获等等。从发现问题、解决问题的层面上提高学生素质和班级建设水平。

上述班级管理诸法，皆贯彻了"以生为本"的理念，教是为了不教，管也是为了不管，"苔花如米小，也学牡丹开"。如果教师多次尝试都无法管理好班级，不妨反思一下自己的方法是否得当。让班级管理能够育治学之才气，润纯善之心灵，筑飞扬之理想，献有识之眼界，让孩子们的探索得到支持，失败得到鼓励，信任代替恐惧，自觉代替纪律。我曾总结了十六字班级管理理念："信任放手、欣赏期待、鼓励自主、用心引导。"①

---

① 丁苗：《让学生成为班级的主人》，《新班主任》2020第1期，第13—16页。

第三节 "双减"政策下的管理调整

2021年7月24日中共中央办公厅、国务院办公厅印发了《关于进一步减轻义务教育阶段学生作业负担和校外培训负担的意见》,明确提出:大力提升教育教学质量,确保学生在校内学足学好。的确,于学校管理者而言,大部分管理举措在"双减"政策之下依然可以运转如常,我认为要关注的只有一点:提升教学质量。这是"双减"政策对学校内部的根本要求,教学是学校的生命线。我校的校本课程、青年教师工作坊、"三个一"工程在"双减"下愈发显示出重要性来。总结起来可归纳为教师的自主发展,我以此为学校提升教学质量的关键,即教师以自己的力量为主体,借助外部帮助,进而寻求自己在专业上的快速发展。如今知识体系的更新、社会进步的节奏都愈发迅速,教师必须自主增强自身能力素养。

学校理应起到如下作用:

第一,加强理想信念教育,引领青年教师制定3—5年自主发展规划。与别的职业不同,教师职业是塑造灵魂的职业。通过新教师入职培训,学校一方面向青年教师宣讲榜样名师的成长故事,一方面帮助青年教师挖掘自身的教育故事,鼓励他们重新审视自己的职业价值,从而体会自己的教育幸福。有了理想信念的支撑,有了内生发展动力,教师发展经过沉淀后必定结出甘甜的硕果。

第二,重视教师的专业成长,学校积极发挥引领作用。校园也是教师成长的地方,要为教师的专业成长创造良好的外部环境和条件。

说到底，无非是重视请进来、走出去的方法。请专家学者到校举行专题讲座，让优秀教师前来上示范课、诊断教学，组织校内教师外出学习，解放思想、开阔眼界、提升境界，做到有备而去、满载而归，让教师的潜能获得尽可能全方位的激发。

第三，新老教师、同伴教师间的帮扶措施。健康的教学团队应分为两大阵营，一方是拥有充沛教学经验的骨干教师团队，另一方是青年教师、新入职教师，通过双方的交流共促成长。我在学校每年举行"青蓝工程"结对仪式，由骨干教师每人携带2～3名经验尚浅的青年教师。具体在"青蓝工程"教师发展团队中分阶段进行不同的考核内容。第一阶段，教龄三年以下的老师，每周教案由师父把关后方可上讲台，每月师徒互听至少两堂课，每学年针对师父指导下的新教师开展一次综合技能比赛。第二阶段，教龄三年以上五年以下的老师每学年规定一定的书籍阅读量，师徒共同或者徒弟独立参与项目、课题，徒弟每学年要参加公开课或竞赛课并争取多写文章。而"同伴互助"教师发展团队由3～4名青年教师组成，互相督促、互相帮助，每月互听一节课并相互探讨，在生活和工作中皆能彼此排忧解难。

学校最应深耕的便是要以"大先生"之风为引领，让教师应教尽教，促进学生学足学好。传承匠心、加速成长、不断精进，建设一支高质量的教师队伍。

至于班级，这是学校教育的细胞，要让"双减"政策最终落实到每个孩子身上，班级管理的相关调整必不可少。不再将成绩、排名视作风向标，让"考了几分？""这次排第几名？"的问话变成"今天有什么收获？""参与了什么活动，在学校过得开心吗？"让家长、社会的唯分数论现象得到改善，班级或可作出如下调整：

第一，新生入学，循序渐进

　　班级内无须刚入学就火急火燎地开展教学工作，我们的目的指向孩子全面成长，而不全然是知识的增长。新生入学的前两个月，是班风形成的关键时期，"双减"政策之下，班级有了更多的时间开展活动，要让新入学的孩子尽快从一个由近似年龄、知识水平组成的群体成为真正的班集体。因此，这一时期我校开展"新生入学教育周"，即开学第一周不进行知识性教学活动，全年级、各班级开展自己的活动，其目的大致分为两类。

　　一类是增进学生的认识。第一次进入小学的孩子总是对一切充满着好奇，让他们参观整个校园，了解历史、校训等等，哪怕留有些许的印象，目的也就达成了，而且孩子们也会在此过程中发现适合自己玩耍的秘密花园。至于班级内部，无论是组织学生自我介绍或是进行才艺展示班会、破冰小游戏等，目的都是建立起学生对班级的自信和归属感，让他们之间消除陌生、彼此了解，也帮助教师掌握不同孩子的近况和个性。班主任还应将课任老师请来，面对面介绍给学生，率先消除无形的障壁，让接下来的教学变得更加顺畅。

　　另一类则是教学生规划学习和生活。教师一般可让学生用画画的方式绘出对学校的印象、做学期计划，鼓励他们在班会或其他场合畅谈自己的期许。虽然大多数孩子留下的计划多为"好好学习"一类，但进行一个这样的仪式，无疑可以加深孩子们的印象。

　　第二，举办基于"个人本位"的活动

　　"双减"政策减轻了繁重的课业负担，这为开展更丰富的班级活动提供了沃土。上、下课皆安静端坐，埋头写作业或不再是值得鼓吹的班风。要鼓励孩子们多参加活动，不拘泥于班级、校级活动，还可以是社会活动等等。

　　以往我国的活动，颇受苏联各大教育家如苏霍姆林斯基等人集体主义思想的影响，较多从社会的角度出发，依靠共同努力来取得成果，其形式往往是文艺表演、体育竞赛。这是一种"社会本位"的教育理念，关注集体的利益，强调个体对规则的服从和遵守，以社会的要求来衡量个体的成长，突出对个体的社会适应能力的培养。[1]

而"个人本位"的活动则更多继承卢梭、杜威等的思想。这类活动往往以主题探究的形式开展。在更小的单元内，让学生自由选择自己感兴趣的相关课题，结合所学知识前往社会进行调研，经过研究后得到一些既有问题并能尝试给出解决方案。如考察社区、故乡的历史，某一地域的历史变迁，探究某一或某种动物的特征，观察校园、社区内垃圾处理方法……

值得注意的是，"双减"政策之后，活动虽然不局限在运动会、联欢晚会等普遍的固有形式，但始终要基于我国基础教育的情况来吸纳西方教育的长处，落脚点依然是要培养我国优秀的社会主义接班人。

第三，导师制，为每位学生创造发展空间

导师制源自19世纪英国的牛津大学，与学分制、班建制并称为三大教育模式。多数小学班级往往有四十个以上的学生，仅仅靠班主任一人，很难尽快和学生建立联系，也很难及时跟进每一位同学的学习情况、心理情况。但每一位教师都肩负育人的责任，每一位教师都是孩子亲切的朋友，教师的职责需要把信任和期待的目光投向学生，把关爱倾注于整个教育教学过程之中。导师制，其实也是促进师生双方成长的制度。实行导师制，在"双减"政策之下，可以更好地贯彻全员育人、全程育人、全方位育人的现代教育理念，更好地适应素质教

① 潘玉峰、赵蕴华编著：《班级管理与活动设计》，安徽人民出版社，2012年版，第20页。

育的要求和人才培养目标的转变。①

导师制在我校有以下实施要求：

1.范围不宜过大，教师在所任教的班级中选择三至五名学生，建立导学关系。

2.导师应保持与所辅导学生的经常性交流，至少每两周一次谈心辅导，及时帮助他们解决思想、学习、生活上的各种问题和困难。帮助学生确定适合自身特点的成长目标、学习计划、实施措施，如推荐或指导学生进行课外阅读，引导他正确交友等。导师应和班主任共同参与，与其他科任教师进行随机的交流讨论，并定期与家长取得联系。

3.为保证制度顺利施行，建立合理的评价制度。如导师需要提交谈心辅导内容记录、家长联络记录，学期末，导师将提交德育工作汇报材料。

导师能多方面了解所辅导学生的学习目标、学习情况、兴趣爱好、特长、家庭背景等情况，从而为孩子提供更适合自己的成长方案，关键是能让孩子感受到自己每一次的进步，清除教育的每一个死角。

第四，更关注学生个性发展

"不追求大而全，各展其能、各尽其才"，习总书记引导我们树立了新的人才观。告诉孩子们：每一个人都要做最好的自己，才能实现自我价值，为我们的祖国做贡献。

怎么让学生各展其能？人不同貌，剧不同腔，班集体也有班集体的个性，不同班级的氛围不尽相同，每接新班，我都满怀期待，期待他们的百花齐放，期待一次全新的相处与护送，班主任管理班级不可

---

① 范胜武：《重构学校文化》，上海教育出版社，2018年版，第61页。

再是年年岁岁模式相似，而应根据班级整体个性调整管理方法。

上一章我提到"双减"政策后小学提供的课后服务，与之相适应，至少班主任要明确每个孩子想学习怎样的技能、参加哪方面活动、进入了哪个社团。

更进一步，低年级段的同学可能无法对自己的兴趣有准确认知，也许是跟着玩伴选择了同样的社团，也许是一时新奇，班主任、导师要尽可能起到引导作用，要花心思去了解班级中每个孩子的独特所在与他们之间的差异，如果教师看到孩子的长处，他们也会看到自己的长处。"对于每一位我教过的孩子，我都能很容易地说出他们所具备的才能。"①教师若能做到这点，个性教育便实打实地扎根了。

了解学生需要方法，需注重师生情感交流。孩子需要被肯定、被欣赏、被赞扬，他们期盼大人的理解，当班主任向他们表示自己很在乎他们的兴趣时，就已经向前迈了实质性的一步。一旦同孩子们建立良好的关系，就能更好地促使他们将潜能发挥到极致。而如果孩子没有按照我们的意愿来做选择，也不必心烦意乱，我们应当相信，播下的种子，总有一天会抽芽、生长、延续，教师所能做的，便是基于他们的个性，对他们的成长予以肯定并作出有意义的预测。

孟子言君子三乐，其中之一为："得天下英才而教育之。"我们的孩子难道不是个个英才吗？教育工作者的管理策略，应愈加向着"以人为本""素质教育"全面出发，"双减"政策之下育英才，静待花开香自来，看到孩子们一天天地成长，这正是我们莫大的幸福。

---

① [美]金·比尔登：《学生教我做老师：罗恩·克拉克学校的成功秘密》，王小庆译，教育科学出版社，2016年版，第58页。

【附录】

1.班主任的"四心",让班级成为学生自主管理的园地

——小学高年级班级管理之我见

班集体是学校教育的基本单位,是学生学习、生活和成长的重要场所。班级管理是以班集体为基础展开的。它是一个动态的过程,是教师根据一定的目的要求,采用一定的手段措施,带领全班学生,对班级中的各种资源进行计划、组织、协调、控制,以实现教育目标的组织活动过程。因此,建设培养良好的班集体是班级管理的核心工作,也是班主任工作成果的体现。

在学校,常常听到老师说小学高年级学生"古灵精怪"。这个词道出了教育高年级学生并不容易这一实实在在的教育难题。在现今社会,学生接触新鲜事物又快又多,外界对他们的影响也越来越大,有力地冲击了学校教育,使得现在对学生的教育更加难了,粗暴而又简单的教育方式换来的是学生更大的抵触情绪。而这种现象在高年级尤其突出,所以对高年级学生的班级管理,一定要改变传统的管理引导模式。如何对学生进行教育,对班级进行管理,在这里结合我自己的实际工作谈三点意见。

一、用心引导——让孩子自我教育,自我成长

如果说"真爱"是班级管理的情感基础,那么智慧、科学的教育观念与方法则是做好班主任工作的必要条件。在十几年的班主任工作中,为了能够让孩子们自主成长,我总结了如下慧心育人的方法:

第一,人人做主人

我所带的班级每一位学生都有明确的工作职责:值日生由班委成员轮流担任,负责全班一日常规工作,协助教师处理班级突发事件;各组组长分管各组同学的学习和卫生;科代表负责各学科的学习情

况，及时辅助任课教师开展工作；并设有专管员管理教室的门窗等。班里的每位学生都当过值日生、见习班长，在孩子们共同参与班级管理的过程中，每位学生的能力提高了，班集体荣誉也增强了。

第二，目标引领

班级目标是班级发展的方向和动力，没有明确的目标管理，就不可能培养思想统一、行动一致的班集体。我以学生习惯培养为核心，将"实小奇兵总动员"主题活动、"我班最棒"的常规评比与"八个好习惯"的具体要求相结合，根据本班思想、学习、生活的现状，带领全班同学在制定个人目标的同时开展集体讨论，共同策划，制定出适合班级发展的奋斗目标——班训，班集体的标志——班徽，班级自主管理策略——班规，形成了特有的班级文化。

我特别重视对学生行为习惯的培养。严格落实"八个好习惯"的具体要求。它们是"见人问声好、走路靠右行，清洁自己做、饭菜吃干净，写字姿势正、做操有精神，每天勤读书、主动常提问。"这些要求教会学生学会生活、学会学习、学会做人。在好习惯的培养过程中，引导孩子们自主成长。

我所带的班级是从一年级带到现在，班上的每一个孩子都能熟知了解"8个好习惯"的具体内容。"8个好习惯"的第一条是"见人问声好"，对学生提出了礼仪的要求。遇到任何老师，任何来访的客人，到你走到他身边的时候，都应该主动打招呼。别看这一条，让孩子们做到不容易。因为他们总会有害羞，不好意思的情绪。对这一条，我从自己做起，给孩子起榜样示范的作用。在校园里，我如果遇到我不认识的孩子，当四目相对时候，我也会给他们一个会心的微笑。见到的自己的学生，我总是主动打招呼："罗维月，早上好，今天早饭吃的什么？"因为这个孩子曾告诉我，吃饭是她最大的享受。"张刘嘉，这件棉袄是新的吧！看上去特别帅气！""叶竞泽，你的腿伤好了？今天我最快乐的事，是看到你能健健康康上学，今天上体育课，还是要小心呀！"如果遇到班上的孩子主动和自己打招呼，我就会在班上说："今天我的心情特别好，因为遇到刘宇翔笑嘻嘻地向我问好，我的烦恼全抛掉了。"渐渐地，向别人问好，成为班上学生的一种习惯，他们懂礼仪，变得热情、大方、自信。

对于8个好习惯中，"做操有精神"这一项，我也做了尝试，也收到了一些效果。这个学期，学校为了让做操入场更加有秩序。改变了入场方式。要求全班40多名同学，排成一条队进场。刚开始，学生很不适应，队伍不是歪歪扭扭就是步伐不一致。那天，我在学生不知情的情况下，用手机拍下了他们入场的画面，并放给他们看，找到了自己的问题。接着又让他们欣赏解放军战士进行队列训练的场景，告诉他们艰苦训练的重要性。还给他们看了蚂蚁排成一条整齐的队伍，搬运粮食以及大雁排成一字型，在天空自由飞翔的情景，使他们明白团结协作的重要性。当学生因为队列整齐，在大会上受到表扬，我会及时告诉学生：其实，做任何一件事都不难；当自己的付出得到别人的肯定，是件无比自豪和满足的事情。渐渐地，站队入场快静齐已经成为学生一种习惯、一种自觉行为。不管老师在与不在，班上的学生都能做到。

班上学生的"8个好习惯"养成得怎么样呢？如何评价呢？

我所带的班结合学校要求开展了"实小奇兵总动员"活动。学生共有5种奇兵可供选择，它们是"健康奇兵""文明奇兵""智慧奇兵""劳动奇兵"和"特长奇兵"。他们和8个好习惯一一对应，比如：做到了见人问声好，走路靠右行等，就可以得到"文明奇兵"。每月的第四周是"实小奇兵总动员"活动周，我认真落实每月的申报和自评、互评工作。学期初，每个同学可以根据自己的情况和意愿，每种奇兵所要达到的目标，选定自己想争当什么奇兵。评一评、比一比，看看谁才是真正的小"奇兵"。评比按时间顺序进行：从一月一评，到一学期一评；评比也按级别顺序进行：小队评，中队评，再到大队评。当学生戴上奇兵勋章时，他们感到非常自豪和光荣。我充分发挥实小奇兵卡的作用，让班上的每个队员妥善保管好实小奇兵卡，班级形成一个无形的磁场。"实小奇兵总动员"活动，让学生在同伴引领下受到教育，认识自我，规范自我，完善自我。

在集体与个人目标的共同引领下，班级良好习惯逐步养成，班级风貌得到完善。

二、用心关注——让每一个孩子都闪光

一个班，关起门来就是一个大家庭，班主任如同家长，如果家庭中的每个成员如兄弟姐妹般互相关心着，帮助着，鼓舞着，那么这个家庭就是温馨的。

1. "偏爱"后进生

在班级建设中，我努力将自己"与人为善"的爱心和班集体"普遍的友爱"倾注给后进生，给他们更多的关注，更多的投入，我总是用爱精心营造一种平等、和谐、友爱的气氛，让大家体验到温暖和同学的友谊，让他们感受到自己在班上有一席之地。班里的黄×同学反应慢，经常不完成作业，学习差，一上课就睡觉，一下课就打人，害得几位老师整天得处理他的事，同学们也都不喜欢他。怎么办呢？于是我开始找黄×同学的闪光点。我发现，好几个早上，黄×都跟值日生在清洁区打扫卫生，因为他不喜欢在教室读书，在他看来扫地比读书舒服得多，于是我在班上表扬他不怕脏，爱劳动，让他当劳动委员，协助老师管班级卫生工作。这以后，黄×不但认真负责管好班里卫生，还耐心地把每次作业都完成了，尽管效果不太好，期末考试也能考个六七十分了。我这种委以任务的方法，取得了转化后进生的较好效果。作为一名班主任要用百分之百的热情去争取哪怕百分之一的效果。

2. 严爱优等生

优等生，谁都爱他们。也正因为如此，优等生的缺点往往容易被忽视、掩盖，被原谅、袒护。但小的缺点也会造成大的隐患，对这类学生，我从不迁就他们，时时提醒他们"做学问得先做人"，做一个正直的人，热情的人，向上的人。心胸要宽广，心理要健康。警钟长鸣,才能克服自身的弱点,扬起风帆前进。

小周,我们班一个漂亮、聪明的女孩子。能歌善舞、做事机敏;作业干净整洁,令人赏心悦目;上课发言积极,成绩优秀!但是,她特别爱说话。课堂上爱说,排队中爱说,吃饭时也爱说,提醒过她几次,以为她身为班干部,应该很快能改过来。但是结果让我很失望。有一次,正因为她说话,队伍中的女孩子也跟着叽叽喳喳地说话,像开小会一样。我一看,火了,二话不说把她拽出来,严厉地批评她,这是我第一次对她如此凶。她吓到了,眼泪大颗大颗往下掉。我一点面子也不给她,当着全班同学的面把她的班干部职位撤掉。然后把她单独叫到教室里谈话。我说:"对于老师把你的职位撤掉你有什么看法?""老师,我没想到这么严重!""丁老师已经给你多次改正的机会了,但你没珍惜,我很失望。同时,我希望你能好好反省一下,相信你知道以后该怎么做了吧?"我接着说。她满脸认真地说:"丁老师,我保证以后不会让你失望的!"果然,她做到了!真正地改掉了爱说话的毛病,又重新当上了班干部,表现比以前更加出色了!

这件事让我明白了,对优生的缺点不能太轻视,反而要更加严厉地要求他去努力改正,不能因为他成绩优秀而忽视了对他全面发展的引导。教育好优等生,教师要从优等生的特点入手,多数优等生或多或少都有点骄傲的情绪。对于这个问题,教师要时刻提醒他们,骄傲使人落后,谦虚使人进步。人外有人,山外有山。学习是无止境的。有些优等生在思想上比较散漫。他们认为自己成绩好,做点违反班级纪律的事,犯点小错误没有什么事,老师又不会把他怎么样。因此,班主任要处处严格要求优等生,哪怕发现极小的错误,也要及时纠正出来,使其认识到自己的错误。否则,他们会在错误的道路上越走越远。

3.博爱中等生

中等生往往是一个班级中容易忽略的群体,他们有比较稳定的心理状态,他们既不像优等生那样产生优越感,也不像后进生那样自暴自弃。他们是班集体的一面镜子，他们希望被重视，但又害怕抛头露面。对这种学生，我掌握他们的心理特点，调动他们的积极因素，正确对待他们，始终如一地尊重、理解、信任他们。

在一次次谈心、家访、侧面了解中，我努力去了解中等生的所思所想所感、他们的喜怒哀乐。这些中等学生的性格往往内向，平时安分守己，表现良好。所以他们的心理问题更具有隐蔽性，不易被人发现，班主任老师为其表面现象所迷惑，再加上受"抓两头，带中间"的传统教育格局的影响，往往没有对中等生普遍存在的心理问题引起足够的认识和重视，更谈不上及时的心理疏导，导致这些学生的心理问题越来越严重，严重影响了他们的学习和生活。严酷的事实告诉我们：如果单从心理健康教育这一点来说，中等生无疑是学校、家长和老师最需要关注的群体，重视、研究和解决中等生的心理问题已迫在眉睫。这应当成为学校、家长、老师特别是班主任的共识。

三、用心信任——让不幸的孩子感到温暖

我把自己对班级每一个孩子的信任带到每一天的教书育人中，带到与每一个同学交流谈心中，营造了良好的班风学风。

我所带的毕业班学生小邱的父母双双下岗，家境贫寒，生活困难，沉重的压力让孩子学习情绪低落。为了让她在困境中振作，我肯定地告诉她："丁老师相信你，你一定能学好，顺利毕业，我和你一起努力！"

我首先从经济上帮助小邱，向学校领导反映她的实际情况，减免了杂费，还自己掏钱多次为小邱购买学习用品，并在班上成立了"学雷锋小组"，让小邱感受到班级的温暖。每天下班后，我抛开一天工作的疲劳，主动为小邱补习功课。特别在毕业考试前，每个双休日，我都把小邱接到家中，让自己的母亲给她做可口的饭菜，自己则耐心地辅导她学习，往往一词、一句、都要反复教授。真是皇天不负苦心人，毕业考试中，小邱以良好成绩顺利毕业。她的母亲听到这个好消息，激动得热泪盈眶。小邱毕业后，我依然记挂着她，常常打电话与她联系，并在学习、生活上为她排忧解难。

古人云："有威则可长，有信则可乐从。凡欲服人者，必兼备威信。""威"是慑人的力量，但离开了信任，再强大的慑人力量也起不到教育作用。信任是沟通师生感情的桥梁。信任是催化剂，信任是原动力，信任是做好班主任工作的金钥匙。从某种意义上讲，信任是一剂良药，是特殊生的感化剂。我向那些处在弱势的孩子传递着自己不离不弃的信任、关爱，及时体察他们的内心动态，疏导情绪，化阴霾为朗日！

四、用心欣赏——让坚强的孩子飞得更高

作为班主任，更要善于欣赏孩子，发现孩子的综合潜质，未来的栋梁之材就在他们中间。

学生王畅曾是我所带班级的一名学生。她是武汉市第十四届"十佳少年"。如今王畅已在武汉市外国语学校就读，在那儿她仍是一位品学兼优的孩子。这和我对她的欣赏是分不开的。

刚接这个班时，我感觉王畅是个很有潜质的孩子。但是我发现这个王畅有段时间学习在退步，上课时精神状态不佳。我决定到王畅家去看看。当我第一次走进王畅家里，眼前的一切让他震惊。王畅家里的摆设极为简单。母亲因为胃癌，将胃切除了三分之二。由于胃出血的反复发作，母亲因身体严重贫血已消瘦到只剩三十八公斤，满头的长发因大病营养供应不足而全部脱落成光头。父亲忙着做饭，王畅在母亲身边不安地做着功课。我细致地向王畅的父母询问了她的学习和生活情况。在以后的日子里，我把王畅当作自己的孩子一样关心亲近起来。天气变化了，我给王畅增减衣服；她头发散了，我用梳子给孩子轻轻梳理；她肚子饿了，我就带王畅去吃肯德基；她学习上遇到困难了，我给她耐心讲解。在我的关切和鼓励下，王畅的学习成绩迅速赶了上来。王畅学习很刻苦，一次她因为没考好，十分沮丧地在周记中这样写道："丁老师：这次没考好，我觉得特别失败。虽然你都没说什么，可只要我一走进教室，看着周围的同学就有压力，很丢面子，这不是原来的我，怎么办？"我诚恳地劝导她："不要把学习目标定位在第几名上，而应每天问问自己，我今天尽力了吗？我今天弄懂一道数学题了吗？只要每天有收获，每天有成长，你就是成功的！加油，老师相信你！"这之后，王畅果然开朗多了，和我也更加亲近了。

反复叮嘱王畅：艰苦的环境更可以磨炼意志，要用自己的双手创造未来的幸福。丁老师信任你！在我的精心培育下，王畅学会了友善、勇敢和坚强。在我的帮助下，她被评为了武汉市"十佳"少年。

更让我觉得甜蜜和温馨是，小王毕业一年后，我收到了一封特别的Email——小王的来信。"我的成长路上，是您给予我帮助，给予我温暖。我的改变，我的进步，都离不开您的信任和引导。谢谢您，您是我心中最美的老师！"小王在信中这样写道。

教育是期待，教育是牵手，教育是心动，教育里饱含着真情的问候，也培植着理性之魂；教育要求我们以心灵赢得心灵，以人格塑造人格，以欣赏的眼光看学生，而班主任作为班级工作的引导者、教育者和组织者，更要善于发现孩子身上的闪光点。

班级建设是一项工作，更是一种艺术，管理班级容易，但管好班级却很难。这是每个做过班主任的老师的共同体会。班主任必须具有对教育的忠心和对学生的爱心，讲求管理的艺术和方法，培养和锻炼自己较高的心理素质和管理素质，才能管理好班级，让班级成为学生自主管理的园地。

【参考文献】

①秦川江：《浅谈小学生班级自主管理》，《新课程：小学》2013年第12期。

②袁川：《班级自主管理结构模式探析》，《教学与管理》2009年第27期。

③李健民：《班主任的工作心理学》，学苑出版社，2000。

④魏书生：《班主任的工作漫谈》，漓江出版社，1994。

2.让学生成为班级的主人

习近平总书记在教育大会上指出，要把立德树人作为根本任务，培养德智体美劳全面发展的社会主义建设者和接班人。国无德不兴，人无德不立，育人之本在于立德铸魂。只有提高班级管理的整体水平，运用行之有效的班级管理策略，通过多样性的特色集体教育活动，来实现班级对学生的集体教育职能。

研究小学班级管理的策略，首先要弄明白班级管理的概念。我认为班级管理就是教师和学生根据一定的教育目标，针对小学班级管理对象的特点，规划、组织、协调、控制班级组织内的一切活动，以实现预定的班级组织目标的一种活动。班级管理的实质是管理学生，而管理学生的本质核心是学生人格修养、习惯的培养。

苏联教育家苏霍姆林斯基说："真正的教育是自我教育。"作为一名班主任，我一直在探索一种轻松快乐的管理方法，即：班级自主化管理。我总结了十六字班级管理理念："信任放手、欣赏期待、鼓励自主、用心引导"。让班主任能从一些琐碎的小事中自我解放出来，让学生成为班级管理的主人，培养他们自我教育、自主管理、自我约束的能力，真正成为班集体的主人。

一、习惯的培养，自主化班级管理的核心

1.将"8个好习惯"种在学生的心里

湖北省武昌实验小学特别重视对学生行为习惯的培养，提出了"8个好习惯"的具体要求。"见人问声好，走路靠右行；清洁自己做，饭菜吃干净；写字姿势正，做操有精神；每天勤读书，主动常提问。"这些要求教会学生学会生活、学会学习、学会做人。班主任在班级中要起到良好的示范作用，对学生来说就是榜样，班级良好习惯逐渐养成。

班级目标是班级发展的方向和动力，没有明确的目标管理，就不可能培养思想统一、行动一致的班集体。在集体与个人目标的共同引领下，班级良好习惯逐步养成，班级风貌得到完善。

2.新生入学教育周让"8个好习惯"落地

叶圣陶先生曾经说过："什么是教育？简单一句话，就是要养成习惯。"培养学生的良好习惯是管一辈子的教育。一所优秀的学校，一位优秀的老师，首先关注的应该是孩子良好习惯的养成。"一年级的孩子适应小学生活，需要一个过程。开学第一周，就是一个重要的心理过渡期。这个过程处理得好，会激发孩子们的学习兴趣，入学教育课程就是尊重孩子身心发展规律，用孩子们的节奏踩准幼小衔接的节点，愉快地迈出人生这一步。

我们的做法是，开学第一周为新生入学教育周。这一周不上教材的新课，而根据统一制定的《一年级新生入学培训方案》，各科老师按照课程安排，落实"8个好习惯"的养成教育。

如何落实这8个好习惯，我们不用说教的方式，而是带着学生在游戏，活动中实践体验。如第一个习惯，"见人问声好"。我要求学生上学进校门主动向老师同学问好，见到外来的客人与老师，主动向他们问好。教孩子念《见人问声好》的儿歌，同桌之间互相介绍自己，找班上的朋友问好，"游学"问好，让一些自信大方的孩子到别的班级介绍自己，向大家问好。还会领着孩子到办公室向老师们问好。再评出在这种习惯培养中表现最优秀的孩子，给予奖励。这样既熟悉了校园环境，又培养了孩子懂礼貌讲礼仪的习惯，让孩子自信大方。

如何落实"饭菜吃干净"这一习惯呢？这也是家长关心的，我们会给孩子们看我校学生自己录制的文明进餐的录像，指导他们怎样做就餐前准备，吃饭时要注意什么，吃完饭如何放置碗勺。同时评选出"小小美食家"，鼓励孩子们。

其实家长不必担心我们这样做会影响孩子们的学习进度。其实各学科教材中原本或多或少也有涉及入学教育的内容。如数学教材中原本就有《整理书包》一课，体育老师也一定会安排队列训练。入学教育课程更多的是对原来的教育教学环节进行整合，守护孩子顺利度过心理成长期成为全体一年级教师的共同目标。

3.《学生综合素养发展指南》让"8个好习惯"生根

评价是以学生的发展状态与水平为评价对象的教育教学活动，是班级教育与管理的重要手段。如何体现评价的激励性，评价内容的导向性，评价方式的过程性，评价主体的多元性及评价方法的科学性是我们要思考的、关注的。

我们将《素质报告册》调整为《学生综合素养发展指南》（以下简称《指南》）。此份《指南》的内容体现目标激励，用动态的评价方式突出过程引导，多元评价方式促进行为的内化。

《指南》中将"八个好习惯"细化，每一项都有分值。评价主体既有班主任、课任老师、值日生，执勤老师、家长，还有学生自身与小组同学，评价主体的多元，让评价更全面，更有利于行为养成。《礼记·学记》中说，"当其可之谓时"，意思是说要按照学生的特点，选择适当的时机进行教育。在班级基本评价之外设置一些开放式的加分项目，有利于培养学生的自主创新意识。而且有利于教师有更多机会关注学生的优点。

教是为了不教，教育的真正成功是学生的自我管理与自我完善。让评价成为学生成长的动力，而不是简单地判断与处罚；使评价成为学生努力的方向，不是行为的束缚。

4.《德育实践性作业》是"8个好习惯"的补充

学校推行了《德育实践性作业》。每天十件事，每年五件事，引导学生自己的事情自己做，培养劳动观念。学生每天对自己的实践性作业的完成情况进行评价，每月第四周班会课进行总结，对完成情况好的同学给予奖励与表彰。

二、班级文化，增强班集体的向心力和归属感

1.班级墙壁文化，学生自信展示的乐园

教室布置的每个细节都体现了班级的整体文化，彰显班级同学的个性。教室每面墙的方寸之间都凝聚着全班同学共同的智慧和心血，成为一道道风格迥异的亮丽风景。这些全是由学生设计、制作、布置的班级文化，营造了一种积极向上、勤奋好学、团结合作的班级风气，正是在这样各具特色的文化环境中，熏陶和培育出了独具个性的生命体。

"心愿墙"。孩子可以在上面写下的自己的心愿，老师可以了解孩子的心愿，和他一起为自己的心愿努力。有一次，我们班的孩子写道，我的心愿是当一次升旗手，她是班上非常默默无闻的一个女生，也许她自己不写出来，我真的也许就不会考虑到她，但是我看到了以后，实现了她的小心愿，虽然那天她非常紧张，但是我可以看到她的自豪感，她的幸福感！

"涂鸦墙"。孩子们可以在上面随意地涂画，这是一种宣泄，一种释放，更是一种展示。刚学会写字的一年级的孩子特别喜欢写，有时候忍不住会在桌子上，墙面上写写画画，涂鸦墙就是引导他们在这里表现自己，展示自己，老师多关注墙上的作品，孩子们写写画画的兴趣会更加浓厚！

给孩子们"留半块黑板"。有一天放学，教室里空荡荡的，只有一个小女孩在黑板前写字，她的样子是那样专注和认真，以至于没有察觉到我的到来。我想到自己小时候，也喜欢趁老师不在的时候，溜到黑板前写写画画，自己当自己的老师……第二天，我对孩子们宣布："从今天起，老师和你们共享黑板。上课时间归我用，清晨和放学之后就由你们支配，大家可以在上面写字画画。"大家兴奋地拍起手来。从此在黑板上，孩子们尽情地诉说每天的见闻和行为。他们会在黑板上自豪地写下自己做过的好事；有时候，他们写上今天是谁的生日；有时候，孩子们会看到田间的蒲公英开出了第一朵花，飘散在村庄上空的袅袅炊烟是如何的美丽……留一半黑板给孩子，分一支粉笔给孩子，这个角落就很温暖。

作品展示墙。墙上不仅仅张贴的是学生语数外的作业，还可以是孩子的折纸、绘画、摘抄，办的小报等作品。教室里的每一个角落都有孩子的身影。

班级里还布置了笑脸墙、班级信息墙、分享约定墙、图书漂流区、情绪管理墙、新闻抽抽乐、风信子信箱……在教室里筑造一个自己心灵的港湾。不需要很大的地方，很华丽的布置，在这个角落里有师生共同的期许。

2.不一样的班规，"我的班级我做主"

俗话说："没有规矩，不成方圆。"一个班级要想获得好的发展，首先要有班级管理制度来约束所有学生。

以往班级管理中，我们常运用强制手段迫使学生遵守班规，这往往会适得其反。要想让每个学生都参与班级管理，做到自主管理，并主动为班级服务，教师就要合理制定班规，使他们对自身充满信心，找到乐趣，获得启迪。那么如何制定班规呢？

新学期开始，我们将常规化的"制定班规"进行了改革，变为"设计班级发展愿景"活动。由"制定"变为"设计"，由"班规"变为"班级发展愿景"，这不仅仅是字面的变化："制定"变为"设计"，学生由"被动接受"变为"自觉行为"；刻板的"班规"变为"班级发展愿景"，尊重了学生对自己的成长需求，对班级的发展期待。这一活动，充分体现了对学生的尊重与信任，学生参与的积极性非常高。

在班级愿景达成共识之后，我们班又开展了关于班徽、班训、班旗、班歌等文化符号的自主征集，通过群体的参与，形成了积极、自觉的班级意识。通过活动，激发了学生对班级的归属感和热爱，大家为之而共同努力，彼此支持，相互鼓励。创造温暖、安全的教室，唤醒学生的班级主人翁意识，这是培养学生自我教育能力的良好起点。

3.有温度的《班史》记录了班级建设的足迹

我引导学生写《班史》，《班史》可以图文并茂，记载班级建班以来发生的点滴。运动会上的精彩剪影，升旗仪式上节目展示的情景，家长课堂上家长上课的状态，月小明星和班级荣誉的图片罗列……这本《班史》一箭多雕！它不仅记录了班级建设的足迹，还树立了孩子们以班为荣的思想，尤为可贵的是通过家长学生参与《班史》建设，形成了三方教育合力育人的效能！师爱之泉汩汩流淌在《班史》的每一幅照片中，每一段文字里！

三、班级职责担当，人人有事做，事事有人做

在班级自主管理中，我们要把班级管理的主动权交给学生，从而让学生以主人翁的姿态参与班级管理，让他们在班集体中当家作主，牢固树立"我为人人，人人为我"的观念。而班主任只是通过宏观调控来支配班级的正常运转。

1. "特别的班队会"——班级民主议事会

班上的学生进入高年级后，我注重增强学生的主体意识、自主能力，培养学生主动参与班级活动，让每个学生都有充分表现自己的机会。19年来，我会有殚精竭虑的疲惫，更会有出其不意的惊喜。我感怀我们的课堂，不仅是知识的园地，还是孩子们的乐土。在这片乐土里，孩子们正张开渐渐丰满的羽翼，呈现出追梦之势。

基于这一点考虑，我在班上实行了"班级民主议事会"制度，讨论的议题由全体同学参与研究决定。民主议事的内容，包括班级生活所有一切，无论是自己的高兴事还是伤心事，无论是对老师的还是对同学的，无论是学习方面的还是生活方面的，无论是对学生干部的评议方案还是班级座位的调整方案等等，凡是涉及学生自己的事，均可到民主议事会议议、说说。

我们班比较有特色的班级议事会是《零花钱怎么用》。学生们通过讨论，设置班会的轮值主席和副主席以及调查组、记录组、观察组和班会氛围布置组成员。这些委员会定期换届改选，同时孩子们也邀请了家长参与班会议题的讨论。班会之前，同学们自己制定了调查问卷，调查学生零花钱的来源及使用情况，以及家长对于零花钱的看法和意见。在轮值主席的主持下，全班同学就该不该拥有零花钱以及如何合理使用零花钱，展开了讨论。

班级的议事活动成为同学们参与班级管理的舞台。在议事中，学生个体的民主意识得到提高，集体的荣誉感、凝聚力得到加强，使学生逐步成为班级管理的主体。

2."四长负责"，让学生在管理中学习自我约束

原来班级的"班干部"比较固定，且鲜少变动，于是班级自然地出现了两个层面——由少部分学生组成的管理层和由大部分学生组成的被管理层。长此以往，对学生的成长有着难以弥补的消极作用。我取消"组长"、"班长"，根据班级生活的切实需要，增设有明确目标和任务的岗位。

首先我们将全班44人，分成11个小组，每组4人。取消由一人担任的组长，取而代之的是学习组长、文明组长、卫生组长和生活组长组成的"四长负责制"，学生根据自己的特长自主申报。这样的四人小组，每个人各司其职，拥有"管理者和被管理者"的双重身份，形成了真正平等合作的同学关系。作为管理者，他要严格要求自己，既要以身作则，还得具备管理策略；作为被管理者，他要将心比心，学会包容、支持同学。

其次，取消由一人担任的固定"班长"，取而代之的是"小组轮

值"。我们的小组按"组内异质，组间同质"组建，尽可能使各组同学在能力、性格上大致相似。"小组轮值"是个"大岗位"，相当于"班主任"。他们要像班主任一样，管理一天的班级所有事务，把握全局，发现各种好的行为给予表扬，及时发现问题苗子并恰当处理，可谓责任重大。通过团队的力量，让人人参与班级的管理，人人都有机会为集体服务。

"四长负责制"和"小组轮值"的班级管理活动，实行了真正意义上的民主。他们在活动中得到锻炼，提高了能力，增强了班级的认同感和归属感。

四、读书文化的建设，涵养学生的心性和品行

一书在手，满目风光！

课间，小操场上热热闹闹，孩子们纷纷将自己的跳绳、小篮球、弹跳板拿到室外，三五成群地游戏着。

信步来到走廊，一年级四班这个黄色运动衫着装的男孩诧然吸引了我。他背靠着墙，双手捧着一本书专注地默读着。室外的嬉笑声、室内的讲话声于他而言仿佛静止，一个一年级孩子身处闹境却心淡若水般专注阅读，不得不让我驻足，瞬间拍下了这张照片。我本想走过去，但是忍住了，就让课间这宝贵的10分钟满足他的"心灵游戏"吧。

1.这是我在日记中记录下的一个片段

为了培养同学们读书的兴趣，帮助同学们养成良好的阅读习惯，我致力于打造真正的"书香班级"，创建"读书文化"，特别重视学生阅读习惯的培养。

关于如何检测学生的读书情况，我也设立了切实可行且能激发阅读兴趣的评价方式。通过开展丰富多彩的读书实践展评活动，让学生展示、汇报自己的阅读收获，对学生进行阅读升级的评价。

2."书窝日"，营造读书新气氛，感受读书乐趣为充分发挥孩子们的创造力，全班采纳了读书社团的提议——"书窝日"。活动前夕同学们分工合作，积极准备建造书窝的相关材料：帐篷、纸箱、胶带等。筹划各自小窝的特色活动。这些创意"小书窝"有的是由家长与孩子们一同制作；有的是几个小伙伴一起构思，合作完成。同学们带上自己喜欢的书籍，参加活动。书窝日活动，会让孩子们在自己创意的"小书窝"中，选择他们最舒适的方式阅读，真正地做到"零负担"和"自主阅读"。孩子们从一个"小窝"出发，向知识的海洋进发。

五、丰富的实践活动，让学生在体验中发展自我教育能力

我们班还开展了"创意落叶周""红领巾帽子节""疯狂发型周""环保创意服装节""书窝日""双胞胎节""美德少年""月度明星""相约中国梦——演讲比赛""戏剧节"等富有特色的活动，这一系列的活动，让每一位学生能更自信地展示自我、肯定自我、发展自我。

每个学生都有强烈的自尊心和荣誉感，都有为大家服务的美好愿望和做好工作的满腔热情，班主任应该积极发挥学生的主体作用，给学生提供一个自主管理、自我教育的机会，让学生自我成长，从而实现"以学生为中心"的"自主化管理"。

（原载《新班主任》2020年第1期）

3.让每一个梦想都开花

要撒播阳光在别人心中，总得自己心中有阳光。

——罗曼·罗兰

要教书育人，首先自己得是一本书，一本充满激情的启蒙书，一本指点迷津的百科书，一本思想别致的人生工具书。这样，才能点亮学生的春天，让每一朵梦想都开花。

从教之初有人问我，教师这个职业的意义是什么？

我用心灵去体悟，用脚步去丈量，三尺讲台，19年光阴，我发现教师就是一个筑梦人，怀揣着教书育人的使命感，承载社会、家长、和孩子的梦。

我深切地知道，我并非天生就是老师，当家长将孩子交在我的手里，我才成了老师。我和孩子们一起，彼此造就，共同成长。为了他们的梦想能绽放不凡的人生，我甘愿奉献一切，为他们夯实梦的根基。

从做梦，到做人，从教书，到育人，19年磨一剑。我善于思考、勤于实践、勇于创新，总能从学生的实际出发，形成了"信任放手、欣赏期待、鼓励自主、用心引导"十六字班级管理理念。在这"十六字"理念下，我的班级管理屡出"妙计"，同事都说我有一个班级工作"锦囊"。面对繁杂的班级工作，我时常打开自己的"锦囊"，拿出一个个"妙计"。

妙计之一：目标引领——"造梦"

如果说，每一个孩子都是一张纯洁的白纸，那么，小学教师就是铺陈打底的那抹基色。每一幅画作是否绚丽，每一个梦想能否开花，都与我们的基础教育息息相关。在19年的班主任生涯中，我非常重视孩子目标引领的作用，通过树立目标，启动孩子们积极向上的梦想。

班级，是孩子们共同的家园，每一个学期，我都要带领同学们树立一个全班同学奋斗的整体荣誉目标——本学期共同的梦想。当同学们举起小手，一致通过这个班级目标之后，我就开始引领孩子们进行梦想之行的目标管理了。

在目标管理中，我们通过培养思想统一，行动一致的集体精神，达到目标的完成，让同学们在班级与个体关系中体会到牺牲与奉献的重要性，将他们幻想的娃娃剧，带到实践的娃娃队，从而启发他们，实现梦想需要真实的付出。

在目标管理中，增强凝聚力，我们还统一了班集体思想——班训，设计了班集体的标志——班徽，制定了班级自主管理策略——班规，形成了特有的班级文化。

除了集体目标，我们还有个人目标：培养良好的习惯和品德。

如果我只是单纯地管理和约束孩子，他们会不理解，会被动，但是，当我们将这个目标当作他们个人的"梦想事业"时，孩子们就会积极，主动。

每一个学期，我们都会造一些梦，梦起和梦想成真的过程，让孩子们开始有了信心，除了我给孩子们树立的梦想，每一个人对自己都会有梦想和设计，例如这个月要达到什么目标，本学期有什么目标。让孩子们相信，有过集体梦想的成功，一定会有自己梦想的实现。

通过集体目标和个人习惯目标的交融，我们打好了每个孩子的基础，通过目标引领，在孩子们心里建立了正确的梦想观。

妙计之二：因材施教——"守梦"

用心教育，没有一个人人都可以套用的模式。这个世界上，从来没有一把万能的金钥匙，一把钥匙只能开一把锁。因材施教、智慧育人，以心灵赢得心灵，以人格塑造人格，以欣赏的眼光看待每一个孩子，才能守住孩子们的健康成长。因材施教，其实就是回归内心：我能接纳眼前的这个孩子吗？

对待学困生，我努力将自己"与人为善"的爱心倾注给他们，给他们更多关注，更多投入。就说我班的刘××同学吧，他理解力弱，经常不完成作业。一上课就睡觉，一下课就与人打闹，同学们都不喜欢他，怎么办呢？于是我开始找他的闪光点。好几个早上，我发现他都跟值日生在清洁区打扫卫生。因为他不喜欢在教室读书，在他看来扫地比读书舒服得多。于是我在班上表扬他不怕脏，爱劳动的精神，让他当劳动委员，协助老师管班级卫生工作，并告诉大家每个人都有自己的长处，要学会欣赏他人，帮助刘××找回了自尊与自信。这以后，他慢慢地、耐心地把每次作业都完成了，期末考试也能合格了。我的这种委以任务的方法，用百分之百的热情去争取哪怕百分之一的效果，我也从不放弃、绝不抛弃每一个孩子成长的希望！

对待潜质生，我总能智慧育人，以心灵赢得心灵，以人格塑造人格，以欣赏的眼光看待他们，帮助他们不断完善自我，更加进步。

我深知，教育没有人人可以套用的模式，找不到一把万能的金钥匙，只能用自己的心，感悟每一个孩子独特而丰富的内心世界。用自己心灵的钥匙去开启孩子的一把把心锁，为孩子打开一扇扇心门。

妙计之三：鼓励自主 —— "寻梦"

我班上每一位学生都有明确的工作职责：值日班长由班委成员轮流担任，负责全班一日常规管理工作，协助教师处理班级突发事件；各组组长分管各组同学的学习和卫生；科代表负责各学科的学习情况，及时辅助任课教师开展工作；并设有专管员管理教室的门窗、电灯、午餐等。为了让更多的孩子参与到班级管理中，我又增设了许多岗位，这些岗位不搞"终身制"，分工更加细致。如卫生监督员，主要监督学生日常保洁情况；两操监督员，从做操认真规范者中选一名优秀者接任下一任监督员；电教设备管理员，主要负责管理、维护班级电教设备。班里的每位孩子都当过班干部，人人都有锻炼的机会，人人都能发现自己的闪光点，人人都体验到管理的责任和快乐。

妙计之四：寻访英雄——"归梦"

湖北省武昌实验小学拥有百年校史，大革命时期曾是中央军事政治学校。恽代英、徐向前、赵一曼等无产阶级革命家曾在此工作、学习和生活。我引导孩子们自己寻访校史伟人，通过网络、书籍搜索校史名人的光辉人生足迹。追忆过去，自我激励，展望未来。徐向前元帅诞辰110周年时，我利用班会时间，引导班上的学生开展了"踏寻英雄足迹，倾听革命故事"的主题班会。活动内容丰富，形式活泼，孩子们收集了英雄塑像、图片以及影片，参观了英雄生平事迹展览等，并以朗诵、合唱、表演唱等形式，再现英雄无私无畏的精神。整个活动都充满着对英雄的敬仰之情，使每个学生都经历感觉、感动、感染的心路历程，树立起远大理想。正因为这样，我所带中队被评为"徐向前英雄中队"及"赵一曼英雄中队"。

妙计之五：书信交心——"圆梦"

孩子的良好教育，必定是家长和学校同力共建，共同努力的结果。我希望通过书信交流，能让快节奏生活的家长们慢下来，静心思考孩子的教育。

每个学期，我至少要给每位家长写下6封信，及时把学校、班级工作安排，学生的学习生活情况告知家长。当学生初次走进校园时，细心地写一封《入学新生指导信》；当学生的学习出现问题时，及时地写一封《困难学生鼓励信》；当我外出学习，真诚地写一封《外出培训留言信》；当幸福周末到来，贴心地写一封《双休生活安排信》。这一封封信就像一个个生活"小贴士"，温暖着学生和家长的心。

通过这一封封饱含温度的信，我以朋友的身份与家长交谈、沟通。那份真诚、无私，往往能让繁杂的班级工作变得得心应手、游刃有余。

从倾心对孩子的课堂教育，到虚心与家长的沟通，我的点滴付出，收获满满。

我先后被评为全国教育改革优秀教师、国家基础教育课程改革先进教师、全国优秀学科带头人、湖北省"学生喜爱的好老师"、湖北省基础教育科研之星。武汉市"十佳"班主任、武汉市"百优"班主任"、武昌区首届中小学德育带头人、武汉市优秀青年教师、武昌区"十佳"班主任、武昌区优秀班主任、武昌区优秀教师、武昌区学科带头人、优秀德育工作者、最佳文明教师。

在武汉市高效课堂建设活动中，我所讲授的课程被武汉市教育局推选为"优秀教学奖"；所执教的课例在"一师一优课"活动中被湖北省教育厅评为省级优课；我在"海峡两岸港澳地区小学语文学术交流"活动中上示范课，被评为"明星教师"；我在湖北省小学语文优质课竞赛、武汉市小学语文阅读优质课比赛以及武汉市中小学"课内比教学"活动中分别荣获一等奖。

自参加工作以来，我撰写的近30多篇论文，其中近20篇德育论文获国家级、省级、市级奖励。十多篇论文在国家级和省级报刊上发表，并积极参加省市教育科研课题研究，成果显著。

2016年我参加了为期一年的湖北省卓越班主任高级研修班培训，被评为优秀学员，并代表其他学员作了《我班活动我做主》的报告。我也在武汉大学参加了武汉市优秀班主任培训，多次在武昌区优秀班主任年会上发言，并在班主任论坛中作《小学低年级读书习惯的培养》主题报告。

我所带班级连续两年被评为武汉市优秀班集体，先后两次被评为武昌区先进班集体，多次被授予英雄中队光荣称号。所教学生近百人次在市级以上竞赛中获奖。我以情的付出赢得了情的回报，以爱的播种获取了爱的丰收。

回首19年，似乎我得到了许多的荣誉，这些荣誉，常常让我感怀：究竟是我培育了孩子？还是孩子们成就了我？我始终认为，是我们彼此成就，共同成长。这些荣誉，全都是孩子们小学教育圆梦的证明：他们接受的教育，是被认可的，他们的成长，是健康的，他们的根基，是扎实的。

今天，如果有人问我："你想做一名怎样的教师？"

我会说："教育永无止境，我还在苦苦思索……"

（原载《新班主任》2018年第3期）

4.做一个快乐的班主任

参加工作至今,我做了14年的班主任。回想起刚做班主任时,许多老教师就对我说:要想管好班集体,必须先树起自己的威信——那就是一个"严"字,否则"镇"不住学生,以后自己带的班就会成为乱班,到那时可就难收拾了。于是我成了一个整天忙碌,板着脸不会笑的班主任。为了树立自己的威信,我吝啬地藏起自己的笑容;为了不让孩子们下课疯跑,我一有空就来到教室,时时刻刻看着学生;为了惩罚那几个淘气包,我命令他们下课不准出教室,剥夺了孩子们的权利……工作得如此劳心劳力,总觉得当班主任真是累,熬到何时才是个头!真有一种心力交瘁的感觉。

一个偶然的机会,我阅读了《斯宾塞的快乐教育》。本书是由英国著名的教育家赫·斯宾塞所著。他提出:做一个快乐的教育者,应该做到:1.不要在自己情绪很糟时教育孩子,这时很容易把这种情绪发泄到孩子身上。2.在教育中,努力去营造快乐、鼓励的气氛,让孩子有实现感和成就感。3.努力做一个乐观、快乐的人。一个快乐的班主任看孩子时,更多的是看到他的优点,而一个不快乐的班主任看到更多的是孩子的缺点。于是,我便实践着大师的观点,学着做一个快乐的班主任。

一、用全新的眼光看待学生

有句歌词这样写:如果感到快乐你就拍拍手,如果感到幸福你就跺跺脚。班主任工作辛苦、繁琐、累人、累心,但是如果你对每天的痛苦和烦恼忽略不计,善于从工作和生活中寻找快乐,你会发现快乐还真有不少呢!

1.班里几个淘气包"屡教不改"地违反纪律时,我忍不住对他们大发雷霆，可是一转身他们又"老师好，老师再见！"的一声声喊得那么亲切，我的快乐之情油然而生。

2.男生李辉是个在学习上令所有老师头疼的孩子，可我发现，每次做操离开教室时，他都会主动关灯关门，真是让人惊喜。

3.这学期开学第一天，当我看见别的班级在班主任的带领下打扫教室时，我们班的学生却坐在干净的教室里，等着我发新书——原来，在我来之前，他们早就在卫生委员的带领下，把积了一个多月灰尘的教室打扫得一尘不染了，这不得不使我惊喜和自豪。

…… ……

在一次次感受做"快乐班主任"的同时，我突然感觉到，自己班里的许多学生在我脑子里的印象与原先不一样了，原来他们每个人都有那么多的可爱之处。以前自己觉得做班主任那么苦那么累，是因为自己老是用显微镜寻找学生的缺点，用有色眼镜观察学生的优点，结果面对许多快乐我视而不见，留在我眼中和心里的尽是烦恼和痛苦。现在看来，学生们尽管吵了点儿，调皮了点儿，其实他们每天带给我许多快乐和惊喜。

二、增强成功体验是快乐的关键

想成为一个快乐的班主任，首先得有一个良好的工作状态和心理状态。我看到过许多人因为工作愁眉不展。有的人认为工作不如意，就把不高兴挂在脸上，好像所有的人都欠他什么似的，把日子过得苦不堪言。工作就是工作，如果不能改变，那最好的心态就是享受。班主任工作又不同于一般。开始的我们总是怀着最良好的愿望和自认为一颗博爱的心开展我们的工作。但是往往取得不了期望的效果，更甭想一劳永逸。在这个过程中，会有许多的挫折和失败。也许一点点的失败，一点点的挫折，一点点的失望我们还能忍受，我们还是充满希望和信心。可是总是失败，总是受挫，总是失望呢？学习成绩不理想，学生不听话，天天有事情发生，天天有任课教师反映情况，天天有学生抱怨……这个时候班主任老师最需要的是处变不惊的应事能力和宽容的心灵。

美国心理学家马斯洛把人的需要分为五个层次。当人的最基本的生理、安全需要得到满足之后，归属、爱的需要，尊重的需要和自我实现的需要就显得格外重要。一个人在工作中若能够不断拥有成功的体验怎么不快乐呢？班主任应努力使自己在工作中尝到工作的甜头。想成为一个快乐的班主任，就要尽情体验成功的喜悦。当早晨走进教室，看到窗明几净，听到琅琅的读书声，你应该高兴；当班上的学生在各类竞赛中得奖时，你应该高兴；当你看到顽劣异常的学生也认识到要好好读书时，你应该高兴；当看到学生在随笔中对你的一句称赞，你应该高兴……有一句话说得好："你会受到各种各样的约束，但没有人能束缚你的心灵。"尽情地享受班主任工作带来的快乐吧！

三、善于自我调节是快乐的法宝

我是一个脾气很好的人，但面对调皮的学生，我有时也难以忍受。有时我会被气得要发疯；有时我会因失败而失意。值得高兴的是我找到了自我调节的方法。要生气之时我会用屠格涅夫的格言一遍遍地暗示自己，"发怒就是用人家的错误来惩罚自己；愤怒总是以愚蠢而开始，以后悔而告终；在开口说话之前，先把舌头在嘴里转十圈。"这样先冷静下来再处理问题，就会峰回路转，柳暗花明，收到意想不到的效果。

这学期我们班的丁聪和孙越同学常常因为一点小事而争吵，互不相让。我耐心地进行调解，谁知双方都是得理不饶人，说着说着当着我的面就吵了起来，最可气的是两人竟都不礼貌地甩开门走人了。此时我的心情就好像五味瓶，只有狠狠地骂上几句才会解恨！于是一连串的气话从我的脑海里迸出"真不识抬举"，"真是目中无人"，"你俩就打吧，看你们谁能打过谁"……可是想起那句"在开口说话之前，先把舌头在嘴里转十圈"，我就先把嘴巴闭上了。于是我选择了先回办公室去做思想斗争。我在办公室里足足斗争了一节课，把气话在心里面统统宣泄了出来，然后若无其事地回到了教室，仍旧面带微笑地站在了两人面前，耐心地进行第二次调解。这一次真的奏效了，他们为自己的无理而愧疚。事后，两人都主动到办公室向我真诚地道歉。看到他们真诚的笑脸，快乐的感觉又油然而生了！

对于评价一个班级的管理，人们往往喜欢用"完美"这两个字，这也是班主任们追求的最高境界。其实管理很难完美，结果固然重要，但过程也同样不容忽视。不要让管理者一个个心力交瘁，一个个苦不堪言。我不是一个成功的班主任，但我想我算得上是个快乐的班主任。

5.幸福在纯真的世界里

13年前，我怀揣着美丽的梦想，踏进了这满是孩子们的天堂。我爱孩子们，那是一种发自灵魂的芬芳，孩子们也爱我，那是一种深入骨髓的甜蜜。我幸福着，因为爱和被爱。

闲暇时，朋友相聚，总会问：你的薪水高吗？你的待遇不错吧！而我只是笑而不答。因为我的幸福，不做教师的他们，无法体会得到！我为孩子们默默付出着但我又真实而深刻地体验和感受着来自另一个生命所带给我的幸福。这种幸福已经紧紧裹住了我的心灵。

人们称赞母爱是世界上最慈祥的爱，但这慈祥之中不免渗透出溺爱与纵容？人们称赞父爱是世界上最深沉的爱，但这深沉之中有时带着固执与严厉？于是，我赞美一种博大之爱：她慈祥而公正，她深沉而宽容。这就是老师的爱——无尽的、无言的、无私的、无偿的。

班上一个孩子的母亲在一次事故中去世了。人生最大的不幸莫过于失去母爱的痛苦。她幼小的心灵如何承受得了失去母亲的悲痛，我的心里充满着焦虑与怜悯。我该怎样来抚慰这颗受伤的心呢？那天，她安静地走进教室，当我真正地面对她时，觉得一切言语都显得那么苍白无力。我牵着她的手，望着她那无助的眼神，沉默了好久。我轻轻地告诉她："我就是你的母亲！"在以后的日子里，我关心她、鼓励她、疼爱她。我惊喜地发现：开朗和自信又一次洋溢在她的脸上。

是呀！老师的爱是阳光，可以把坚冰融化；老师的爱是春雨，能让枯萎的小草发芽；老师的爱是神奇，可以点石成金。我是老师，我很幸福。

而孩子们对我的爱也让我体验到了幸福的快乐，更让我感受到了孩子们给予我的那一份深情。

记得一次阳光活动时，我感觉特别的冷，于是不停地搓手。班上的一位小女孩跑到我的身边问我："丁老师，你很冷吗？"我点点头。"老师，我的手很暖和的，我给你焐焐手吧，""不…"还没等我说完，我的手已在她的小手中了。突然，有好多的孩子跑过来，把他们那一双双小手伸到我手里，"老师，我的手也很暖和的，不信，你焐焐"，刹那间，一双双肉乎乎、暖融融的小手，让我的手、我的全身、我的心温暖了起来。这是我用满腔的爱换取的真情——一份别人无法得到的幸福。

此时此刻，我的眼眶湿润了，再也没有任何言语。如果你没有做过老师，也许很难体会这份心情。孩子们的美丽无法用任何绚丽的言语形容，孩子们的善良在这温馨的动作当中放射出光芒。有一种力量让我用力去抱住这些可爱的孩子们，许久，许久…

我是老师，我很幸福！

有人问我："幸福是什么？"我想，我找到了答案。老师的幸福就在这一双双透亮灵动的眼睛里，就在那一抹刚露出红晕的花蕾里，就在这爱与被爱的传递间……那么，何必去抱怨生活清贫？桃李争妍时，我就是最富有的人。何必去哀叹工作辛劳？看看那一张张灿烂的笑脸，足以消除我身体的疲倦。

时光荏苒，岁月流逝，我在这美丽的校园里已经度过了13个春秋。生活在童心世界里，我倍感骄傲与自豪，选择做老师，我就选择了欢乐与微笑。这一切都是我生命中挥之不去的幸福。

（原载张基广主编《和孩子们在一起》，湖北教育出版社，2019年版）

6.零花钱怎么用

——"小学生理财能力"主题班会活动设计

活动背景

如今，人们的生活水平有了很大提高，学生手中也有了一定数量的零花钱，有的学生甚至还很多。不过，家长给了孩子零花钱，却并没有教会孩子如何合理使用零花钱，以至于引起了很多问题。那么，小学生怎么用手中的零花钱呢?

活动目标

1.通过活动，让学生认识到手中的零花钱来之不易，了解该怎样合理使用零花钱，养成勤俭节约的良好习惯。

2.让学生在活动中亲身参与，体会父母的辛劳，增强合理使用零花钱的意识。

3.通过收集资料及调查、采访等方法，培养学生的实践能力和创新能力，让他们养成自主、合作等良好品质。

活动准备

调查和访问，收集资料和信息。主要调查零花钱来源、学生零花钱数目、零花钱的主要用途、家庭情况等。

活动过程

一、明确议题

轮值主席：同学们，大家好！我是本次班会的轮值主席，我会按照议事流程和大家一起讨论本次班会的议题。先向大家介绍调查组的成员，他们是周田方源、杨昊宇和何景行，他们负责调查同学的零花钱数目、来源及使用情况。记录组的成员是陈卓忆、周心怡，负责记录班会上的发言和重要决议。观察组成员是游舟、张刘嘉，他们会将观察到的同学们日常使用零花钱的情况向大家汇报。

我们还要感谢游舟和马致远的妈妈参与本次班会议题的讨论，我们也要感谢班会氛围布置组的各位同学，他们布置了黑板报，还将座位排成同心圆。

二、调查现象

轮值主席：我们班的调查组成员对同学们是否有零花钱，零花钱的数目、来源及使用情况进行了调查，同时也调查了家长对于我们使用零花钱的意见和看法。现在由调查组成员向大家汇报本次调查的结果。

调查组成员汇报情况：为了了解我们班同学零花钱的数量、来源及使用情况，我们采取了问卷调查法，对我们班的全体同学进行了调查。我们共发下去了45份调查问卷，收回45份。这次调查的结果是：我们班33人拥有零花钱，12人无零花钱。咱们班规中有一条是"不让带零花钱"，可是这段时间班上大部分同学都带零花钱。同学们将用零花钱买东西看作是一种很普通的事情。

调查发现，家长每天给我们的零花钱大多控制在5元以内，数量并不多。我们还发现，学生的零花钱有较大部分来源于压岁钱。我们也对家长进行了调查，许多家长选择了代为保管，将压岁钱存在银行里。其次来源于干家务获得的奖励和考试优秀的奖励。

调查显示，很多同学大部分零花钱是买学习用品，买书的同学也很多。看来我们班的同学爱看书，爱学习。我们班还有一些同学用零花钱给自己的朋友或者家人买礼物，用不完的钱还会存进存钱罐里，我们也发现班上还有一部分同学用零花钱买零食和玩具，这些零食和玩具有些质量不合格。

三、讨论该不该拥有零花钱

轮值主席：非常感谢调查组成员向大家进行了清楚、翔实的汇报。看来我们班大部分同学是有零花钱的。观察组成员这段时间也很辛苦，他们利用课余时间细致观察，也询问了同学们使用零花钱的情况，让我们听听他们有什么话想说。

观察组成员陈述：在观察中，我们发现零花钱对我们很有帮助。比如美术课忘带工具了，可以及时购买，早上没吃早饭可以购买早点。身上带了零花钱，可以解我们的燃眉之急。调查问卷显示：我们班用零花钱购买课外书的人数最多。可我们发现，购买零食和玩具的同学也不少。一些零食不卫生，不利于自己的身体健康。还有一些同学买了一些稀奇古怪的玩具，上课还拿出来玩，不专心听讲。

有一部分同学有攀比的心理，看见别人的零花钱比自己多，心里就不舒服。有些同学向别人借零花钱，又不记得归还，引起同学间的矛盾。

轮值主席：两位观察员的陈述让我们感受到带零花钱是很有必要的，但零花钱使用中存在问题。我们请游舟同学和马致远同学的妈妈分别谈谈他们给或者不给零花钱的原因。

游舟妈妈：我一向不给游舟零花钱。我们每天早上送游舟上学，下午按时接他，白天在学校上课，根本不需要用零花钱。如果给了零花钱，担心他购买一些"三无"产品。况且现在孩子还小，自控力不强，上课时把买的东西拿出来玩，不认真听讲，影响了学习怎么办？有了零花钱，孩子之间容易产生攀比心理，在学校里成天比谁带的钱多，这也不利于孩子心理健康呀！如果孩子带的钱被偷了，或者被抢了，不仅让孩子受到了惊吓，作为父母会更担心。基于以上考虑，我就没有给游舟零花钱。

马致远妈妈：我会给孩子零花钱，从小培养他正确的金钱观，体会到父母赚钱的辛苦，才更知道要珍惜，不会随便乱花钱。家长对孩子总有照顾不到的地方，给零花钱，让孩子在急需时能及时购买学习和生活用品。马致远特别爱看书，他总是用积攒的零花钱买各种课外书，这样不仅能体会购物的快乐，还能增长见识，同时也培养了孩子自我管理和自我约束的能力。我经常教育马致远，用不完的钱可以存进自己的存钱罐里，这种做法使孩子逐渐学会了精打细算和当家理财，对将来在社会上生存是很有帮助的。所以我认为给孩子零花钱是一件非常正常，而且很有必要的事情。

轮值主席：下面我们请记录组的成员向大家梳理家长给或者不给零花钱的原因。

（记录组汇报整理结果。）

轮值主席：父母是最疼爱我们的，他们给我们零花钱或者不给我们零花钱都是出于对我们的关心和爱护。那么我们到底该不该拥有零花钱呢？大家又有什么样的想法呢？请大家畅所欲言。

学生陈述应该拥有零花钱的理由：

1.我帮爸爸、妈妈洗碗、折衣服、拖地、擦玻璃……零花钱都是我自己辛辛苦苦一元一元赚来的。正因为这样，我体会到父母赚钱的艰辛，才能懂得节约。

2.父母总有照顾不到的地方，美术课忘带色卡纸、彩笔怎么办？出门忘戴红领巾怎么办？要是自己有零花钱就可以在上学路上购买。如果早上没时间在家里过早，就可以用零花钱买早点。逛书店时，碰到自己特别想买的书，可以及时购买。

3.用不完的零花钱我总会存进存钱罐里，如果零花钱比较多，比如压岁钱，我会和父母一起存进银行。

4.自己支配使用零花钱让我变得更独立了。用零花钱买东西时，我感觉到自己长大了。我们这个学期认识的德国14岁的小女孩乌塔，独自一个人游欧洲，那种独立生活的能力让我敬佩。能拥有零花钱，更能合理使用，让自己得到锻炼。

学生陈述不应该拥有零花钱的理由：

1.有的同学胡乱花钱，养成大手大脚的习惯。不卫生的零食吃了影响我们的健康，同学把玩具带到学校来，上课还能用心听讲吗？有些同学上课就想着放学了我要买什么零食、玩具，上课更不能集中精神了。

2.有些东西父母不让买，同学会拿零花钱偷偷购买，对父母撒谎，这是多么不好的习惯。

3.父母给的零花钱多了，有的同学也会向同学炫耀，同学之间会因为零花钱的多少而互相攀比。

4.万一零花钱掉了，有些同学就会怀疑是别的同学偷了，直接引起同学间的矛盾甚至家长间的矛盾。有些同学向别人借了钱，又不记得归还，这样多不好呀！

班主任：班规规定不许带零花钱，但实际上大部分同学还是陆陆续续带来了零花钱。拥有零花钱的确有不利的因素，但这都可以通过自律解决，使我们既可以自由支配零花钱，又可以学会合理消费，学会解决问题。所以我支持同学们带零花钱，我们可以共同修改班规。

四、如何合理使用零花钱

轮值主席：看来我们班急需解决的不是应不应该有零花钱的问题，而是应该怎样正确、合理使用零花钱。有一些同学在日记中写下了自己使用零花钱的小故事，记录组的同学将这些小故事汇编成了小报。看看这些小故事，到底我们应该怎样合理地使用零花钱，你有什么想说的吗？

学生发表观点：

1.我看了林文欣和马致远的故事，我和他们一样，我的零花钱都是我自己赚来的。我将这些钱攒起来，父母过生日时用零花钱给他们买点小礼物。遇到好朋友过生日，我用零花钱买礼物，送上生日的祝福，他们收到礼物非常快乐。

2.我们应该合理使用零花钱，不浪费，不必要的东西不要买。如果要买文具，可以挑一些既实用又便宜的，不要买那种虽然外观很漂亮，但不实用的，而且很贵的东西。买书时买一些名著、优秀作文等。

3.可以让我们的零花钱花得更有意义，像我们班杨昊宇写的小故事那样为灾区捐款，像李泽美那样买书、买文具，资助困难的小朋友，帮助那些需要帮助的人。

4.我把过年收到的压岁钱分成12份，每个月用一份，这个月剩下的转到下个月。到12月还有结余，就用来买些喜欢的东西，在年终时犒劳一下自己，每个月自己设一个消费日，其他时间不乱买东西。消费日这天，管好买的东西和数量，不要买又贵又没有用处的东西。压岁钱也可以作为旅游的费用或者学费。

5.我有一个小账本，将每天所购买的东西以及相应的钱数等都记录在本子上，看看哪些钱花得值得，哪些钱花得不值得，养成节约的好习惯。

6.我觉得我们毕竟年纪还小，使用零花钱时难免有不合理的地方，我们还是要在父母的监督下使用零花钱。平常多和父母沟通，学会合理使用零花钱。

游舟妈妈：我以前很坚定地认为没有必要给游舟零花钱，但是刚才同学们在谈论时，我在想游舟看到同学们有零花钱，会不会心里不舒服。今天游舟让我来参加这次班会，就是想让我通过这次班会改变想法。我回家后，会和他商量零花钱的使用。

马致远妈妈：孩子在慢慢长大，身上带钱是很正常的。在他们花钱的过程中，如果没有计划，没有节制，我们可以和孩子交谈，不断沟通，告诉孩子如何正确使用零花钱。

轮值主席：现在我们请记录员陈卓忆和周心怡帮我们梳理一下同学们提出的合理使用零花钱的建议。

（记录组陈述整理好的建议。）

轮值主席：我们今天的议题讨论达到了修改班规的目的，使我们既能够自由支配零花钱，又能够合理使用，培养良好的消费习惯。

　　咱们班的游舟、刘宇翔和陈子锐同学把对使用零花钱的担心和期望编排成了一个小快板相声。请听小快板《零花钱怎么用》。

　　（学生表演快板。）

　　轮值主席总结：零花钱虽然是爸爸妈妈给我们自己支配的钱，但我们可以把它花在更有意义的事情上，合理安排好自己的零花钱，从小养成勤俭节约的好习惯。

　　班主任总结：我们就按照同学们和家长的建议，试行一段时间。你们可以自由支配使用零花钱。我们班的调查组和观察组成员，会一直关注大家零花钱的使用情况，提醒大家合理使用零花钱。如果在使用中遇到什么问题，我们会再开班会调整方案。

（原载《新班主任》2018年第8期）

第三章

小学生的习惯培养

小学不"小"

XIAO XUE BU XIAO 丁苗●著

—— 我的教育探索之路

第一节　内容与要求

一所学校办得如何，体现在总成绩、升学率吗？教育从来不容短视，教育不是给人穿一件锦绣的衣服，在人前夸耀，我们更该看重学生步入社会后能否成为优秀公民，亲手创造幸福的生活。

逆水行舟，片刻不可放缓；滴水穿石，一滴不可弃滞。积久成习，司空见惯，是谓习惯。凡人之性成于习，一个个细小的习惯往往昭示了人未来的发展，美国心理学家威廉·詹姆士说："播下一个行动，收获一种习惯；播下一种习惯，收获一种性格；播下一种性格，收获一种命运。"大人都能发现自己身上有许多由不良习惯导致的积弊，如马虎行事，忘事、忘物，内务邋遢等，不良习惯会让人在今后的生活中处于被动的地位，如向着前方奔跑时那绑在腰上的秤砣。因此，人是否堪当大任，创造生活的能力如何，都与习惯密不可分。习惯实在是一股巨大且难以撼动的力量，如起床后刷牙，数十年如一日形成惯性后，早上不刷牙便觉别扭万分。起初是我们造成习惯，后来便由习惯来造就我们，说得严肃点，人是习惯的傀儡，从小养成的好的习惯，是一道深蕴于成功内部的光芒，更无疑是一种属于强者的修养。

习惯有许多"无"，这个"无"正如道家的概念，既不是绝对的有，又不是绝对的无。习惯是一种无痕教育，是当学生忘却了所有知识，仍然会留有的刻痕，是无意识做出的行为。习惯无须监督，有些学生在没有监督的时候便难以控制自己，老师一旦离开便"涛声依旧"，作业不检查便敷衍以待。习惯无须提醒，自觉、自然，能自己预先准备好所需事务，不用他人提醒尽到自己应尽的责任。

因此，我在小学教育中尤为看重习惯。陶行知说过："凡人生之态度、习惯、倾向，皆可在幼稚时代立一适当基础。"少年之记，如石上之刻，青年之记，如木上之刻。小学段的孩子正是养成习惯的好时机，千万别等到了大学再去弥补曾经落下的课，涓涓不塞，将谓江河，荧荧不救，炎炎奈何。

而我们在培养孩子习惯的过程中也要慎之又慎，"染于苍则苍，染于黄则黄，固染不可不慎也。"先来问一个问题。我们希望孩子能养成怎样的习惯？我想，大多数父母都想把一切美好的行为习惯都一一道尽，诸如克服急躁，坚持不懈，今日事今日毕，爱好读书，热爱劳动等等。考虑到小学阶段孩子的身心情况，教育工作者不能操之过急，我将最终的这些好习惯分解成一个个具体的、孩子们能达到的小目标，六年的养成，把这些小目标深深地刻入孩子们的生活中，化为深入骨子里的修养，让他们在不知不觉间铸就更完美的自己。同时，不要贪多，习与智长，化与心成，最基础的习惯的种子也能生根成长为一片丛林。

好习惯更是能够帮助教师管理班级的，校园内也呈现一派良好的风貌。上一章我提到习惯培养是自主化班级管理的核心，当孩子养成受益终身的良好习惯，家长、教师都可以不必时时紧盯。同样，习惯也不是抽象的口号，正如同我最先确立的那些高大全的班规，对小学生而言，那只能成为空壳。

在我校贯彻的"新自然教育理念"的统摄之下，我在学校设定了小学生的八个好习惯：见人问声好，走路靠右行；清洁自己做，饭菜吃干净；写字姿势正，做操有精神；每天勤读书，主动常提问。这些要求教会学生学会生活、学会学习、学会做人，并已将每一个好习惯的内容细化，告诉学生应该怎样做才能培养自己的好习惯。

这八个好习惯，最终指向不同的优良品德，礼貌、守则、勤劳、节俭、严谨、乐观、乐学、好问，因此若能在六年内时刻做到这八点，便足以想见从我们学校走出去的会是如何优秀的孩子了。

另外，针对劳动、书写、阅读三方面的习惯养成是我在学校教育中尤其关注的。

第一，劳动习惯培养

勤劳的双手与善于思考的大脑同样重要，课堂上学习的很多知识，一定要动手实践、尝试，才能发现科学的奥秘、感悟美术的魅力、体验劳技的乐趣……走出课堂，校园生活、家庭生活更需要用我们的双手来创造。

"劳动"一词横贯中华，历史悠久，原始的耒耜在田地里翻腾，滴滴汗水一并播撒在泥里；背后是未成形的坚固的城墙，大块的巨石下是弯曲的脆弱的背脊；不过是几根木头搭建的简单机器，流淌出的是轻薄更甚于纸张的轻纱。泥中长出的，砖石上刻印的，机杼吱呀声响里的，是先人们在历史迷雾背后劳作的身影，是中华民族热爱劳动的传统在反复激荡，而这扬起的浪花，也绝不能在今日泯灭。纵然机器人、人工智能皆已发展至新高度，劳动，尤其是付出体力的劳动，绝不过时。

对于我们的孩子，劳动能野蛮其体魄。列夫·托尔斯泰曾说："没有身体的劳动，就没有休息的乐趣；没有精神上的努力，也不会有认识生命的喜悦。"劳动让他们对未来充满信心，只要手脚不闲着，便不会走到绝路，而且会走得噔噔响。劳动能避免其惰性，使他们心思细腻。任何工作都不是能够马虎了事的，劳动与取巧永远结合不到一处，且能够改变人的气质。

2020年7月，教育部印发了《大中小学劳动教育指导纲要（试行）》。其中提到劳动教育的目标，共包括四个方面：树立正确的劳动观念、具有必备的劳动能力、培育积极的劳动精神、养成良好的劳动习惯和品质。

对小学阶段的孩子也提出了劳动的具体要求。低年级中，要以个人生活起居为主要内容，开展劳动教育，注重培养劳动意识和劳动安全意识，使学生懂得人人都要劳动的道理，感知劳动乐趣，爱惜劳动成果。学校需要指导学生：

1.完成个人物品整理、清洗，进行简单的家庭清扫和垃圾分类等，树立自己的事情自己做的意识，提高生活自理能力；

2.参与适当的班级集体劳动，主动维护教室内外环境卫生等，培养集体荣誉感；

3.进行简单手工制作，照顾身边的动植物，关爱生命，热爱自然。

针对中高年级，则进一步扩大了范围，以校园劳动和家庭劳动为主要内容开展劳动教育，体会劳动光荣，尊重普通劳动者，初步养成热爱劳动、热爱生活的态度。学校需要指导学生：

1.参与家居清洁、收纳整理，制作简单的家常餐等，每年学会1-2项生活技能，增强生活自理能力和勤俭节约意识，培养家庭责任感；

2.参加校园卫生保洁、垃圾分类处理、绿化美化等，适当参加社区环保、公共卫生等力所能及的公益劳动，增强公共服务意识；

3.初步体验种植、养殖、手工制作等简单的生产劳动，初步学会与他人合作劳动，懂得生活用品、食品来之不易，珍惜劳动成果。

针对不同年级的孩子，我给出不同的劳动清单，并且我倡议这些清单越详细越好。模糊的标准在实行的过程中渐渐只能收获糊弄，清晰、细致的要求拥有更强的指导与养成效果。精准设计，分层设计，根据年龄段，由易到难，由简到繁，由轻到重，循序渐进。低年级段的孩子要让他们做好自己的事，发展到高年级段，要越发注重培养孩子的责任感，能够为家人、班级、社会做力所能及之事。

我将小学阶段的孩子分为三层，每两个年级为一层，遵照同一级劳动清单。例如，我在一二年级对应的劳动清单中所列："洗干净拖把，拧干，再拖地。按由里往外的顺序拖地，拖过的地方，避免踩踏留下脚印。"对五六年级的清洁要求便是："能熟练使用洗衣机，并进行晾晒。知道深色、浅色衣物，外衣、内衣分开洗，知道晾晒技巧和叠衣方法等。"同一层级清单内难度也逐级递增，如三四年级清单内一星难度是"坚持自己背书包"，五星难度即为"主动帮助班级整理讲台、图书角和卫生角"。从管理自己到服务他人，劳动教育便是让小学生养成自己的事情自己做的好习惯，还帮助孩子树立为他人服务、为集体服务的意识并具备相应的技能。

第二，书写习惯培养

课堂教学中，我们往往能够发现小学生作业存在的通病，书写兴趣不高，注意力不集中，书写方法不正确，书写姿势也不规范，作业不整洁，粗枝大叶，错别字多。分析现象背后的原因，归根结底是学生书写态度的问题。针对这种现象，我把让学生写好字作为解决问题的主要路径，因为求木之长者，必固其根本，欲流之远者，必浚其源泉，好习惯从写好字开始，好成绩也从写好字开始。

提笔即是练字时。许多字不会写，没关系，关键是端正、用心地写好。我们要求学生的书写优良率达到100%，那么书写优良的标准是什么呢？

首先学校对各科作业的书写有总体要求，包括书写的姿势、用笔要求、作业本封面、作业占格都有明确要求。

养成正确的书写姿势，不仅能为学生写好字打下坚实的基础，也能避免学生的眼睛和脊椎不受伤害。小学生年龄小，自我约束力差，对一件事无法保持长久的动力和足够的专注力，书写时常常会斜着身体或趴在桌子上，这样的做法不仅不利于脊椎的正常发育，而且对视力或造成不可逆的损伤。我们对书写姿势有严格要求：坐姿要端正，两臂平放桌上，学生必须落实"三个一"，即眼离书本一尺，胸离桌子一拳，手离笔尖一寸。养成正确的握笔、写字姿势，相信也会推动孩子近视率的下降。又如对作业修改的要求：做作业时发现差错，先用橡皮小心轻擦，不见原迹后再修正；平时的作业原则上不允许使用涂改液和改正纸等等。

其次注重书写与学科的融合。学校对语文、数学、英语作业书写都有不同的具体要求，有效指导学生达到优良标准。即使是数学作业，书写也有明确要求，以此为例：

1.做作业时应先写练习时间，作业题的题号一律写在横线相对应的纵行里。

2.做计算式题时一步计算式题，顶格抄题，采用连等式进行，如果一行写不完，回行应与第一个等号对齐；两步以上计算题宜用递等式，空一个等号的位置抄题，递等号要上下对齐。竖式要另起一行写，竖式验算原则上与竖式并排。

3.做应用题、文字题有时可以不抄题，直接列式解答。答语不能接在算式的后面，应另起一行顶格写，答语要完整。答语回行时应与"答"字后面的第一个字对齐。

4.作图题，图一律用铅笔和作图工具规范画出；错题要自觉在下次作业前订正，每次作业间隔至少要空两行。

我反复强调对孩子的要求要具体、清晰，具有强有力的可操作性，把步骤都展现在他们眼前，如此才能收到好的成效，在学校一以贯之。

汉字书写，更是举足轻重，汉字中蕴藏的中国情怀是浓厚、深沉的，在一笔一画的认真书写中，也能潜移默化地培养学生的爱国热情与文化自信。只要方块字得以传承，炎黄子孙的灵气也必传承至今，我们那磁石般的向心力也必当长存。而去练一手好字，至少是笔顺正确、无错别字的好字，对培养孩子们严谨、认真的性格也有莫大的好处。练字并不是要培养书法家，从书写中培养学生优秀的品质才是我们习惯培养的真谛。

老师们在教学中，必须对学生进行严格的书写姿势与握笔姿势的指导，让学生打下扎实的基本功，为今后写一手漂亮的字开个好头。重视读帖、练帖，写好中国字，一笔一画认认真真，这也是爱国主义教育。我也企希让学生明白，学写字就是学做人。培养学生的良好写字习惯不是一日之功，是长期的、反复的过程，这要渗透在平常教学之中，坚持不懈，才能让孩子们端端正正地去写字，实实在在地去做人。

书写要求不能仅仅针对学生，教师群体在日常教学中对小学生起到的榜样示范作用不可忽视。学校要求老师们以身作则，平时的课堂板书与作业批改，都应该注意书写的姿势、握笔姿势，展示给学生的应该是一个个端端正正的汉字。因此，学校每学期组织教师进行书法培训，举行教师书法竞赛。以教师们专业细致、求真务实、敢于创新、精益求精的匠心操守，来感召学生走向精雕细琢、崇"知"精业。

第三，阅读习惯培养

读书之乐乐何如？其乐无穷，其乐陶陶，其乐可寻。读书，是让自己变得辽阔的过程，大量的阅读，能让彼此都变得更厚实。著名教育家朱永新说："一个人的精神发育史，就是他的阅读史；一个民族的精神境界取决于这个民族的阅读水平；一个没有阅读的学校永远不会有真正的教育；一个书香充盈的校园才会是一个美丽的校园。"爱读书之人必能体会到陶渊明《五柳先生传》中"好读书，不求甚解；每有会意，便欣然忘食"之雅趣。

阅读的好处不必多说，在这里，孩子们可以与圣贤对话，与有趣的灵魂共鸣，遇见自己，也看见世界。但归根结底，是坚持读书的习惯在改变孩子，而不是具体的某本书。小学作为正式开始进入学习一途的初始，尤其要重视阅读习惯的培养，将孩子们培养成真正的读者，腹有诗书气自华，养成读书习惯的孩子，他们未来的眼眸一定能洞悉事物的本质，穿透迷蒙的云雾。

我认为书香校园是所有小学都应该创建的，当今时代，以文化定输赢，以文明论高低，以精神定成败。小学要有浓郁的氛围，让孩子们与书籍为友，具有可持续性接触知识的能力。

近年来，读书文化在各校都得到了关注，但是由于对教育的认知所限，各校存在差距。曾经我看到江苏昆山玉峰实验学校"读书等高"的做法，这让我眼前一亮。学校提出了"读书152计划"：一二年级学生读完1000本绘本，三四年级读完500本桥梁书，五六年级读完200本纯文字书。6年加起来一共1700本。在此姑且举例该校的做法，希望能为诸位同道提供一条可行路径。

我相信每一位教育工作者都爱着孩子，我们目之所及，要看到他们背后无限的苍穹，习惯培养，正是基础教育中至关重要的一环。我们要牢记，今天为学生埋下什么样的种子，就为国家种下了什么样的未来。

第二节　途径与方法

　　无痕是我们要追求的最好的习惯教育，但无痕不是不管，而是有技巧和有方法的爱。然要培养学生形成自己正确的认知和行为习惯，是一条艰辛之路，因此教师才拥有"人类灵魂工程师"等伟大称呼。教师要提醒自己慢步筑牢基，欲速则不达，小学教育要在自然的漫步中，潜心培养孩子们的习惯。

　　我首先要提出的，就是重视每一件小事。孩子们做的每一件事，都是在养成习惯，包括按下"贪睡"的按钮，包括以"葛优瘫"的姿势坐在沙发上，那些人每天都需要做的事情，绝大多数人都觉得不重要的事情，恰是习惯养成的开端。"我连续背了三天古诗词，为什么依然感觉不到效果？"这种心态，不是习惯，而是将这些养成性的行为看作了待完成的任务，一旦完结便不了了之。培养习惯的过程或许单调乏味，对小学生而言很难真正去控制自己，针对此，学校怎么做？我认为广大学校要尽力让他们在养成习惯的过程中感到乐趣。

　　此节我将阐述我校培养学生好习惯的具体方法，若能起到些许参考作用我便深感幸运。

一、八个好习惯

第一，新生入学教育周，让"八个好习惯"落地

　　培养学生的良好习惯是管一辈子的教育，一所优秀的学校，一位优秀的老师，首先关注的应该是孩子良好习惯的养成。一年级的孩子初来乍到，为了适应小学生活，需要一个过程。开学第一周，就是一

个重要的心理过渡期。不敢说这第一周是多么重要、不可替代，但这个过程处理得好，会激发孩子们的学习兴趣，入学教育课程就是尊重孩子身心发展规律，用孩子们的节奏踩准幼小衔接的节点，让他们愉快地迈出小学阶段的这一步。让孩子们愉快、有序地融入小学生活远比抢先学认几个字、做几道题来得重要。

由此我将开学第一周定为"新生入学教育周"，这一周不上教材新课，而根据统一制定的《一年级新生入学培训方案》，各科老师按照课程安排。上一章我已提到，这里着重介绍如何利用这一周来落实"八个好习惯"的养成教育。

具体的落实方法不是单调地讲授，我们不用说教的方式，而是带着学生做游戏、在活动中实践体验。如第一个习惯，"见人问声好"。我们要求学生上学进校门主动向老师同学问好，见到外来的客人与老师，主动向他们问好。我们老师会主动向孩子问好，做好榜样示范。教孩子念《见人问声好》的儿歌，同桌之间互相问好并介绍自己，找班上的朋友问好，"游学"问好，就是让一些自信大方的孩子到别的班级介绍自己，向大家问好。还会领着孩子到老师的办公室向老师们问好。评出在这种习惯培养中表现最优秀的孩子，给予奖励。这样既熟悉了校园环境，又培养了孩子懂礼貌讲礼仪的习惯，让孩子自信大方。

如何落实"饭菜吃干净"这一习惯呢？这也是家长关心的。我们会给孩子们看我校学生自己录制的文明进餐的录像，指导怎样做就餐前准备，吃饭时要注意什么，吃完饭如何放置碗勺。中午就餐时，每班有两至三位老师负责管理，指导孩子文明进餐，把饭吃好，吃饱，吃完，同时评选出"小小美食家"，以此鼓励孩子们。

家长也不必担心孩子们我们这样做会影响孩子的学习进度。其实各学科教材中原本或多或少也有涉及入学教育。如数学教材中原本就有《整理书包》一课,体育老师也一定会安排队列训练。入学教育课程更多的是对原来的教育教学环节进行整合,守护孩子顺利度过心理成长期成为全体一年级教师的共同目标。

当然这八个习惯的培养,并不是一朝一夕的事情,我们学校的每一位老师会一直关注学生这八个好习惯的培养,让我们的孩子一生受益。

第二,《学生综合素养发展指南》让八个好习惯生根

评价是以学生的发展状态与水平为评价对象的教育教学活动。是学校进行教育与管理的重要手段。如何体现评价的激励性,评价内容的导向性,评价方式的过程性,评价主体的多元性及评价方法的科学性是我们要思考的、关注的。

新课程评价要使每个学生都能获得发展,特别是让那些学业成绩相对不良的学生也能从评价中看到自己的优势,获得激励和自信[1]。因此我致力于让学校形成多维度、多层次的评价体系,让每个学生能看到自己的长处和不足。八个好习惯既然作为我校的培养要点,定然也要成为衡量孩子们的标尺,很多时候我们手里多一把尺子,就能多一批好学生。在设定评价内容时,结合各个班级的实际情况,关注学生的努力程度,个人进步以及个性展示等,而不是制定简单的行为规范以及仅仅与他人做比较。

学期末,我将例行的《素质报告册》调整为《学生综合素养发展指南》(以下简称《指南》)。

学生平时生活学习的点点滴滴都记载在这本发展手册上,这是学

---

[1]杨明、竭宝峰:《校长的智慧》,安徽人民出版社,2012年版,第40页。

生六年的成长档案。评价方式决定着教师教学的过程、学生学习的方向。我们致力于评价方式的改革，引入了术科第三方评价，进行了非语数学科实践性评价，开展了学生综合素养发展的评价。这样多样化的评价方式，对教师与学生进行全面、客观、公正的评价。

学校把"八个好习惯"的培养与学生评价相结合，《指南》中将"八个好习惯"细化，每一项都有分值，是对学生"八个好习惯"是否养成的一个有效客观的评价。

评价主体也一改由教师单独评价的做法，集合了各方人员，先由学生自评，有利于行为的内化，根据评价的内容不一样，评价人也不同。如"见人问声好"的习惯中，能认真参加升旗仪式，由班主任评分，正确佩戴红领巾由值日生评分。"走路靠右行"这一习惯，过马路时看信号灯，走斑马线由家长评分，认真上好体育课这一栏，由体育老师评分。既有班主任、课任老师、值日生、执勤老师、家长，还有学生自身与小组同学，评价主体的多元，从不同角度提供学生成长情况的信息，让评价更全面，更有利于行为养成。

我们在设定评价内容时，结合各个班级实际，关注学生的努力程度、个人进步以及个性展示等评价内容体系，而不是制定简单的行为规范以及仅仅与他人做比较。通过对这些阶段性重点目标的达成努力，学生的目标将会更加明确，行为将会得到规范，人格得以塑造。学生的注意力将会指向他们自己的进步与在校内良好的表现上，这更能激发他们主动、自觉、奋进。

《指南》还设有加分项目，包括学生参加活动、作品在班级展示、才艺展示、会一门乐器、坚持每天锻炼身体等，都能成为加分项目，其目的便是注重学生德智体美劳全面发展，并给予每一个孩子的优秀点以肯定地评价，也让他们能巩固已有的习惯。《礼记·学记》中说，"当其可之谓时"，意思是说，要按照学生的特点，选择适当的时机进行教育。在惯常的基本评价之外设置一些开放式的加分项目，有利于培养学生的自主创新意识，而且有利于教师有更多机会了解学生的优点，关注学生的全面发展。

教是为了不教，教育的真正成功是学生的自我管理与自我完善。评价目的促进学生和谐发展，进而形成和谐向上的班级氛围、学校氛围。我期望评价成为学生成长的动力，而不是简单的判断与处罚；使评价成为学生努力的方向，而不是行为的束缚。

第三，"坚持100天做一件事情"活动是八个好习惯的延伸

"21天习惯养成"的概念广为传播，我校拉长战线，将此拓展为100天，学生将自己100天的要坚持的事情放进梦想瓶里，学校的老师们包括我也参与了这个活动，比如坚持跑步100天、坚持读书100天，坚持100天给妈妈说晚安……100天以后，揭开梦想瓶，看自己的愿望是否实现。我们给实现愿望的学生每人发了一本绘本。

孩子们确定自己的短期成长目标，并努力完成，任何习惯的养成都离不开坚持二字，最慢的步伐不是跬步，而是徘徊，最快的脚步不是冲刺，而是坚持，在这项挑战活动中，培养的便是他们坚持不懈的精神。不过历时100天，我们发现挑战成功的人数并不多。当然这也充分说明我们的活动有价值，小学生"坚持"的个性品质需要我们在活动中不断地加以引导与激励。相信只要教育工作者坚持，就会有孩子们的坚持，见性赤诚，念念回首处，即是灵山。

二、劳动教育

在校门口，特别是小学幼儿园的校门口，上下学路上屡屡看到一身轻松的孩子和背着书包的家长，放课后，总有孩子冲出校门后随手自然地将书包一递。这既是一个教育问题，也是一个社会问题。为什

么会出现这样一个普遍但不正常的现象？家长往往给予自家孩子"无谓的宠爱"，家长包办代替，不让孩子自己动手去做，导致学生的劳动意识薄弱，自理能力不足。

针对这种现象，学校对学生的书包有要求，学生不能用拉杆书包，并将大书包变小，引导学生将学习用品整理好，部分书本、用具可以留在班级座位上，每日背小书包上学，书包不再沉重，但其重量必须由孩子自己来承担。

此般劳动教育也贯穿于校园生活的方方面面。如我校采取的分餐制，每天中午都由一名教师带着各班四名学生取餐，每周轮换一次，午餐结束后，这些孩子还肩负送餐盒的任务，在此中养成劳动习惯与责任感。

古诗《悯农》每个孩子都耳熟能详，但停留于背诵，不过是不痛不痒，节约粮食的重要性如何深入孩子们心中？如何助力"饭菜吃干净"这一习惯的养成？在我校，学生们平日食用的部分蔬菜，也是他们自己劳动的结晶，是孩子们切实感受背灼炎天光的产物。位于校园西侧围墙附近的绿化地，在师生共同的努力下，改造成了别具特色的都市农庄，各种草木蔬果的种植、施肥，日常看护，都由各个班级的学生轮流上岗。与泥土亲近，在自然中学习，在劳动中成长，生活即教育。不过作物毕竟有限，我们规定只有在劳动评比中达到优秀的班级才能品尝到这些具有特殊意义的蔬菜。我希望更多的校园内部都有这样一方天地，让孩子们能体验耕耘，培养他们的合作互助精神，增添了无穷学习和生活乐趣的同时也带来希望和活力，把校园建设成一个"愉悦的场所"。通过种植，让远离自然的都市孩子沉浸在种子萌芽、昆虫传粉、收获作物的大自然的神奇之中。

我们由衷地相信，加强劳动教育，从儿童时代起就引导鼓励学生从事力所能及的劳动，让劳动的种子在他们心中生根发芽，最终必将会培育出健康健全的"人格之树"。让劳动教育承载中国梦，让中华民族勤俭、奋斗、创造、奉献的劳动精神在一代又一代青少年身上发扬光大。

三、阅读与书写

让孩子爱上阅读，必将成为你这一生最划算的教育投资。虽然现在从国家层面号召全民阅读，中小学也大力推广学生阅读，提高学生的阅读量，提升他们的阅读能力。但是我们观察到学生的阅读往往是没有目的，没有方法的，是盲目的、随意的。特别是低年级的孩子阅读能力差，拿到书七翻八翻，不知道怎么读，效率低下。

分析背后的原因，我们发现小学生的阅读缺乏方法与指导，缺乏整体性的计划与规划。针对这种现象我们把让学生读好书作为解决问题的主要路径。如何让学生读好书呢？我们又采取了以下措施：

1.开设自主阅读课

学校从每周的语文课时中，拿出一节课作为自主阅读课。这节课学校要求老师们必须带着孩子们到图书馆上课。学生在老师的指导下，有目的、有选择地进行个性化阅读。相比于寻常语文课堂的阅读教学，没有固定教材，没有具体目标，没有教师的讲授，学生自主选择材料，自行确定安排学习的目的和内容。在阅读中，学生不仅提高了自身的阅读兴趣，也逐渐掌握了阅读方法，更重要的是获得了终身发展的能力，这是他们受益一生的财富。

2.开发阅读校本课程

每天清晨，儿童经典诗词吟唱声萦绕校园。学校要求每日晨读20分钟，老师和同学们一起诵读校本课程《读过》中的经典篇目，让同学们从诵读中去感悟经典的魅力。

低年级的《读过》中安排有《对韵歌》《弟子规》等这样的培养学生行规的经典儿歌。每天大声诵读，学生会养成孝顺父母、懂礼貌、知礼仪、有教养的良好习惯，也锻炼胆识，让学生变得自信胆大。

3.开展阅读升级系列活动

我校坚持开展以"读书伴我们共成长"为主题的阅读升级活动，通过系列阅读指导课，用阅读引领成长，在学校掀起浓郁的读书氛围，让书香飘满校园。与此同时，我在学校设立了切实可行且能激发阅读兴趣的评价方式，通过开展丰富多彩的读书实践展评活动，让学生展示、汇报自己的阅读收获，对学生进行阅读升级的评价[①]。

阅读升级由共读书目和升级书目组成，共设五个等级，其等级设置如下：

第一级：赠送诗句"读书有三到：谓心到，眼到，口到"。

第二级：赠送诗句"书读百遍，其义自见"。

第三级：赠送诗句"读书破万卷，下笔如有神"。

第四级：赠送诗句"读书不觉已春深，一寸光阴一寸金"。

第五级：赠送诗句"读万卷书，行万里路"。

每个等级都有其评价标准。我们会给孩子发一本阅读升级手册，只要读完每学期规定的两本共读书目，即可到达第一级；获得奖励章，接着学生再自由选择喜欢的升级书目进行阅读，每多读完一本，经逐级考核认定，即可升级评为相应的阅读等级，并颁发相应的阅读升级卡。

---

①丁苗：《让学生成为班级的主人》，《新班主任》2020第8期，第27—29页。

4. 创设书香阅读环境

班级、走廊、随处可见的图书室，在学校充分保证学生的阅读实践，保证孩子们随时可以拿到书看，处处营造"四壁图书中有我"的沉静之境。学校组建了"儿童哲学阅读""兔耳朵故事阅读""小书虫阅读"等阅读社团和工作室，大部分孩子都分属不同的阅读团队，充分利用课外时间让孩子们徜徉在书海之中。学校每学期还开展校园读书文化节，作为阅读升级活动的延续。

5. 丰富阅读成果展示方式

关于如何检测学生的读书情况，我们也设立了切实可行且能激发阅读兴趣的评价方式。通过开展丰富多彩的读书实践展评活动，让学生展示、汇报自己的阅读收获，对学生进行阅读升级的评价。

学生可以在班级群中分享讲故事的音频、视频，校内时不时会举办故事擂台赛、读书小报评比。值得一提的是阅读推荐，孩子们的大多图书都是在老师或家长的推荐下购买的，但他们眼中的色彩是相似的，他们的想法是相似的，如果让孩子们自己来推荐喜欢的图书，也许会收到更好的效果。我校每天中午午餐时间，班级中都会有同学倾情荐书，我曾听到孩子给予的热烈反馈："刚才那个同学推荐的书好有意思，我回去后也要看一看。"类似的独属于孩子们的阅读交流时光应该更多些，同小组、同班级、同社团、同年级，把荐书、换书活动作为规律性的一环。

至于书写，我们可以根据小学生当前的心理特点，利用小学生喜欢的方式书写练习，使小学生能够产生相应的书写兴趣，这样再展开培养书写习惯的工作，就可以获得更好的效果。在进行书写教学时，可以将一些书写知识要点重点汇编成一首歌曲或者顺口溜，先让学生学会歌曲或顺口溜，然后再培养学生良好的书写习惯。

关于字本身，在我校，每天中午20分钟是学校的书法天地时间，写字前先行引导学生把心静下来，全校师生共同习练书法。关注握笔姿势、身体姿势，手把手地指导，一笔一画地教，在"静心"与"用心"中体悟。

而写字姿势，我们的老师们会从孩子们入学第一天开始就时刻关注，对此，教师在课堂上就要做好监督，当发现学生的姿势不正确后，要给予及时的指导，从根本上改变学生错误的认知。我认为唯有每一位教师把这件事放在心上才是让学生形成良好姿势的不二法门，时常提醒，长此以往，孩子自然会养成挺直脊背写字的好习惯。

上述我在学校实践的习惯培养方法，皆最大限度地朝着寓教于乐的方向努力，"新自然教育理念"要让孩子们玩得好，在玩耍中让习惯无痕扎根。教育工作者要切记，刚开始总是缓慢的，习惯养成不可能一蹴而就，它是一个艰苦的过程。教师要率先将眼光对焦于此种超越现下的存在，才能告别习以为常的平庸与肤浅，帮助孩子在将来走得更远。

第三节 "双减"政策下的培养策略

在"唯分数论"的应试教育中，学生似只有学习一事，需要他们掌握的能力无一不与学习相关，将知识性的灌输提前，习惯性、人格性的养成却放到孩子长大以后，任谁也说不出"合理"二字，没有品性的丰满，知识就是伪装。应试之痛，痛在数字为先的日渐猖狂，痛在无用之用的日渐式微，痛在为人父母的声声叹息，痛中之痛，在由学生的一个个不良习惯导致的肤浅与庸碌。"双减"政策呼唤教育回归本真，回归初心，习惯教育更是对社会上浮躁、碎片化、快餐化心态的驱逐与剥离，学校应该是一方净土，让孩子们在此有一生受用的收获。

从另一方面来看，习惯培养也是必需的，习惯含有深厚的力量，也具有倾巢覆卵的气力。"双减"政策之后，留给孩子的空间更多了，他们将如何安排自己？能否依然自觉坚持运动、发展爱好？孩子们的自觉、自律与习惯息息相关。

虽然培养小学生的习惯，要慢慢来，急不得，讲求文火慢煨，水到渠成。然操刀不割，失利之期，小学如何把习惯培养融入教育的呼吸之中？

第一，"双减"政策下的作业改革，习惯培养与作业设计结合。"双减"政策已经把小学生书面作业做了尽可能地压缩，教育者的眼光应该投向更进一步的德育。减负的最优方式就是培养习惯，在好习惯的帮助下，即使没有外力帮助，孩子也能不断进步。不想孩子荒废时光，就要抓住这一"空档期"，着重给孩子培养习惯。

不过以往的习惯养成作业零星可数，且套路相似，母亲节、父亲节、重阳节等亲手制作贺卡，帮父母洗一次脚，买一次早饭……诸如此类，虽然依旧可行，但不过是偶然性的安排，要养成习惯，学校仍然需要一份经过深思熟虑的培养方案。

我在学校推行了"德育实践性作业"，包括每天十件事、每年五件事，引导学生自己的事情自己做，培养劳动观念、独立性格等等。

做好"每日十件事"：1. 每天早上自己听闹钟起床；2. 每天自己穿戴好衣物、佩戴红领巾；3. 起床后，整理自己的床铺；4. 与送自己的长辈说再见；5. 每天自己背书包上学进校门；6. 向校门口值班的老师和同学好；7. 下午放学时，向来接你的长辈问好；8. 放学进家门时，向前来接你的长辈问好；9. 就餐前，帮家人摆好碗筷；就餐后，清理自己的餐具；10. 睡觉前整理自己的书包。

做好"每年五件小事"：1. 记住家人的生日；2. 学会一门烹饪技能；3. 给家人写一封信或明信片；4. 参与一次家庭大扫除；5. 到超市或商场为家庭购买生活用品。

乍一看都是生活小事，但生活细节和学习习惯是能相互迁移的，我们不会怀疑拥有以上习惯的孩子将来会无法于社会中立足。

并且我建议将习惯纳入考核评价体系，如上一节我校更新的《学生综合素养发展指南》，作为不聚焦数字的多元评价的一部分，也能激发孩子的动力，让他们为之努力，真正起到养成之效。

第二，开设劳动课程。 "双减"政策之后，2022年3月，教育部正式印发《义务教育课程方案》（以下简称《课程方案》），将劳动从原来的综合实践活动课程中完全独立出来，并发布了《义务教育劳动课程标准（2022年版）》，其中对劳动习惯和品质的定义为：学生具有安全劳动、规范劳动、有始有终的习惯；养成自觉自愿、认真负责、诚实守信、吃苦耐劳、团结合作、珍惜劳动成果等品质。

个人与社会的有机联系由劳动来构建，劳动习惯的培养无疑被提到了新的地位。让学生走出书本、走下黑板、走出教室，走进山水田林，引导学生通过劳动认识社会，通过劳动丰盈人的社会生命，增强社会责任感，通过劳动提升人的生命价值。《课程方案》中对不同学段的孩子都提出了符合他们身心发展规律的要求，并设置了十个任务群。作为小学阶段的教育工作者，应在《课程方案》的指导下调整小学生培养策略。

怎么才能不让"劳动最光荣"成为口号，不让劳动课流于形式？

要给予劳动独立的时间，与《课标》相适应，小学要重组课表，将其作为必修课认真对待，努力形成"学校教学——家庭实践——校园评比"的劳动教育循环。不过要注意一点，家庭实践不意味着给家长再次布置任务，在家拍劳动视频上传、让家长在所谓的劳动清单上签字，此类做法仍然在增加家长和学生共同的负担。劳动教育作为一种过程性的综合素质评价，针对小学生，可以在校内设计游戏类的劳动技能竞赛，如有学校举办"咔嚓吧，土豆君""捕鱼达人""舌尖上的童年"等活动，并为表现出色的同学授予荣誉称号。评比活动完全可以百花齐放，这有赖于教师们提供各自独特的智慧方案了。

校园内要建设好劳动场所，条件不充分的可以因地制宜，充分利用社会各方的力量，搭建多样化的教育平台，建设好安全可靠的劳动园地，除了上一节我校设置的农场，学校还可以有鱼塘、厨房、果园、家禽养殖场、花园、茶山……无论何种形式，皆让孩子亲力亲为，一粥一饭，当思来之不易；半丝半缕，恒念物力维艰。

相应地，要聘请相关专业人员担任指导教师，作为学校的管理者，要联系劳动教育的校外辅导员，如农科专业技术人员、大厨等。

劳动课的内容也不能"一刀切"，正如我在学校所列的劳动清单，任何一方面的劳动都要注意分层设计，一步一步把孩子培养成为懂劳动、会劳动、爱劳动的时代新人。

胼手胝足，踵事增华。以布袋和尚所作禅诗为喻："手把青秧插满田，低头便见水中天。心地清净方为道，退步原来是向前。"在多种方式的劳动课程中，给予孩子们的正是此种向前的力量。

第三，从验收知识掌握情况转向培育学习习惯。 小学阶段是接受正规教育的起始阶段，从前家长们都生怕自己的孩子落了课，揪着成绩字眼牢牢不放。"双减"政策为我们摆明了态度，在起始阶段打好基础，知识的基础姑且算是重要，但如果此时太过强调成绩，只关注白纸上那鲜红的数字，孩子的学习兴趣有极大可能便就此磨灭了。因此，我们应更关注孩子的习惯生成，更强大的知识学习能力，即能不能自主地去学，能不能学到位，皆来源于习惯。

小学生的学习习惯完全可以顺水推舟，孩子天生就具有学习兴趣，他们好奇，他们会主动，哪个孩子未曾带着激动的心进入小学，模仿着别人学习的动作，他们自己也煞有介事地看书、翻页，依样画葫芦地拿着笔一通乱写。询问一年级的新生："你们喜欢读书吗？"答案往往千篇一律。在养成学习习惯的过程中，学校要将保护学习兴趣放在首位。过往的教育中，有些心态、行为恰恰反其道破坏了孩子的学习兴趣。

哪些是破坏的表现呢？

教师总是担心孩子学不好。有了担心的心态，就会不自觉地向孩子施加压力，对小学生学业的担心会成为诅咒。"双减"政策后没有了课外知识性辅导，孩子们的起跑线将几近统一，教育工作者更无须焦虑同班学生的差距、不同学校的差距，首先更要在心态上放开，不要过于在意孩子的分数，打心底认可习惯二字并将其置于首位，让孩子在今后带着惯性向前走。

总有部分教师让孩子重复枯燥机械的活动。如单调地抄写，盲目地"加餐"。多聆听孩子的声音，让那些使他们感到烦躁的、毫无挑战的作业被除籍吧。

一味地鞭策。看到孩子的学习成果，总是得陇望蜀，继而对他们提出更高的要求。我理解每位教师期盼孩子变好的一片拳拳之心，但在与孩子交流的过程中要注意保护他们稚嫩的学习兴趣。

那么要培养出好的学习习惯，以上三点皆不可取了。孩子的秉性都是美好善良的，只是认知不足，教师若能以正确的方式引导他们养成好习惯，那一定是他们的幸运。

此外，我也另有一些心得，在此列举三点。第一，和孩子共同商量，有一个好的愿景；第二，在充分了解孩子的基础上，根据年龄、生长发育，包括学业知识的不断提升，帮助他们订立学习计划。这个计划不能太高，要稍微上一步，让孩子能够踩着这节楼梯往上跳一跳，有目的地让孩子跟着计划往前走；第三，计划需要老师多一点陪护。价值感来自被肯定，归属感来自被爱。其实只要教师调整好自己，多注意、多鼓励孩子在任何一个习惯养成之路上的小小进步，今天看到有学生的坐姿标准，有学生上课全程专注，有学生的作业清晰整洁，一声肯定、一次赞扬可能就是帮助孩子坚持的动力。尽量多多抓住孩子们表现出好习惯的时机，我们一定会看到快乐、自由、自信的他们。

把孩子们看作天上的群星吧，每一颗都怀有旅行宇宙的远大理想，他们的星轨，是那么漫长而璀璨，放眼将来，小学段的轨道举足轻重。"无望其速成，无诱于势利，养其根而俟其实，加以膏而希其光。根之茂者其实遂，膏之沃者其光晔。"

【附录】

小学低年级学生养成教育例谈

习近平主席在教育大会上指出，要培养德智体美劳全面发展的社会主义建设者和接班人。小学低年级学生因为对学校生活还不是非常熟悉，不知道该做什么、怎么做，该学什么、怎么学。而低年级是对学生进行养成教育的重要时期，学校教育和我们老师的正确引导是不可或缺的。养成教育顾名思义就是着力培养学生养成良好的生活习惯、学习习惯及待人接物等方面的行为习惯的教育。养成教育既包括正确行为的指导，也包括良好习惯的训练，还包括语言习惯、思维习惯的培养、兴趣爱好的培养，品德意识的提高等。因此，我认为小学低年级学生养成教育应指向三样东西——兴趣、习惯、健康。

一、兴趣——兴趣是最好的老师，知之者不如好之者，好之者不如乐之者

1.减负保护兴趣

我国中小学生睡眠不足是不争的事实，这直接影响了少年儿童身体正常发育和心理健康，也会带来学业成绩下降的后果。研究表明，中小学生晚上睡眠时间每多一小时，成绩就会相应提升4%至10%，而患近视的概率会降低5%左右。让学生"睡得好"，一个有效路径就是减轻学生不必要的课业负担。我们在湖北省武昌实验小学的统一安排下，严格执行"周三无作业日""家庭作业免签字""节假日无统一的书面家庭作业""布置寒暑假实践性作业"等系列"减负"措施，目的就是尽可能减轻学生不必要的学习负担，还时间给孩子，还睡眠给孩子。

2.活动激发兴趣

　　儿童会自然地在活动中发育、在活动中求知、在活动中体悟、在活动中启智。我们的小学教育就是要创造各种条件和机会让孩子爱玩、会玩，更要"玩得好"。为了让小学生活更有意思，学校先后举办了这样一些活动：

　　新生游园会。每年新学期开学的时候，我都会问刚进校的孩子，喜欢学校什么？孩子们的回答往往聚焦三点：一是学校干净漂亮；二是学校有很多可以玩的地方；三是有幼儿园时认识的玩伴。因此，对于刚入校的孩子来说，新学校"好玩"成为孩子对学校的第一印象，而且这个第一印象决定着孩子快速适应新学校生活的关键。因此，在新学年开启之时，我们组织新生参加学校的新生游园会。孩子在各种各样的活动、游戏中了解学校、了解老师，目的是让孩子能喜欢学校、喜欢老师，为顺利适应小学校园生活做好衔接过渡。

　　"体育嘉年华"。体育活动是学生最喜欢的活动之一，因此，学校将每月一次的"体育嘉年华"列入教育教学计划。学生在愉快的体育活动中自由地玩耍、快乐地学习。"小鬼当家"课程。每周一的国旗下"小鬼当家"课程，孩子们特别期待。我们让各班轮流在国旗下展示，为学生创设舞台。

　　"小鬼当家"课程。每周一国旗下"小鬼当家"课程，孩子们特别期待。各班轮流进行国旗下展示，为学生创设舞台。

　　过好中国传统节日。中国传统节日教育资源丰富，要引导学生过好中国传统节日，在活动中传承中华优秀传统文化。因此，我充分抓住传统节日教育契机，先后开展了"欢欢喜喜过新年""元宵灯谜会""清明祭祖寻根""端午粽儿香""中秋吃月饼话团圆""冬至饺子节"等活动。参与这些活动，学生不仅觉得学校"好玩"，还能从活动中获得知识，增长能力。

　　"绿色生日"。遵循学生心理发展特点，在"绿色"上做文章，创新活动内容，不仅让孩子们珍视校园的绿色生日，而且精神上充实愉悦！孩子的生日该怎么过？是奢侈豪华的铺张浪费？是盲目攀比的消费绑架？还是一个简洁而又温馨的难忘仪式？我倡导孩子们过一个温馨的"绿色生日"。"绿色生日"一月一次，当月过生日的孩子集中在一起，吃煎鸡蛋、吃长寿面、接受全班同学的生日祝福、表达对家人的感谢……班级独特的"生日心愿卡"，当月生日的孩子写上自己许下的心愿，可以随时得到老师的帮助，实现心愿！这张心愿卡成为孩子们期盼的礼物！所谓"福送给你"，同学为过生日的同伴写下最美好的祝福，献给他们，然后张贴在生日祝福文化墙上。流连于此，根植在孩子们心中的是尊重和真善美的种子。"绿色生日"虽然简洁，但充满着仪式感、参与感，也让生日更有意义。

3.童真激发兴趣

汉字英雄比赛。每学期的汉字英雄比赛，让学生喜爱中国汉字，写好中国汉字。

数学节。结合一年级学生特点，为孩子们设计有趣味，又有挑战性的活动，让学生的逻辑思维能力、推理能力、动手操作能力得到提升。

科技节。"科学好好玩，好好玩科学"，我们设计好玩又有趣的科学活动，培养低年级学生对科学的兴趣与求知欲。

免试生。每学期末，每个学科均有免试生。免试生不仅要求学习成绩优秀，体育成绩也必须达标。这一举措充分发挥了教学评价的导向、激励功能，促进学生生动、活泼、主动地发展。

二、习惯——教育就是培养好习惯，少成若天性，习惯成自然

1.在课程建设中培养习惯

新生入学教育周。新学年，我们该给刚入学的小孩童什么样的入学教育？我们认为，相比较知识学习而言，我们更应该教会孩子养成最紧要的生活和学习习惯。因此，新学年开学之初，我们开展了为期一周的"新生入学教育周"实践活动，这一周里，学生不进行知识性的课程学习，而是将学校"见人问声好，走路靠右行，清洁自己做，饭菜吃干净，写字姿势正，做操有精神，每天勤读书，主动常提问"这八个好习惯的教育融合在各科课程学习之中。这一周的习惯教育"磨刀不误砍柴工"，对学生适应小学生活、做好后续学习起到良好的铺垫作用。

阅读升级。我们开展了以"读书伴我们共成长"为主题的阅读升级活动，用阅读引领成长，在学校掀起浓郁的读书氛围，让书香飘满校园。阅读升级活动中要读的书由共读书目和升级书目组成，共设五个等级，经逐级考核认定，学生即可升级评为相应的阅读等级，并颁发相应的阅读升级卡。我们也设立了切实可行且能激发阅读兴趣的评价方式，开展丰富多彩的读书实践展评活动，让学生展示、汇报自己的阅读收获，对学生进行阅读升级的评价。我们班又开展了读书文化节，作为阅读升级活动的延续。

校本课程。小学教育要为学生的终身发展奠基，要让学生在学科学习中形成核心素养，那么学科拓展就成为学生学科素养提升的一个有效办法。基于此，在语文和数学学科的基础上，我们又分别开设了《20+20语文素养提升》《思维魔方》两门校本课程。每天学生与老师一起都要诵读经典、练写中国字，每周都要进行数学思维训练。这样的校本课程学习，对学生形成全面的学科素养大有帮助。

家长课程。学校家长来源于各行各业，每个家庭都有着不同的背景，学校充分挖掘家长身上的教育资源，开展了系列"家长课程"。一些家长先后走进学校、走进班级，为学生带来了各行各业的知识与见闻，这为学生打开多扇窗认识广阔的社会提供了有利的条件。

学生社团课程。社团课程是学生自主学习的"第二课堂"，在这里，学生发展自己的兴趣特长，收获不一样的成长体验。我组织激励学生参加了围棋、古筝、软笔书法、篮球、啦啦操、跆拳道、合唱、竖笛、创意美术等多个社团课程。班上学生全部都有自己的社团课程。

2.在课堂变革中养成习惯

"课前三分钟"。"课前三分钟"演讲活动，让学生大胆、大声、大方。一节课40分钟，我拿出课前的3分钟，让学生在同学面前自由演说。学生可以讲故事、讲见闻、讲读后感等。"课前三分钟"演讲活动是学校为每一个孩子搭建的"微舞台"，目的就是让每个孩子都有机会走上演讲台，锻炼自己、发现自己、成就自己。

每日一歌。校园不仅要有读书声、笑声，更要有歌声。因此，每天下午课程学习之前，我带领学生开展"每日一歌"的齐唱活动，校园民谣、儿歌、红色歌曲甚至流行歌曲等等都是同学们传唱的内容。学生在"每日一歌"中提升学习热情，感受童年的快乐。

课中操。实施"课中操"，调节学生学习注意力。教育学研究表明，低年级的孩子单次有效注意力的时间一般保持在20分钟左右，因此，在低年级课堂中带着学生做"课中操"，学生在动一动、笑一笑的"课中操"中缓解学习疲惫，让注意力再一次集中在课堂学习中，这在一定程度上也增强了课堂学习的效率。

独立学习日。设立"独立学习日"，放手让学生自主学习。学生独立学习的能力从哪里来？我们认为从学生自主的实践活动中来。因此，学校在"问导式课堂"的基础上，设立每月一次的"独立学习日"。这一天里，老师"都不见了"，学生按照自己的学习任务单开展属于自己的学习活动。

作业批改不打叉与作业批改双等级评价。为了不挫伤学生的学习积极性，给予学生二次订正的机会，保护学生的自尊心。我们在学生作业批改上做出了适当的调整，实行"作业批改不打叉"、"作业批改双等级评级"（正确率和书写优良率）等作业批改措施。这些措施的实施，有效保护了学生学习的积极性，也从整体上提高了学生书写的工整度。

3.在全程育人中提升习惯

德育实践性作业。做好每日10件事，做好每年5件事，将习惯培养渗透到每天的学习生活中。

做好每日10件事：每天早上自己起床；每天自己穿好衣物、佩戴好红领巾；起床后，整理自己的床铺；与送自己的长辈说再见；每天自己背书包上学进校门；向校门口值班的老师和同学问好；下午放学时，向前来接自己的长辈问好；进家门时向家人问好；就餐前帮家人摆好碗筷，就餐后清理自己的餐具；睡觉前整理自己的书包。

做好每年5件事：记住家人的生日；学会一门烹饪技能；给家人写一封信或寄明信片；参与一次家庭大扫除；到超市或商场为家庭购买生活用品。

发新书仪式。据说犹太民族有个习俗，在孩子出生后不久，母亲就会在书上涂上蜂蜜，让孩子去舔书上的蜂蜜，通过这一舔，让孩子从小对书产生美好的第一印象：书是甜的！当然，书中的知识和读书的味道也是甜的。新学期开启之时，各学科老师和学生代表、家长代表一起，把每个学生的各学科教材用红绸带精心包捆好，由各学科老师一起给大家赠发精心包捆好的教材。开学第一天的班会课上，孩子们双手举过头顶去接新书。愿我们的发新书仪式能让大家对书籍，对知识、智慧和学习产生更深的敬意，让大家能更好地品味读书和学习的味道。

三、健康——将学生视力保护工作纳入班级管理内容，让孩子清澈的目光保持更久

1.关注学生视力

"黑板日"与"零拖堂"。我们学校推出了一个新的举措——"黑板日"，每周的星期四全天，所有的学科和班级均不得使用电子教学设备，就用最质朴的黑板和粉笔来教学。此举旨在适当控制电子屏幕的使用时间，保护学生的视力。在黑板日的基础上，再推行"零拖堂"措施，保护学生身心健康，让教学回归本质，让教育回归质朴。

2.关注特殊体质学生

每学期开学，我会让每位家长填写一份学生体质调查表，将特殊体质学生汇总，贴在备课本上，共同保护学生的生命安全。

3.关注学生全面发展

评价是以学生的发展状态与水平为评价对象的教育教学活动，是班级教育与管理的重要手段。如何体现评价的激励性，评价内容的导向性，评价方式的过程性，评价主体的多元性及评价方法的科学性是我们要思考的、关注的。

期末术科综合考评游园活动。为了让每个孩子都能在学习中找到学习的兴趣、学习的快乐，进而激发进一步的学习动力，我们学校尝试进行了学生术科的考评方式，将原来的教师自主检测变成了集体游园体验活动。我们将考核的要点具体细化在一个个的游戏项目中，低年级学生在不同的游戏活动中不知不觉参与了测查，这样的考评方式受到学生的喜欢，也让学生的学习变得更加有趣。

《学生综合素养发展指南》。我们将《素质报告册》调整为《学生综合素养发展指南》，《学生综合素养发展指南》的内容体现目标激励，用动态的评价方式突出过程引导，多元评价方式促进行为的内化。是对学生"八个好习惯"是否养成的一个有效客观的评价。

我们在设定评价内容时，结合班级实际，关注学生的努力程度，个人进步以及个性展示等评价内容体系，而不是制定简单的行为规范以及仅仅与他人做比较。通过对这些阶段性重点目标的达成努力，学生的目标将会更加明确，行为将会得到规范，人格得以塑造。学生的注意力将会指向他们自己的进步与良好的表现上，体现目标激励的重要性。

《学生综合素养发展指南》还设有加分项目，包括学生参加活动、作品在班级展示、才艺展示、会一门乐器、坚持每天锻炼身体等，都能成为加分项目，注重学生德智体美劳全方面发展与肯定评价。

《礼记·学记》中说，"当其可之谓时"，意思是说，要按照学生的特点，选择适当的时机进行教育。在班级基本评价之外设置一些开放式的加分项目，有利于培养学生的自主创新意识，而且有利于教师有更多机会了解学生的优点，关注学生的全面发展。

第四章

小学课堂设计形态

小学不"小"

XIAO XUE BU XIAO

丁苗●著

—— 我的教育探索之路

第一节 "四有"课堂目标的设计

一、"四有"课堂的理论支撑

课堂，构成了学校生活的主体。孩子们在校内，大半时间都在上课。为了帮助学生走向"会学"，学校要致力于让课堂发挥主阵地作用，积极转变教学方式。把办"自然、从容、本真"的教育作为坚持不懈的追求，我校的"新自然教育理念"同样融进了每一堂课，各种科目，或文或武，都可以发扬、培养孩子的天性、个性、社会性。"新自然教育理念"指出，课程教学要引导学生走向"会学"。为了帮助学生走向"会学"，我在学校积极转变教学方式，实现了由传统单向传授式教学向问题导向式教学的转变。"四有课堂"就是我重构的小学课堂新形态，作为提出这一结构形态的前奏，此前我汲取了多种观念。

1.正统周边参与论

维果茨基的教育理论任何一个教育者都不会陌生，他认为学习的基础是基于语言的象征性媒介的意义建构，基于语言的能指与所指，他提出了"最近发展区"的概念，"最近发展区"就是在孩子心智发展过程中隐含了一种发展可能性的领域。我们的教学目光要着眼于此，为学生提供带有难度的内容，调动学生的积极性，发挥其潜能，超越其"最近发展区"而达到下一发展阶段的水平，然后在此基础上再进行下一个发展区的发展。

正统周边参与论发展了维果茨基的社会建构主义学习理论，由赖夫与温格所倡导。以画室中的情况为喻，初入画室的学徒不过是日复一日重复着调颜料、准备画材、收拾工坊的工作，充其量不过是绘一个苹果、填补画上的色块。但从该阶段开始，他们已经对一幅完整的绘图有了整体的认识，并且对每一个步骤都了如指掌。从边缘渐渐地向中心移动，并和其他学徒一起构成学习共同体，不断地自觉吸收属于这一共同体的知识。日本教育家佐藤学指出，与学校中"教的课程"过剩而"学的课程"贫乏不同，学徒共同体能够最低限度地组织"教的课程"，最大限度地组织"学的课程"①。

2. 具身理论

"具身"一词源自法国身体现象学的代表人物梅洛·庞蒂于1945年出版的《知觉现象学》，他在书中首次提出了具身哲学思想，认为身体以及其活动塑造了我们的认知方式，认知的过程是身体和环境交互作用的结果。②

该理论运用于教学中，纠正了"离身式教学"的现象，我们总说要培养孩子的心灵，把外在的身体忽略，但小学生年龄尚幼，他们认知世界依然是由形象思维所主导，所以孩子们的认知获得依然更多依赖身体感知。教师要精心营造优质教学环境，引领学生全身心投入，竭力构建一个"心智、身体、环境"相互平衡的动态模式，以适应学生发展的需要。

具身理论下的课堂，身心一体。可以是演绎式的，让学生亲自参与活动，甚至亲自设计活动。也可以是分解式的，将每一个任务拆解，教师要将其分为简单化、形象化的步骤，一层层由简到难，由浅

---

① [日]佐藤学：《教育方法学》，于莉莉译，教育科学出版社，2016年版，第87页。
② 许小莲：《具身理论视域下的小学课堂教学实践》，《新课程研究》2021第22期，第108页。

入深，让学生渐渐沉浸，注重他们的体验感和感悟度。

3. "问导式课堂"教学

"问导式课堂"教学是我国教育科学研究院韩立福教授提出的"先学后导，问题评价"的教学模式，"先学后导"概念是在"知识建构型"视野下针对"知识传授型"视野中的"先学后教"弊端提出来的新概念；"问题评价"是针对"知识传授型"视野中的忽视问题解决教学而提出来的新概念。[①]即以问题为任务，贯穿学习过程，驱动学生自学，教师通过组织、指导、引导，帮助学生完成学习任务，实现学有所得。

"问导式课堂"属于学本课堂，是师生共同以问题发现、生成、解决为主线，以任务驱动为载体、单位时间内解决问题的探究性学习，从而实现学习目标的课堂。课堂中师生关系是真正意义上的民主平等的合作学习关系，不是"上对下"的线性关系，而是"平视"的合作、对话、协商、发展的和谐关系。课堂中的基本要素是"学生""教师""课程""情境""问题"，其中"问题"是关键要素，师生共同进行预先学习，分别产生问题，然后在课堂上一起进入"导"的系统。课堂中主要采用的学习方法是自主探究学习、合作探究学习、问题发现、思维碰撞、展示分享等方法，尽可能少用提问教学法，尽量使用问题学习工具单（问题清单，各种工具等）。课堂的教学组织形式是小组合作团队学习，而不是"一对多"的舞台式教学组织形式。这样的课堂，有利于解决学生"问"不明晰，教师"导"无针对性的毛病，有利于提高学生思维品质和创新能力。

---

①韩立福：《学本课堂原理——一种根植中国课堂教学创新的理论建构与实践探索》，东北师范大学出版社，2015年版，第62页。

在实施"问导式"教学过程中，学校首先积极培养学生的自主学习的意识和能力，帮助学生养成提前预习、自学的习惯和能力，鼓励学生主动解决自己力所能及的学习问题，帮助学生在自学过程中学会"呈疑"，引导他们在自己的"最近发展区"内"呈疑"。在所呈问题的导引下，教师帮助学生通过小组合作的方式，让学生自主地寻求问题解决的方法与途径，并鼓励学生将问题解决的所得进行分享，在分享的基础上，引导学生对自己的学习过程进行反思，找出其间存在的优点与不足，并帮助学生弥补不足，实现自主学习能力的提高。在"问导式"教学的"自学、存疑、合作、分享、反思"的全过程中，学生始终是自主学习的主体，教师则是学生学习的引导者、建议者和平等参与者，教师通过这种方式锻炼和提高了学生的自主学习的能力和水平，帮助每一位学生实现在其原有水平之上的自主发展。

二、"四有"课堂的具体内涵

基于上述理论，我确立了学校课堂的追求——"四有"课堂，其基本内涵为：有学生学习，有教师指导，有学科味道，有合作文化。

1. 有学生学习

主要关注学生怎么学、学得怎样的问题。学生学习是课堂追求的根本，学生是课堂学习活动的主体，他们是课堂学习的积极参与者、主动建构者，学生是否有效学习是高效课堂成败的关键。评判一堂好课，不是看教师讲得好不好，也不是看学生接收了多少知识，而是要看学生是否在用自己的方法进行深度学习。"学生学习"关注的不仅是学习的深度与广度，更关注的是学生学习的发生及过程。

"四有"课堂追求的学生学习是充分尊重学生，每一个孩子在这样的课堂里都有陈述自己想法的机会，他们的观点都能得到良好的倾听与尊重。当他们初迈出试探的步伐，怯怯地试图发言，微不可察的一小步被发现、被尊重，其实这是课堂构建的前提，唯有如此，他们参与课堂的能动性才能被充分调动，这将有助于更好地打造学习共同体。

"四有"课堂追求的学生学习是主体有意识地能动参与的过程，就学习效果而言，主动的知识建构比被动的知识接受更为上乘，教师一定要明确，自己与学生不再是单纯的"讲授—接受"关系，而要带领学生主动出发寻找水源。当自然史成为生物学，当财富分析变成经济学，尤其当语言反思成为文学，人与其模糊的位置一起出现，既作为只是对象，同时又是认识主体。一个班级就如同绘画工坊，学生们组成的就是学徒共同体，在此基础上，他们聆听教师的讲课，观摩同学的学习方法，一步步从小处入手。在与教师、同伴、自己的对话中，逐渐生成并完善属于自己的个体认知经验。

较之更进一步，"四有"课堂还追求学生的学习过程自适应。真正地形成知识的能力在于自我意识的表象当中，不是被动地接受而是主动地规范和统一。通过每一堂课翻来覆去地学习，我们的目标是让学生都摸索出适合自己的学习之道。奢求所有的花朵以同一种姿态开放是荒谬的，妄图让所有的儿童采用同一种学习方法、统一的标准成长是荒唐的。自适应强调教育的主体意识，教育一旦失去了主体意识，就只能沦为别的文明的附庸。

2. 有教师指导

该项主要关注的是教师怎么教的问题。教育是一棵树摇动另一棵树，一朵云推动另一朵云，一个灵魂唤醒另一个灵魂。教师是课堂教学的组织者、引导者、促进者，与班主任工作同样，教师的课堂如果只有"爱"的元素，那教师便成了苏霍姆林斯基所批判的那没有文化的保姆。学生高质量地学习，绝不是凭空发生，它一定是在教师的学习策划和指导下完成，也即是学生的学习离不开教师有方法的教，这也是教师课堂作用力的根本体现。教学方式等教学行为在很大程度上影响着课堂教学的有效性，教师在工作中总会面对学生的形形色色的学习问题，运用什么样的方法和策略实施有针对性的教学需要无休止地钻研。课堂上与学生的交流需要智慧，在自己的专业成长上需要智慧。

以吴正宪老师的经历为例。在教学中讲授两个数比较的应用题时，如果教师以最简单的生活中的例子作为载体：学校有8朵红花，黄花比红花少3，黄花有多少朵？学生很快就列出了算式：8-3=5。对任何一个智力正常的孩子来说，这都算不上是困难的事。但许多教师非得让孩子说清这个算式的意义，于是课堂上孩子们皱着眉头毫无表情地机械重复着："把8朵红花看作一个整体，分成两部分，一部分是与黄花同样多的部分，另一部分是比黄花多出的部分。从8朵红花中减去比黄花多出的3朵，就是和黄花同样的5朵，也就是黄花的朵数。" 原本一道很简单的算式，却让七八岁的孩子说出一大堆弯弯绕绕，拗口不已的道理。[1]我们不得不承认，许多小学科目的纷繁难解的知识点只是成年人在强行升华，在为学生徒添烦恼罢了。只有这种方式才能证明学生真的懂了吗，只有这种方式才能确保教学效果的实现吗？这是教师在对学生敷衍了事，还是为了满足内心自我感动的虚荣？

"四有"课堂即追求有智慧的教师进行有方法的指导。现在依然存在一种思想：只有课本才值得讲授，教书只需要一张嘴、一根粉笔，教学方法什么的都是微末之技。但如上述例子，儿童本就对僵硬

---

[1]吴正宪编著：《吴正宪创造了孩子们喜欢的数学课堂》，国际文化出版公司，2003年版，第101页。

着脸的题目心存千般不愿，再加上教师平淡如水、机械呆板地讲授，他们难道不会感到厌烦吗？小学生尤其需要方法，教师的教法决定他们的学法。小学生年纪尚幼，任何最糟糕的情况都有可能出现在小学课堂中，启发式、情境式、暗示式、发现式、活动操作、CLT、TPRS等一系列教学法，都要根据班级、学生的实际情况，当下的课堂氛围灵活运用。

"四有"课堂要求教师要能灵活运用各种教学资源。只靠一本教材走天下的教师定会被抛弃，正确的教材观是，在"尊重教材，研读教材"的基础上"调整教材，拓展教材"。可以说，教材是最基本的课程资源，但不是唯一的课程资源。人类一直都处在赛博格的关系之中，机器，或者说技术，和人类从未真正分开过。尤其进入到当今时代，小学教师接触到的资源直接影响到学生的眼界，小学教师使用的音频、视频等外链直接关系到教学效果。不过要警惕"君子使物，不为物使"。让校内课程资源和校外课程资源、文字性课程资源和非文字性课程资源、素材性课程资源和条件性课程资源等大量鲜活的资源都进入开发的视野，成为教学活动的有机组成部分，为课堂教学活动服务，增强教学的生动性、创造性和吸引力，提升教学的效果。[①]

"四有"课堂的教师指导追求不盲目慕古，不一味留今，与时变，与俗化。

3. 有学科味道

这主要体现的是学科性质。关注的是教和学的内容是什么的问题，它是师生在课堂中共同面对的教与学的客体。这点强调的是学科

---

① 罗明东编著：《课堂教学技能——基础教学技能训练与测评》，云南大学出版社，2012年版，第7页。

属性的不同所反映出来的不同的育人途径。语文课堂有工具之美人文之美的味道、数学课堂有思维严谨逻辑缜密的味道、科学课堂有穷极宇宙实验探究的味道……而这些需要我们通过不同学科的课堂浸润给学生，让学生习得不同的学科气质。任何学科课堂的主要目的都是培养学生对应的能力，而不是传授某项专业知识。

课堂如果只是知识点的灌输，考试内容的捏合，等孩子们长大后离开校园，有什么会残留在他们的记忆里呢？他们不会有能被触动的敏感纤细的心灵，不会有深入辩证地对世界的思考，不会有对宏大未知的汲汲的探知。

以语文为例，语文不但具备工具性同时还具备人文性。语文课程的"语文味儿"，是学生言语实践活动的本味，是学生口头语言和书面语言能力的发展。

教师要植根于生活，解读好文本，上有"学科味道"的课，使我们的课堂更有张力、魅力和活力，也方能更好地完成立德树人的根本任务。

4. 有合作文化

该点强调的是学生的学习方式的转变——由个体的独立学习到群体的合作学习。合作学习是指制定共同的学习目标、采用小组或团队合作的方式进行的学习活动。它是以组内异质、组间同质的分组原则建立的学习小组为基本形式，通过系统利用教学动态因素之间的互动，促进学生学习。

维果茨基的学习理论即涉及社会建构主义，而社会建构学习是拷问客体的对象性活动，让学生和伙伴展开沟通，继而构成自我思维。学习除了是认知过程以外，也是建构人际关系的社会过程和建构自我的伦理过程。成员之间彼此信赖、彼此欣赏、互相悦纳、相互关照，个体都能获得良好的学习体验，继而反过来再促进儿童学习状态的提升，进一步提升儿童的学习品质。只有学习共同体内的良性循环，才能保证儿童的主体能动性持续发挥作用。

其实孩子们都很有分享欲，下课时他们三五成群，谈天说地，任何一个话题似乎都能以烈火燎原之势引发一片笑声，为什么课堂上孩子们没有这种状态？教师要为学生搭建相互交流的平台，让孩子们在课堂上交流，让课堂的化学反应产生于与同龄人的交流合作之中。

蕴含上述四点的"四有"课堂是我们课堂教学的价值追求，其四个要素之间，虽指向不同，但相互联系相互作用，共同构成我校全体教师对新课堂的理解和追求。学生学习、教师指导、学科味道、合作文化这四者相互作用形成完整的联系体，呈现的是课堂整体的学生学习状态、教师指导状态，也是学校高效课堂所要追求的理想化状态。

第二节 "四有"课堂目标的落实

一、制定评价标准

评价不是为了证明，而是为了改进，不是为了甄别，而是为了发展。"四有"课堂教学理念要能落实到课堂教学中，需要建立课堂教学评价标准。针对"四有"课堂，学校制定了各年段、各学科"四有"课堂教学标准。我校"四有"课堂总体教学评价以百分制为标准，所有学科的总标准如下：

"学生学习"评价标准共35分：

1.学生能有良好的倾听与回应的学习习惯。（5分）

2.学生能积极参与课堂且参与面广，对学习内容有较浓厚的学习兴趣。（5分）

3.学生善于提出问题、分析问题，并能运用所学知识尝试解决问题。（5分）

4.学生敢于质疑，对同一问题能有不同的见解，能反思并优化学习过程。（5分）

5.学生能有自主学习、合作学习体验，并能运用讨论、体验、分享等学习方式开展多种形式的学习。（5分）

6.学生能基本达成学习目标，并对后续学习抱有较高期待。（10分）

"教师指导"评价标准共25分：

1.教师能依据课程标准、年段特点，设计符合学生学习情况、学科

特点的学习目标。（5分）

2.教师能为学生学习创设良好的心理环境和空间环境。（3分）

3.教师善于创设学习情境，合理组织学生利用多种资源开展基于问题的混合式学习。（4分）

4.教师能在学生学习遇到障碍时，运用启发式、引导式的教学方法给予学生学法指导。（5分）

5.教师能尊重每个学生的学习权利，为学生个性化学习创设条件和机会。（4分）

6.教师能综合运用多种评价方式评价学生学习过程，使评价多元、开放，并发挥评价的激励和导向功能。（4分）

"学科味道"评价标准共20分：

1.教师语言生动得体，能根据学科特点，优化语言表达。（4分）

2.教师仪态端庄大方，能把阳光自信的心态传导给学生。（4分）

3.教师能合理地设计板书，规范书写，启迪学生感受汉字之美。（4分）

4.小组内有基于学习需要的角色分工，同伴间能互帮互助。（4分）

5.教师具有较强的学科素养，并注重引导学生学科核心素养的养成。（4分）

"合作文化"评价标准共20分：

1.学生能认真完成自学任务，并愿意参与小组合作学习。（4分）

2.学生能大胆发表自己的观点，善于倾听他人意见，质疑老师或同学的看法。（4分）

3.学生能有小组集体荣誉感，有能为小组集体目标的实现而努力的表现。（4分）

4.小组内有基于学习需要的角色分工,同伴间能互帮互助。（4分）

5.同伴之间能有基于肯定、欣赏、鼓励等学习评价。（4分）

并不是代表所有的课堂都全权严格按照此标准执行,"四有课堂"的标准是针对存在操作可能性的课堂,只不过小学中大部分科目的大多数课堂,都能够且应该做到如上各项罢了。依据标准,可以根据对应的分值对课堂进行打分、评价,无疑,这能起到激励教师的作用。但也并不是说所有课堂都要尽善尽美,满分的课堂在我看来并不存在,我只能尽己所能,把"四有"课堂的评价形态继续细化,以起到更有力的指导作用。

在总体标准之余,各学科都另设有"四有"课堂观察框架表,美术、音乐等课也不例外,表中的每一条"四有"标准都列举一系列观察点,如音乐课的观察表中"教师指导"项就包括"教师的范唱、伴奏等环节是否起到了示范作用"一点。

由宽泛到细节,尽量将课堂的每一步都纳入考虑之内。再向下细化,学校形成了《"四有"课堂指导手册》,指导青年教师按照"四有"课堂教学标准,规范课堂教学行为,提升课堂教学质量,努力追求一堂好课并实现"高效课堂"。

二、专业观课议课

在落实"四有"课堂的过程中,闭门造车式的"死钻研"断然不可取,"多见者博,多闻者智;拒谏者塞,专己者孤"。为了避免教师孤立地封闭于自己的炉灶边,频繁进行观课议课是必要的,这也是教学研究的重要内容。

我以学科"四有"课堂标准为蓝本,在校内开展旨在改进课堂教学效果的专业观课议课活动,使其成为改善课堂教学效果及提高教师专业发展能力的有效手段。除了日常自主学习外，通过观课议课，我们可以诊断课堂中存在的问题，可以借鉴同行的优势和长处，可以改进不足并提高课堂教学的质量。完整的观课议课是一个对课堂教学进行行动研究的过程，其环节主要包括：对课堂中的问题进行梳理；提出解决问题的思路和方法；根据思路和办法进行课堂教学实践；对课堂教学实践的效果进行分析处理；再提出新的改进方案。

1.观课量表

为了让"四有"课堂教学理念走深落实，在常规教研中，围绕"四有"课堂教学评价表，学校采用专业的"课堂观察"教研机制，特别设计了观课量表。其具体步骤包括：第一，课前会议，利用专业评估工具设计观察量表；第二，带着量表进行有针对性的课堂观察；第三，课后会议，基于证据和数据的观课交流及评价。

教师需要观看、研究自己的上课视频，但至少目前，不是每一堂课都有条件录制全程，且自己反复钻研相对费时，通过同事的观课量表评价，一方面能让授课教师自己及时了解课堂实况，另一方面也令观课教师学习与自省。

在此试举一例，在进行一年级阅读教学《大小多少》第二课时的教学中，预先设计的观课量表对教师每一个提问的语言表达都进行了效度评价，分为"很好、较好、一般、无效"四个等级，将由观课教师进行现场评价。每个问题还有针对性地对学生学习的达成度、对学生回应的人数、学生的答案进行统计与呈现。如提问"为什么黄牛用一头，而小猫要用一只？"学生回应人数为6，发言学生的表述为："只表小动物，头表示大动物。"整堂课下来，通过观课量表，授课教师能充分了解：什么样的问题受到的反馈效果好，如何调整语言表述能够引发学生的大反应，怎样将学生的回答引发他们进一步的思考与提升。

课堂中充满的各类元素，皆可以作为观课量表的指标助力"四有"课堂的生成。如教师的表现，无论是衣着、神态举止，抑或语言、语气，都可以让学生产生紧张、平和、压抑、舒畅、厌恶、喜爱等诸多情绪。因此教师的神态举止、学生集体的情绪状态、幽默语言的出现次数等，都可以成为观课量表的指标。经此一"观"。任课教师势必在一次次的反馈中将自己调整到令课堂效果达到最大化的状态。

"教学上，没有固定不变的美好方法，离开具体的学生因素，也无法判断方法的美好与否。"[1]哪怕是同一堂课，同一个问题，在不同班级都会诱发截然不同的反应，通过量表，就能将班级间的细微差别具象化，便于教师进一步研究。

2.观课方法

"观"是"观察"的简称。观是什么？"观如鹤鸟飞在天上，足见天地之大，品汇之众。"可见，一方面需要广泛占有观察对象的信息；另一方面，观需要从大处着眼，不要只看偶然出现的不足。再者，观课之观既要用耳朵，更强调运用多种感官收集课堂信息。"察"是什么？孔子说："众恶之，必察焉；众好之，必察焉。"大家都讨厌的，我要详察；大家都夸奖的，我也要详察。这种详察是透过表面现象的仔细考察。察一方面要仔细看，另一方面察字以"示"为底，示通神灵，表示需要用心灵感悟和体察。"观""察"合用，一从宏观入眼，一从微观入心。

学校要求教师进行观课前的准备，根据"四有"的标准，教师观

①默梵主编：《教师的课堂管理艺术》，万卷出版公司，2014年版，第116页。

课前要确定相对集中的问题和主题。在课堂上的时间和精力终究有限，所以，期待用一节课和有限的观察能力解决课堂教学中的所有问题并不现实。

观课前，观课教师要预先听取学生和其他教师的意见，收集和整理大家在课堂教学中存在的困惑和遇到的问题，然后有选择地确定观课议课的重点，明确执教者的研究方向，方令整个观课议课活动目标明确，要求清晰。教师也要尽己所能，对上课内容、师生状况作一定的了解和把握，那么对于课堂中将要采取的教法、学法及将要开展的教学过程就能提前有一个大体的设想。观课之时就有了较为明确的参照物，就能有针对性地思考、比较与学习，也就能对课堂教学有更深刻的感受和体会。充分的准备才能在课上及时捕捉授课教师的优势、特点，及时记载授课教师教学过程中的不足、失误或值得商榷的地方。

观课中还建议教师应选择能直接了解学生学习活动、精神状态，但又不引人注意的位置悄悄坐下。曾经有一位校长前往听一位教师的课堂，当教师提问后，校长激动地举起了手："我来回答这个问题！"这说明教师高超的授课艺术深深吸引了在座所有聆听者的注意，并能让他们沉浸其间，这也说明这位校长全情投入，在感悟课堂的真实生命。因此，观课教师也要让自己作为学习共同体的一员参与学生的学习活动。

有两种观课方法，第一为重点观察，这是在如上述所言做了充足的课前准备后。第二为随机观察，在课前没有机会与上课者进行沟通时，则把观课和记录的重点放在学生的活动上。一观学生的学习习惯，我们重点关注：学习用具是否摆放整齐；坐姿是否端正、写字姿势是否正确、书写是否规范。二观学生的学习状态，要求教师关注：

课堂气氛是否活跃，秩序是否良好；学生是否积极主动参与课堂教学活动，对教师的讲解、引导、演示是否能作出积极的回应；学生是否能运用已掌握的学习方法自主参与学习，并享受学习的快乐。三观学生的学习行为，包括：学生的理解能力、实际动手操作的能力、创造性思维能力是否得到了培养与锻炼；围绕新内容，学生能否借助已有知识举一反三。

3. 议课方法

任何研究都自问题的发现开始，没有问题就不会有研究的冲动，没有研究的冲动就不会去努力改进实践行为，也就不会有问题的真正解决。如果说观课是从教育教学的疑难中寻找问题，从具体的教育教学场景中捕捉问题，从阅读交流中发现问题，从学校或学科发展中确定问题，"议课"是围绕观课所收集的课堂信息讨论问题、发表意见。"议"的过程是展开对话、促进反思的过程。"议"强调所有的参与者都是平等的，都有自我表达的权利和倾听、理解对方的义务。"议"课不需要面面俱到，浅尝辄止，它需要集中话题，关注焦点。

观课的目的不同，议课时偏重的角度也会不太一样。在此我试着列举六个角度，为"四有"课堂的议课提供一些基本方法。

从教学目标的角度，关于教学目标本身，教师可以讨论：目标的表述是否做到明确与具体？目标是否具有可操作性？目标的陈述是否体现以学生的学为主？关于目标的实施过程，教师可以讨论：判断目标达成与否的标准为何？当课堂上学生学习的实际状态和目标设计不一致时，教师如何调控目标以协调教与学的关系？

从教学结构的角度，议课时可讨论：教学安排了哪些环节？各环节的时间占比情况如何？是否有耗时过长或不足的情况？教师讲解和学生练习这两个要素的时间分配是否得当？环节间的过渡是否流畅？

　　从教学内容的角度，可讨论：教师是否从学生的知识结构等出发对教材进行了必要的加工？是否充分考虑到了学生已有的生活经验或整合了学生已有的框架，将学科内容引入更广阔的空间？教学内容是否适量，是否安排5分钟－10分钟给学生自主反馈？

　　从教学方法的角度，可讨论：方法的选择是否得当，是否有学生积极活动和参与的成分？教学方法有无独到之处，是否注意了非智力因素的培养？

　　从教学组织形式角度，可讨论：全班学习、小组讨论、独立学习这三种不同的组织形式在课堂上各占多少时间？教师有没有建立小组讨论的规范？讨论后有无概括和总结？内容是否有小组讨论的必要？

　　从师生关系角度，可讨论：学生有无主动发言、提问的机会？有没有表达自己情感和观点的机会？教师经常与哪些学生交流，其交往方式是怎样的？

　　从如上议课讨论问题，其实也指明了"四有"课堂落实过程中需要具备的要素。议课的目的并不仅仅在探明已经知道的东西，而是在于发现未知，教师们需要心平气和、敞开心扉、共同分享，少一些简单判断，多一些相互咨询。同时，要想议课达到深入的效果、创生出新鲜的内容，必须抛弃成见，议课的过程是在探询中理解对方，从不同角度理解多种可能。

　　学校总体要求教师观课议课每学期不少于20节，主管教学的干部教师每学期不少于60节，非主管的干部教师每学期不少于40节。这样的观议课形式，使过去基于感受和经验的听课评价走向基于证据和数据的实证分析，使得教学研讨更专业地指导课堂教学，从而逐步实现高效"四有"课堂。

　　三、开展教学研究

我校坚持按照"四有"课堂教学标准，开展形式多样的教研、科研活动，使"四有"课堂标准真正地内化成教师的教学思想，并成为指导教师课程教学的有力武器。

教学研究，是改进课堂教学的有力武器，也是教师专业发展的有力抓手。在"新课堂"项目建设中，教师应当秉持探索超越的实验精神，围绕"四有"课堂教学模式的构建，积极创新教学研讨的形式和内容，使得教学研究真正服务于课堂教学改革。

1. 有效备课

基于学校"四有"课堂标准，全体学科教师在教研组团队力量的带领下，尝试进行有效备课的改革。

首先，集体备课。教师可以以年段为单位邀请骨干教师、志愿者4～5人成立教学互助团队。每次试教前，本次授课教师要向指导团队提供一份教案，以方便他们对照课堂进行分析，教案也可以根据修改的先后顺序编号，以便从中看出每一次的修改与进步。

其次，在备课书写方面学校针对不同教龄的教师制定了具体要求：三年及三年以下本学科教龄的教师，要求在集体备课的基础上坚持原创手写备课；三年以上本学科教龄的教师，可以在集体备课的基础上共享电子备课，但二次备课量应达到30%以上；十年及以上本学科教龄的教师，在集体备课的基础上可以自主选择共享电子备课（二次备课量应达到30%以上）或者在书本上备课（将书本页粘贴在教案本上）。

最后，关于备课本的内容，需要包括核心价值观的总体要求、《学生健康体质档案》、《执教班级学生名册》、《学校教学工作计划》、《教研组的教研工作计划、语数学科课前三分钟演讲安排、本学科的教学工作计划》。《教学工作计划》包含：教学目标及教学内容的整体把握（可与课标形成一一对照）、年段及班级学生学情分析、教学目标的单元分解、教学措施、教学进度安排（内容具体到周次、课时）；单元的教学目标、教学重难点及教学课时安排；分科教学目标、教学重难点及课时安排；分课时的教学目标及教学过程设计（体现过程，体现"四有"课堂要素，体现板书设计及有效作业设计）；教学反思（一课一得的片段式反思、专题性主题性的月度教学反思、论文或随笔上交到课程管理中心并在微校管理平台中分享）。

2. 教育写作

我们不得不承认，教育就是一项遗憾的工程，没有一位教师上完课后能感慨："哦，真是一次完美的课堂！"心理学家波斯纳提出了教师成长的公式：成长=经验+反思。如果教师不善于从反思中改进，就永远只能停留在新手教师的水准上，更不必谈"四有"课堂的落实。有思才有悟，有悟才有得。堂课上发生的小插曲都值得教师记录和反思，反思这堂课中导入环节是否简捷有效，富有吸引力；反思活动环节是否有序有趣；反思孩子能否理解知识和内容；反思课堂中孩子的情绪是否愉悦积极……教学反思已成为不必言说的概念，在"四有"课堂的落实过程中，我认为教师要将反思形成书面性的案例、随笔、教学设计、论文等，这都是教师开展教育研究的副产品，是最能体现"四有"课堂目标达成与否、令研究深入持久的显性产品。

"我能做能说就是不想写。"这样的托词只会让教师的专业发展走到一定阶段就再也无法提高。实践者不应该以任何理由拒绝理性的思考，拒绝理论。书写比口头言说要受到更多的约束，但这些约束也会引导你深入思考问题。记录和书写的困难会化为教师进行思考、阅读、交流的动力，规则本身提供的就是一种引导，不要急着去反感它，抱怨它流于形式，记得用心去做，必有所得。

如填写项目申请书，顺着所谓的规范所引导的路径，教师不仅是在填写表格，完成一项工作，也是在学着如何思考。记录自己的教育故事，在书写中必然会选择详写什么略写什么，就在此过程中，体现着每一位教师不同于他人的眼光，映照着他们独有的教育理解，优秀的叙事作品背后一定有独到的但符合教育基本规律的用心。论文是最严肃的写作，必须基于教师真实的问题、真实的实践，然后悉心梳理提炼，在阐明自己观点的同时，也是在自我反省和自我说服，可以明得失、理思路、出经验。通过教育写作，以写促思，以写促读，以写促行。

教研促教学，教学质量的提升是学校高质量发展的根本要求。有的老师不愿做研修："我只是一名普通老师，我不懂什么高深的理论，我不是什么专家。"这样的观点有待商榷。学校教学工作每天都在进行着，围绕着教与学的研讨也在时时发生，学校管理者要做教研工作的构建者、助推者、引领者，让教学的智慧真实发生在教与学的全过程中，让教学研讨的成效真正惠及学生学习和教师发展。做研究型的教师应该是每一个有专业成长诉求教师的理想，教师做研究并不玄妙，就是教师基于自己的教育实践不断提出问题并努力解决问题的过程。提出问题是出发点，教师做研究的根本目标是为改进自己日常的教育教学实践。

四、"四有五步"教学法，落实"四有"课堂教学更有抓手

在"四有"课堂的实践基础上，我们另外实践了"四有五步"教学法，增加的"五步"为：课程导学——自主学习——合作学习——指点迷津——课堂检测。进一步优化课堂教学结构，真正变"教"的课堂为"学"的课堂，从而提升课堂教学效能，促进教学质量的提升。

课程导学，在学生进行预习的基础上，教师通过课前激趣、明确学习目标、提出学习任务等方式导入本节课的课程学习。本教学环节用时较短，大约5分钟以内，主要目的在于引导学生激起学习兴趣、明确学习目标、知晓学习任务，为接下来的学习做好准备。

自主学习，学生在导学单的引导下开展独立自主的学习。本教学环节是一节课的教学重点，大约8分钟。自主学习是合作学习的基础和前提，在这个环节中，老师充分放手，学生以自己的方式进行学习。

合作学习，小组成员在自主学习的基础上围绕导学单的内容，采取对学、群学，在组内交流自学成果，梳理章节内容和知识链，合作探究自学疑难点，此时老师将引导学生展开小组讨论，在讨论中教师提出点拨、引导性问题。在这个环节的学案设计中，教师要基于学生正确的思维，并结合不同学生知识水平和智力发展的实际，设疑科学、严密、有趣、有层次性的学案。同时，学生在小组内充分交流，合作解决在自主学习中无法解决的问题。当然，教师也要能在合作学习的过程中善于发现学生学习的疑难问题，为此后的"指点迷津"做好预设和生成上的教学准备。本教学环节也是一节课的重点，一般为8分钟左右。

指点迷津，结合学生在自主学习及合作学习中的难点和问题，教师开展面向全体的集中教学。此教学环节，体现教师的学科指导，是预设与生成性教学的结合，是教师教学技巧和教学水平的集中体现。此教学环节是一堂课的难点，是学生在自主学习和合作学习之后的能力和思维的提升。此环节一般10分钟－15分钟左右。

课堂检测，一节课学得好不好，不能停留在学生的听讲上，而要落实在课堂检测中。因此，当堂课中，教师通过设计有针对性地检测题目来检测学生的学习效果，帮助学生巩固学习内容是非常有必要的。在学校的"四有"课堂中，当堂课检测已经成为一种常态，实践证明，这对优化课堂教学起到了较好的促进作用。此环节一般5分钟左右。

当然，"四有五步"教学，并不是决然的固定的五个步骤，而是随着教学内容、教学情况可以作出灵活的步骤、时间安排，甚至是相互融合。"四有五步"教学的核心是以学生的学习为中心，关注学生的学习习惯，注重学生知识的获得和能力的培养。我目前提出的"四有五步"教学法也只是当下的一个较为有效的尝试，未来势必继续在不断摸索、改进后形成更优的课堂教学结构整体促进课堂从"教"的课堂向"学"的课堂的转变，以达到学生"学会学习"的教育目的。

"四有"课堂的落实得益于学校所有教师的努力，如何利用好每一个40分钟，让教师的全部功绩归于引导，是致力于生成"四有"的初心。

第三节 "四有"课堂与"双减"政策

一、为什么要构建"四有"课堂

曾经部分课堂，普遍存在老师"教"得过多，学生自主"学"得过少，零碎讲得过多，聚焦核心素养的整合学习过少。

"新课程改革"改革始于20世纪末。随着党中央、国务院"深化教育改革，全面推进素质教育"要求的提出，基础教育课程改革也如火如荼开展起来。课堂是课程的实施载体，无论课程体系如何变化，最终都要落实在教与学的关系、教师与学生的关系之中。这些关系的落地都将在课堂中得以集中地体现。进入新时代，基础教育的作用越来越凸显。2019年6月，中共中央、国务院《关于深化教育教学改革全面提高义务教育质量的意见》明确指出：要强化课堂主阵地作用，切实提高课堂教学质量。肩负着国家"立德树人"根本任务重任的小学教育更应该深入课堂、研究课堂，让课堂成为学生学习的主阵地。我校构建的"四有"课堂调节的正是教与学的关系、教师与学生的关系，它顺应了课程改革的需要，印证了课堂变革的价值追求。

曾经的课堂，由于一个班级的学生学习的内容参差不齐，那么教师如何设计教案才能照顾到所有学生，怎么安排作业才能贴近每个学生的进度？这极大地干扰了教师的授课计划，影响了老师对学生的判断。而为了体现教学成果，也为了适应多数学生补课后的知识水平，教师把更高年级的课本提前讲授，或是在课堂上用更多的时间进行拓展。"当基础教育不是打基础的时候，就不可能为一切人所共有。①

2021年7月，《关于进一步减轻义务教育阶段学生作业负担和校外培训负担的意见》公布，其目的之一是为了让学生的教育回归于校园并促进教育公平。学生主要的学习时间在课堂，在课堂上经历的学习过程，那么课堂就需要有自我独立的思考，有合作学习的交锋，也有老师指导后的拨云见日。其次，作业减少，学生的知识水平不能降低，学习能力更不能忽视。学生在课堂上学习到的，不应该仅是需要被记住的知识，更应该是学习力提升的过程。"减负"如果不对课堂进行变革，不提高课堂教学的质量，其结果只能是越减越差。如果我们的课堂教学不能满足学生应试的要求，在此基础上再减负是否还不如原来的效果？要持续推进"双减"政策，最根本的在于提高学习质量，而提高学习质量的主要渠道，还是在课堂。这无疑需要教师精心安排设计，怎么充分利用课堂的时间把知识在学生脑中打下烙印，怎么在课堂的浸润中把学生塑造为我们期盼的会学习的孩子。因此，在"双减"政策背景之下，学校再不能固守原本的框架，要积极探索组建课堂的新形式。"四有"课堂模式有利于优化课堂教学结构，改善课堂中的师生关系、教学关系，在一定程度上也能增加课堂教学效益，为"双减"政策提质增效贡献力量。

二、"四有"课堂与减少作业负担

教师没有在课堂教学的关键处发力，会造成课堂教学拖拉，挤占了学生的课上练习时间。如果教师没有起到良好指导作用，学生对知

---

① 沙培宁、柴纯青主编：《学校管理者的五堂必修课》，教育科学出版社，2013年版，第157页。

识理解与掌握不够，也是作业多的原因之一设计"四有"课堂便是为了提高教学质量，当学生在课堂上掌握了应具备的知识，还需要加倍的作业来巩固吗？这便是"四有"课堂与"双减"的直接联系。

"四有"课堂正是高效率的课堂，是我以学生学习为主进行的课堂变革探索。探骊方得珠，实践以为先，没有脚踏实地建立起来的东西，就无法形成精神和物质上的支撑。当学生在课堂上通过自主、合作探究，主动地发掘未知，变为知识，那么他们所收获的，也就深深扎根了。育"人"还需"人"亲自来完成，"四有"课堂是我构想的从"喂养式教育"到"觅食式教育"的变轨。

但"四有"课堂也不是多学少教，在于应教尽教。"四有"课堂的教师指导是帮助学生的自由探索活动变得系统化，不像在儿童游戏中那样杂乱和漫无边际。"四有"课堂是令教师深入研读教参，精准把握每一课的教学目标，理解在教学目标中同一个训练点的不同层次，以及需要达到的要求，以此为依据展开设计。在课堂提问中，始终坚持"四个度"——精准度、效度、完成度、提升度。并且，在学生回答问题时，对于学生的回答要追问到底，不能浅尝辄止。教师要及时总结，强化学生的认识。培养学生勤于思考，敢于质疑的精神。而对课堂中生成的问题，不必避讳，教师顺势引导学生解决。"四有"课堂要求教师有较强的语言功底，在与学生平等对话中感染学生，启发学生思考，善于引导学生联系自己的生活实际去体会，并表达自己的感受。

在"双减"政策背景下，"四有"课堂立足守好课堂主阵地，改变课堂学习方式，提高课堂教学的针对性，变当堂教授为全程指导，变课堂掌控为帮助自学，变关注成果为关注过程，让学生在课堂上学得多、学得深、学得扎实，这样才能有利于学生减轻过重的学习负担。教师达成了教学目标自然不会过多地要求学生重复机械训练，学生掌握了基本知识自然有时间进行更高层次的拓展延伸，作业才能真正蜕变为少而精。

三、"双减"政策下"四有"课堂需要注意的地方

1.专注于"有学科味道"，教师要愈发竭尽所能钻研教材，真正把教材用活，挖掘其中每一个可以培养孩子的内容。教师要有整体观，在把握全程教学目标的基础上，再去钻研。此时眼光会发生一些变化，这种情况可称之为"有的放矢"。

而钻研教材的整个过程，要从"熟"到"透"。关于"熟"，教师可以给自己做一个自我检测。合上书，我知道这一部分教学的主要内容，知道这些内容可以分成若干个部分，还知道每部分间的联系；我知道这部分教学内容和前后单元间的关系；我知道编者设计这部分内容的意图，知道编者是按照何种思路、怎样设计此部分的……教师需要时时检验自己是否将教材内容烂熟于心。关于"透"，即要通透，一眼看到事物的本质，把握教材的重心，并能结合自己的经历、经验讲透。研读教材时，教师的角色是"读者"，再客观且冷静的阅读，但我们也要时刻牢记，同时自己还是"教者"。作为有着深厚学科背景、独特人生体悟的我们自身，在研读过程中一定会与教材产生共鸣，也可能有争辩。总之，教师一定会生成属于自己的独特想法，恰是这一点尤为可贵，从这一点会体现教师钻研教材的深度与广度，体现教师间的差别。因此，教师要调动自己的所有积累，寻找教材的

凹凸之处，读出教材的多元，并结合年段要求确立教学的训练点。

2.因文而异，也要因人而异，教师要关注学生的状态，即了解学情。在教学工作中，学习者是第一因素，没有学习者就没有学习。杜威对这一问题有一个精彩的说法，他认为在教学过程中如果没有学生，就像没有买主就没有销售一样，谈不上什么教学。销售如果不了解买主，商品唯有滞销。当学生的课外日程表不再被满满当当的补课填满，大多数孩子的接受、认知情况都是类似的，这是"双减"政策带来的益处，但教师也应该更加深入地贴近孩子们的思想。在此我提供一条基本思路：对学生的前在状态、潜在状态、发展可能进行解读和分析。

前在状态是学生在学习新知识前已有的个人经验，学生整体学习新知识的需求和学生群体间的个体差异。教师需要在了解的基础上分析学生在旧知识学习中所掌握的方法、结构能为新知识的学习提供怎样的支撑。潜在状态是谢尔省在新知识学习中可能达到的台阶，比如教师可以分析学生在解决问题的过程中可能会出现的方案的丰富性程度，预想其间反映的学生思维间存在的层级性差异。教师还应预想学生可能出现的错误，错误出现频率和错误类型等，要分析错误中折射出的学生学习可能存在的障碍并先一步对解决方法提出预案。发展可能涉及学生的"最近发展区"，要求教师在对前在、潜在两个状态分析的基础上，对学生可能抵达的高度进行预估，以及要设想如何促进学生到达此发展水平，教学应采取怎样的有针对性的策略和具体的应对方法。

3.警惕过犹不及。现在也存在一种现象，课堂中，教师过于强调

"经验"的作用，在课堂最初开始的过程中，连续几个简单的问题都让学生在那边摆弄许久，美其名曰"自主学习"。从第一个问题直至课堂结束，学生始终停留在简单而琐碎的实践中。"在一些与深层理解和高阶思维相关、需要深度学习的教学环节，教师留给学生进行主动思考、深入探究和研讨交流的时间也普遍不够充分。"[1]不要低估学生，尝试多把挑战留给学生，还记得我在上文提到吴正宪老师的经历，简单的问题不必要有机械化地重复，在难题上自主学习才是对学生能力的最佳培养。

"双减"政策之下，小学课堂还有更多的组织形态，学校的课堂教学研究不应止步，让我们共建、共享、共进，助力孩子更好地成长。

---

①李晓蕾：《"双减"背景下如何实现课堂教学的减负提质——关于促进学生思维的讨论》，广西师范大学学报（哲学社会科学版）2022第2期。

【附录】

1.构建 "四有"课堂，落实有效教学
——关于小学语文课堂教学几点思考

德国教育家第斯多惠曾说过："教学的艺术不在于传授的本领，而在于激励、唤醒和鼓励。"在新课程改革的理念指导下，教师在课堂教学上要树立 "生本"意识，做到把"玩"的权利还给学生，把"做"的任务留给学生，把"说"的机会还给学生，把"创"的使命交给学生，体现学生的主体地位，调动学生学习的积极性，使学生想学、乐学、会学。凡是能让学生自己学会的教师不教；凡是能让学生自己去做的，教师不代替；凡是能让学生自己讲的，教师不暗示。教师在课堂上是学生学习引导者、帮助者、合作者、促进者。

我们应该构建起学生自主、合作、探究的语文课堂教学新模式，实现由传统单向传授式向问题导向式的转变。努力让每堂课成为有学生学习，有教师指导，有学科味道，有合作文化的"四有"课堂。语文课堂真正成为学生自主学习的主阵地，使每堂课都成为有效教学。

什么是"四有"课堂?

一、有"学生学习"，主要关注学生怎么学或学得怎样的问题。学生是课堂学习活动的主体，他们是课堂学习的积极参与者、主动建构者，学生是否有效学习是高效课堂成败的关键。

二、有"教师指导"，主要关注的是教师怎么教的问题。教师是课堂教学的组织者、引导者、促进者，学生学习是在教师的指导下自然发生。教师灵活运用各种教学资源、教学方式提高课堂教学的有效性。

三、有"学科味道"，主要体现的是语文学科性质。关注的是教

和学的内容是什么的问题，它是师生在课堂中共同面对的教与学的客体。语文不但具备工具性同时他还具备人文性。语文课程的"语文味儿"，是学生言语实践活动的本味，是学生口头语言和书面语言能力的发展。

四、有"合作文化"，是学生学习、教师指导、学科味道这三者相互作用的一个联系体，呈现的是课堂整体的学生学习状态、教师指导状态，也是学校高效课堂所要追求的理想化状态。

如何使"四有"课堂深入到语文教与学的全过程？

一、优化集体备课。加强集体备课的管理，把备课落到实处。集体备课，重在首备。教师个人首备，要自己认真研读教材，有选择地参考相关资料，独立设计教案，杜绝照抄别人教案的现象发生。备课要由重备"教"转变到重备"学"，备学生、备学情、备学法。教研组备课，要备教学预习案以及预习效果检查方法，备好每堂课检测作业。教师课后要针对课堂教学进行反思，写出有价值的教学手记。强化对集体备课过程的监控，能在把握"四有"课堂标准的基础上，加强备课目标、活动、学法、训练的有效指导，坚决避免集体备课流于形式。

二、优化课堂教学。教师上课，要有强烈的目标意识、质量意识、效益意识。教师进课堂要精神饱满，将微笑带进课堂。教学要做到"三要"：目标要明确，容量要充足，重点要突出。确保课堂教学实现"四有"：有学生学习、有教师指导、有学科味道、有合作文化，通过追求"四有"课堂，落实"四有"课堂，努力实现课堂学习的高效。

三、优化评课议课。以语文"四有"课堂标准为蓝本，开展旨在改进课堂教学效果的专业观课议课活动。改变过去基于经验、感受为主的横向观课议课形式为基于实证、数据为主的纵向观课议课形式，让这种较为专业的观课议课活动成为改善课堂教学效果及提高教师专业发展能力的有效手段。

四、优化作业布置与批改。作业布置数量要精、质量要高，要留给学生自由思维的空间和补习弱科的有效时间，努力做到"三布置三不布置"和"五必"：布置启发性思考性作业，不布置死记硬背机械训练作业；布置可选择性有层次性作业，不布置重复性作业；布置课外研究性作业，不布置繁难偏旧作业。"五必"，即有发必收、有收必改、有错必纠、有练必评、布置学生的作业自己必须先做。课堂作业一定要在课内完成，不得挤占学生课间活动时间，严禁拖堂，课间十分钟要让所有学生到室外进行有氧运动，不允许留在室内。实行作业批改双等级（正确率与书写率）评价制度，要求语文书面作业书写优良率达到100%。落实"周三无作业"及"重大节日无统一书面作业"制度，落实作业批改不打叉制度。

五、优化检测和辅导。课堂跟踪，当日练习、单元过关，要严格把关，把重点落在掌握学情、把握教情、发现问题、解决问题四个环节上。每次考查，必须进行试卷分析，进行失分率、失分人数以及达标率、优秀率统计，认真填写试卷分析表。对于错题，老师点拨后，要让错误相同题目的学生在一起互相讲，重新做，然后检查，确保人人过关、题题过关。发挥"爆米花"效应，举一反三，辅导要重点抓优秀生的培养和学困生的转化。在辅导目标的制定与达成度上，教师要通过灵活多变的方式方法，使不同层次学生的知识与能力水平不断提高。要以班级为基本推进单位，由班主任负责统筹安排，有效分配各学科作业量和作业时间，不允许超课时上课，严格控制作业总量。

例如：语文"四有"课堂的观察点是怎样的？

语文学科"四有"课堂观察框架表

一、有"学生学习"	
视角	标准点（观察点）举例
准备	1.课本、文具摆放有序。 2.坐姿端正，精神饱满。 3.有组织有纪律齐声喊课前口令。 4.课文做到了提前预习，书上有圈画。
倾听	1.能够主动参与倾听。 2.当老师讲课或同学分享问题时，能够在倾听的同时专注、有礼貌地看着说话人。 3.倾听完后能够就观点或意见进行补充评价。 4.能够有意识地记录听到的关键内容。 姿端正，精神饱满。
回应	1.积极回应，规范举手。 2.不急于打断他人，在恰当的时机礼貌地进行问答。 3.能够对老师和同学都作出及时回应。
达成	1.积极参与课堂活动，课堂学习氛围浓厚。 2.参与度高。 3.关键知识点能高效吸收。 4.学习习惯良好。

二、有"教师指导"	
视角	标准点（观察点）举例
环节	1.教学目标清晰，重难点突出。 2.教学环节层次清晰，环环相扣，每一环节有小结。 3.形成教学相长的良性教学模式。
呈现	1.提问指令明确，提问内容开放而丰富。 2.学习困难点，能及时因材施教讲解。 3.重视朗读和书写的指导，并且指导有效。 4.师生分工明确、合作默契、效果明显。
对话	1.能够与学生平等对话。 2.评价有针对性，简洁有力。 3.评价语言丰富，具有激励性。 4.课堂话语权能够合理分配，不"满堂灌"或"一言堂"。
指导	1.指导及时、得当、有效。 2.层次分明，有整体共性指导，有个别针对性指导。
机智	1.能够正确处理外部突发事件。 2.能够正确处理自身教学失误。 3.能够恰当处理学生表现的课堂异动。

	三、有"学科味道"
视角	**标准点（观察点）举例**
魅力	课堂能够到感受中国语言和汉字文化的博大精深、源远流长，能够感受到诗句语言的优美、汉字书写的遒劲有力。
素养	1.老师能够灵活处理学科教材，有的放矢，依据课文类型，体现语言美。例如，古诗词讲解，富有古风古韵，体现丰厚的文化底蕴。现代童话，富有童真童趣。科普文，条理清晰，言简意赅。 2.老师学科内容专业，基本功扎实。 3.学生语言表达机制符合学科特点，有语文味道。 4.课堂氛围满足语文的视角。

	四、有"合作文化"
视角	**标准点（观察点）举例**
自学	1.在老师的指导下，学习并初步运用适合的方法、策略认真地进行自学。 2.学生自学过程中思想专注，不受外界影响。

呈疑	1.学生积极思考，大胆质疑。 2.老师及时归纳、提炼疑问。
合作	1.两人或四人小组为单位学习，组员分工明确。 2.能够有序、高效完成学习任务。
分享	表达清晰、语言流畅、体态得当。
反思	在老师的引导下，从"学到了什么"和"怎样学"两个维度进行反思。

2. "四有"课堂上应有什么

德国教育家第斯多惠曾说过，教学的艺术不在于传授本领，而在于激励、唤醒和鼓舞。在新课程改革的理念指导下，课堂教学要体现学生的主体地位，构建学生自主、合作、探究的课堂教学模式。教师要树立"生本"理念，努力让每堂课成为"有学生学习，有教师指导，有学科味道，有合作文化"的"四有"课堂。

"有学生学习"。学生是课堂学习活动的主体，是课堂学习的积极参与者、主动建构者，学生是否有效学习是高效课堂成败的关键。在课堂上，教师要关注学生怎么学或学得怎么样。

上课前，教师应要求学生把课本和文具有序摆放、有组织有纪律地齐声喊课前口令；上课时，学生要坐姿端正，精神饱满；在课堂上，学生要能积极回应，能有礼貌地进行问答。教师要着力培养学生良好的学习习惯，最终使学生能更专注、更积极地参与课堂活动。

"有教师指导"。教师是课堂教学的组织者、引导者，学生学习是在教师的指导下发生的。教师灵活运用各种教学资源，选择多样化教学方式，可以提高课堂教学的有效性。

教师上课要有强烈的目标意识、质量意识。教师走进教室时要精神饱满，将微笑带进课堂。教学做到"三要"：目标要明确，容量要充足，重点要突出。教师的教学目标应清晰，重难点要突出；教学环节层次清晰，环环相扣，每一环节有小结；教学方式灵活，比如提问的内容开放而丰富；及时发现学习困难点，有针对性地讲解；重视朗读和书写指导。另外，面对课堂上的一些突发状况，教师要能够正确处理。

需要注意的是，课堂教学切忌"满堂灌"或"一言堂"，教师要与学生平等对话，给学生的评价要有针对性，具有激励性。

"有学科味道"。这主要指体现学科性质。如，语文学科不仅具有工具性还具有人文性。"语文味儿"是学生语言实践活动的本味，可以促进学生口头语言和书面语言能力的发展。

在课堂上，学生能够感受到中国语言文字的博大精深、源远流长，能够感受到诗句的优美、汉字书写的遒劲有力。教师应练好教学基本功，灵活处理学科教材，依据课文类型体现语言美。例如，讲解古诗词时，要体现丰厚的文化底蕴；科普文则需要条理清晰、言简意赅。

"有合作文化"。合作文化是学生学习、教师指导、学科味道三者相互作用形成的，也是高效课堂要追求的理想状态。

教师应培养学生的自学能力，学生在自学时要认真专注、积极思考、大胆质疑。学生组建的学习小组，组员分工明确，能够有序、高效完成学习任务。在回答问题时，学生要表达清晰、语言流畅。在教师的引导下，学生从"学到了什么"和"怎样学"两个维度进行课后反思。

对于学生学习成果的巩固，教师要严格把关当日练习、单元测试，落实好课后跟踪，把重点落在掌握学情、把握教情、发现问题、解决问题四个环节上。每次考试结束后，教师必须进行试卷分析，统计失分率、失分人数以及达标率、优秀率，认真填写试卷分析表。对于错题，教师点拨后，要让做错相同题目的学生在一起讨论，然后重新做，确保人人过关、题题过关。在辅导目标的制订与达成度上，教师要通过灵活多变的方式，使不同层次学生的知识与能力水平不断提高。

（原载《湖北教育（政务宣传）》2021年第4期）

第五章

小学语文教育思考

小学不"小"

XIAO XUE BU XIAO

丁苗●著

—— 我的教育探索之路

第一节 小学语文教育的多样性

我们不得不承认，相较于语文，其他科目普遍得到更多重视，尤其我们总将语文视为美的消遣，或是一种有益身心的健身操，无关痛痒的精神奢侈品，"语文不学就会""语文哪有学不好的"，反观孩子的语文素养，似乎又不是这么回事。如何让语文"杀出重围"，达到全面育人的目的，有赖于教师们的别出心裁。小学语文教育从来不应该是固定的模式，正所谓教无定法，从实践教学来看，一线语文教师们从来没有停止过对语文教育的探索，他们都扎根自己的教学经验，又吸收先进教学理念，为小学语文教育做出了巨大的贡献。在此列举其中的部分教学方法，我认为以下这些是很适合当今小学语文教育现状的。

一、借鉴"素读"

谈到语文，许多人脑海中自然便会与古文相联系，几千年的延绵，语文，回响在代代相传的声韵中，沉淀在流传不绝的文章内。我们总说现在很多学生的语文素养大不如从前，不是要求他们用多么精妙的词语，掌握多么老练的行文技巧，至少，不应该出现大量的错别字，至少在作文中、口头表达时能把一件事交代清楚。5年或6年时光，语文课都将精力花在那几篇课文中，孩子仅仅吟诵着"床前明月光""春眠不觉晓"走出小学校园，他们读得太少，背诵得太少，积累得太少。再过几年，看到美景道不出称赞的言语，心有所触写不出有深感的文字，纯文学就此从他们的生活中绝迹了。吕叔湘先生在四十多年前就发出过疑问："中小学生用了2700多课时，用来学本国语文，却是大多数不过关，岂非咄咄怪事！"

旧时学子出口成诵，下笔成文，当然他们大多数专攻"语文"这一科。时代变动极大，但他们的读书法门未必过时，他们是如何学语文的？不是随意地看看，理解了文章大意就浅尝辄止，过了几个月全然抛掷脑后，他们的方法就是在今天被鄙夷、被抨击得一无是处的四个字——"死记硬背"。通过最"笨"不过的苦功夫，在肚子里装下千般文墨，把知识死记硬背成自己的东西，使用起来无须回想，信手拈来。

可后来，伴随着对"四书五经"的批判，此类记诵教育就此式微。今天我们对孩子的背诵要求真的足够吗？遍览教材，几乎只有占教材小部分的古诗，相较而言更稀少的古文提出了明确的背诵要求。这些偶然性的背诵何以形成深厚的积累，背诵作业不过是无关痛痒的一环。梁实秋先生在《岂有文章惊海内》中言："我在学校上国文课，老师要我们读古文，大部分选自《古文观止》《古文释义》，讲解之后要我们背诵默写。这教学法好像很笨，但无形中使我们认识了中文文法的要义，体会遣词练句的奥妙。"回顾母语教学之路，我们远离经典的脚步是否该有所修正呢？

日本右脑开发专家七田真将这种教学方法称为"素读"，其解释为："不追求理解所读内容的含义，只是纯粹地'读'。"① 幼儿时期的素读能够训练出一个和普通人完全不同的大脑，有益于增加大脑的

① ［日］七田真：《超右脑照相记忆法》，李菁菁译，南海出版公司，2004年版，第96页。

吸收力和创造力。

陈琴老师在她的课堂中进行"素读经典"实践。其课堂基本架构为：放声读、读而悟、明大意、我乐背、背格言、故事链接。陈琴老师所带的班级到了高学段，每个孩子每天的阅读量在万字以上，四年级的学生背诵了300多首古诗词，400多条成语以及大量的名言警句，通读了古今中外近30本名著。[①]

孙双金老师提出在小学阶段增加语文教育的"三块大石块"：国学经典、诗歌经典、儿童文学经典。[②]儿童文学通俗易懂，活泼有趣，是用来调动学生阅读兴趣、丰富他们童年心灵的。而国学经典、诗歌经典就是要让学生"素读"，暂时不求甚解，熟读成诵，但却是为一辈子奠基的语文。

"素读"有必要，但正如陈琴老师将"素读"融入课堂，予以创新，今天的教师应该是借鉴该种方法，并不是说一板一眼照着百年前的路子来。第一，与旧时代的私塾要求的"死记硬背"不同，现代的语文课堂以有趣的游戏活动作为激励学生记诵的举措，避免了学生在枯燥机械的重复中耗尽兴趣。第二，"素读"的内容也并不局限在古文经典，新诗、当代诗歌、外国优秀诗作，都可以让学生熟读背诵。第三，与"素读"相适应，调整作业。从听、抄、练的模式中解脱出来，作业可以就是读书、做摘抄。第四，并不是完全推崇"素读"就放弃如今一切教学模式，"素读"是一种教学选择，其用意不在取代，在于辅助，辅助培养学生具备更优的语文素养。

---

①陈琴：《"素读"经典》，《人民教育》2007第21期，第35—39页。
②孙双金：《13岁以前的语文——重构小学语文教学体系》，《人民教育》2009第21期，第46—49页。

"观书，必须熟读，使其皆出于吾之口，继以精思，其意皆出于吾之心，然后可以有得耳。"朱熹之言诚如是。

二、"课内海量阅读"

考试前，教师反复揣摩课本，学生整日把书本翻来覆去地啃，如果学生对读书的印象就停驻在课本，无怪会对阅读深恶痛绝。语文课能否从教材突围，课时有限，如何令课堂更丰满，韩兴娥老师倡导"课内海量阅读"，在她的班级上人人爱读书，若用成绩衡量则更是出类拔萃。"课内海量阅读"，即大量课本之外的书进入课堂，在课堂40分钟之内全班共读同一本书，读完一本换一本，课本以外的阅读占了课堂教学的主要时间，课内海量阅读让整个班的孩子踏上了"阅读快车道"。

总结课内海量阅读的目标要求，韩老师把小学分为四个阶段：

一年级：注音识字，提前读写。学生能在大量诵读中基本识得两千个常用汉字，学得扎实的能认识独立的常用字，学得模糊的也能很快地借助拼音认字。无论学得扎实还是模糊，最弱的学生也会喜欢自己阅读短小的注音故事。当孩子的阅读不成问题，此后的发展便都顺理成章了。

二年级：除去个别生字外，学生能流畅地朗读白话文。同时掌握一定数量的成语。

三四年级：朗读、背诵诗词300首-500首，能将诗词、作者、背景联系起来。喜欢诵读文言文，如《大学》《中庸》要粗知大意。养成边诵读边积累的习惯，文言、白话二者兼备。

五六年级：正确背诵《论语》《老子》等经典。初读文言文能流畅朗读，并达到借助注释能自由阐释文言文的水平。

为达到上述目标，韩兴娥老师两周教完一本教科书，挤出时间在课堂上进行阅读。上课时先听录音，然后由学生自己读课文，教师在走动时随机提问，最后提出一两个问题，一篇课文便结束了。韩老师的问题有两个特点：一是简单，绝大部分学生能答出来，后进生想一想也能答出；二是总领全文，提纲挈领。[①]

"课内海量阅读"强调认字要趁早，阅读能力的获取与成长，与人脑的发育息息相关，如果按照教材安排，遇到生词再讲，一步一步，细嚼慢咽，这意味着孩子的自由阅读期限被推迟了。阅读量不足，学习语文相关的任何方面都有困难。

"课内海量阅读"强调阅读的三个阶段：积累、背诵、运用。积累自不必多言，不过在操作过程中若能遵从"新自然教育理念"则再好不过，顺应小学生的天性，发挥他们的个性。那么呈现在我们眼前的除"一本正经"的佳词妙语外，也将有各类充满童心与想象的梦幻故事，色彩纷呈的插图，让学生不拘一格的积累本成为他们放飞思想的广阔蓝天。背诵则颇类似上文提到的"素读"，意在令学生的脑海中贮存丰富的字词、句式、文章结构、行文范式，在有表达需要时，就会灵感就像涌泉之水，源源不断地涌到舌下，流向笔端。

海量阅读不代表不精读，只不过碍于小学生的身心发展经验限制，对文章的深度理解要等以后学生再大量阅读后慢慢反刍。而且，语文教师的作用是什么，仅仅是教材的输出者吗？语文教师完全可以对每位学生在阅读中遇到的问题进行点拨，一句普通的问询，一次简

---

①韩兴娥：《"两周学完一本教材"的奇迹是这样创造的》，《小学教育（语文版）》，2007第12期，第15—17页。

短的交流，或许就能让学生醍醐灌顶。

三、单元课堂组织形式

单元教学是教学过程中最小的一个教学阶段，令教学既有连续性、循环性，又有阶段性。单元就是在每一个教学阶段中，应着重解决一定的问题，完成一定的任务，达到一定的目的。

"单元"由19世纪德国心理学家，科学教育学的奠基人赫尔巴特倡导，随后衍生出的单元教学主张学习内容和活动应该是完整的，反对把教材分割成一课又一课地教，认为这样不符合学生的心理，更不利于发展学生的能力发展和合作精神。[1]语文教材虽然已按照单元组建完毕，但教师完全可以根据自己学生的具体情况和擅长的授课方式对既有篇目进行重组。教材发展到今天，教师们通盘考虑，语文课有了诸多立足单元的组成形式。我以"四课型"语文课堂为例来看小学语文的单元组织。

"四课型"的语文课堂，是将教学内容重组为四大不同的单元：感知课（也有称为"自学课"）、学法课、用法课、总结课。这四种课型也循序渐进构成了学生掌握单元整体知识的全过程。

此前，教师要把握一纵一横两条线。纵线贯穿单元要素，横线实现能力迁移。先行将类似主题、相同文体，或具有其他共同点的课文整合成为一个单元。如比较阅读同类文章，便可从读懂一篇将能力扩展到读懂一类。也要注意年级不同，感知的内容一定有所区别。如小学一年级重在识字，可将生词相似的文章进行归纳，高年段则按照各篇文章的体裁、思想进行整合。

---

①高永娟：《小学语文单元设计与实施案例》，上海教育出版社，2017年版，第4页。

于是，在最初的感知课上，学生阅读的不是单篇的文章，而是直接对多篇课文进行阅读。课堂结构一般为：出示预习题、感知全单元内容、检查效果、质疑问难。其间可穿插合作、讨论等一切以学生为中心的授课方式。不是单纯的预习，其实感知课已在引导学生主动探索知识的发生发展过程和解决问题的方式，让学生自学，鼓励他们自我研索，自求解决。从而训练学生对文章的敏感度和概括能力，达到领悟之源广开，纯熟之功弥深的效果。

学法课接续感知课的课文内容，其课堂结构一般为：分解课文——回归整体——回顾学法。学法课不宜贪多，一堂课能让学生将一种方法深烙在心里就已很好。

以"比喻"为例，教师选取文中的比喻句进行示范后，让学生在单元内寻找同用比喻手法写作的句子，再引导学生体会运用比喻的妙处，尤其要联系课文的主题思想，以便再次加强文章思想内涵的感召力。学法课还可以引导学生掌握分析课文结构的方法、标题的作用、写作技巧等一切助力语文学习的方法。学法课中也可专门匀出时间来背诵，与上文所提的两种教学法类似，背诵不能弃置，唯有背过的东西才能更有效地成长为学生自己的知识。

用法课是教师由引导到放手的重要一步，课堂结构一般为：回忆巩固学法——运用学法——检查效果，予以点拨。奇泽姆认为，素养有两个要素是必不可缺的：第一，应用自己的所知完成特定的任务或问题；第二，有能力在不同的情境间进行迁移。教师在备课时要充分考虑这点。以阅读的用法课为例，教师选用的教学材料一方面要有助于学生巩固基础，另一方面要有利于促进学习的迁移，加强对学生的智力训练。因此材料最好是由易到难，充分考虑学生的发展区间。写作用法课也是同样的道理。教师发挥点拨作用，要注意点拨的是学生在实践过程中自主生成的问题，而不是教案上的预设，重点在"解惑"，不在"讲述"。

总结课要唤起学生的认知结构，接通前后知识的连接，令学生的知识系统化，或是进行升华。主要指导学生通过比较与对照、分析与综合、抽象与概括、推理与论证等各种思维方法，对所学内容进行总结。可以询问学生为什么教师会选取这几篇课文成为一个单元？为什么这个项目会成为这些课文的重点？与上一单元比较，本次的收获在哪里？建构主义认为，学生掌握知识的水平不在于"点"的多少，更重要的是知识结构的构建。总结课意在帮助学生从宏观上整理出思维方法、学习方法，在更大的范围内建立结构化知识树。总结课可行的结构为：回忆单元知识——比较分析——质疑问难，求异思维。

四种课型各有分工，结合起来则是一个动态发展的过程，每一课都可以再根据实际情况延长或缩短课时，课时之间也有了更紧密的关联，这节课承接上节课的部分内容，同时为下节课奠定基础。从向学生输入信息，到引导思维发展，再到操练纯熟，最终综合提高，使思维得以发展、迁移，体现出学习过程的连续性、层次性和相对的完整性。

许多语文教师实践了其他单元教学方式。1986年由钟德赣老师在中学倡导"五步三课型反刍式"语文教学，每个单元教学过程分为五步（总览、阅读、写说、评价、补漏），每步再分为三课型（自练、

---

①林治金：《完善教学过程，优化课堂结构——山东省训练组教学专题研究概述》，《山东教育》1998年第Z1期，第47—48页。

自改、自结），该方法也逐渐被诸多小学语文课堂引用。林冶金老师开展的"训练组教学"专题研究，其授课方式为："导读·发现——讲读课例·领悟——阅读课例·验证——读写例话·整理——基础训练·发展"。[①]浙江富阳永兴实验小学的语文单元教学分为"整体感知——部分感悟——整体回顾"三个部分。还有较之略复杂的"三维七段"单元教学，"三维"即所有教师都良好掌握的三维目标，"七段"包括：学习引导、先学自研、互动探究、点拨讲解、训练内化、诊断反思、辅导提升。

总体而言，以上皆与"四课型"的单元组织思路相近，教学流程相类。因此单元整体教学的意义更多是在提醒教师重视顺应学生语文认知规律发展，并且提高教师重构框架、设计教学的能力。

语文学科具有极大的包容性，课堂上可以鼓励孩子大胆质疑标准答案，提升思维品质，多样的文学体裁能更直接地达成全方位育人的目标，说明文可以培育学生的科学素养，议论文锻炼逻辑思维，散文增强情感体验，古往今来的文本都可以增长见闻，加深文化积累。正是语文本身的丰富带来语文教育的百花齐放，随着教育理念的进步，小学语文教育拥有了日渐丰富的形式，相信我们能从诸多改革中看到一缕缕希望的曙光。

第二节　我的小学语文教育实践

君子听钟，非其铿锵而已，还要聆听伦理的变化、道德的善恶。我也常常思考，除了知识点外，小学语文教师能够让孩子聆听到什么？我理想的境界便是让语文，让这一份独属于中国的浪漫融入学生的骨血之中，让他们从语文课堂中收获对其一生有益的内容。

一、增加课堂语文味，增长语文感知力

"四有"课堂的其中一个要求为"有学科味道"，故而在我的教学实践中，那股浓浓的语文味是无论如何也不能放弃的。

"语文味"一词，是程少堂先生在2001年率先提出的教学理念。在2013年进行微调后的语文味为：在语文教学过程中，在主张语文教学要返璞归真以臻美境的思想指导下，以激发学生学习语文的兴趣、提高学生的语文素养、丰富学生的生存智慧和提升学生的人生境界为宗旨，以共生互学（互享）的师生关系和渗透师生的生命体验为前提，主要通过情感激发、语言品位、意理阐发和幽默点染等手段，让人体验到的一种既富有教学个性与文化气息的，同时又生发思想之快乐与精神之解放的，令人陶醉的诗意美感与自由境界。[①]

我们有一个全国通用的句式，通用于每一篇作品：本文、这首诗歌、这段文字，通过什么什么，运用了怎样的语言、意象、手法等等，叙述了什么什么，赞美了什么什么，抨击了什么什么，完了。这

---

① 程少堂：《从语文味到文人语文》，《语文教学与研究》2013第10期，第6—13页。

是语文味吗？相信每位语文教师内心都有一杆秤。

诚然，在往后的考试中孩子们或许会妥协，可如果读不出东西，素养不够，纵然是运用这些所谓的"万能"公式也拿不了多少分数。久而久之，孩子们阅读也陷入了思维定式，"读过什么书？""《红楼梦》。""谈谈理解。""贾史王薛四大家族由盛到衰反应封建王朝走向没落……"干巴巴的，不带一丝个人理解的话语，像食甘蔗，将汁水弃之不顾，反而把渣当宝。

小学阶段要培养孩子对语文的感知力，"蓬生麻中，不扶而直；白沙在涅，与之俱黑。"环境是能够塑造人的，因此要尽力将语文味灌注到每一堂课。不过要达到程少堂先生定义的语文味境界并非易事，能调制出那样美味的语文教师凤毛麟角，但我们可以从小处入手，在此我谨提供些细枝末节的方法。

首先，要有阅读、有朗读。小学语文绝不能偏离这条轨道，而耗费大量的时间在分析语文词句钻构、讲解课文的主题线索等缺乏感性的活动中。语文的阅读理解不是冷静而不动声色的理性活动，语文需要感动。真正的打动从何处来？从孩子们自己发自内心的体悟中来。而唤起他们内心的这股潜在的暗流，唯有频繁地阅读、反复地体会，"读书切戒在慌忙，涵泳工夫兴味长。"朱熹也有言："读书譬如饮食，从容咀嚼，其味必长。"

教材中的古诗、古文，一定要反复朗诵，没有琅琅书声，就不是语文课堂了。在讲授诗文时，整个课堂应由朗读串联，读的过程中教师再适时引导以达成教学目标。在多次朗读后，我会在课件上呈现抹去几个关键词的课文，呈现出来的部分越来越少，一堂课毕，学生也基本达成背诵目标。至于理解，能读能诵，对于文章主旨的把握定然不会出错。现代文，我在课堂上也让学生反复阅读佳句，教材中的文章都是精挑细琢的佳作，这些文章中的遣词造句、语言表达形式等都对学生的语言表达、语文理解大有裨益。因此可以说，对课文内容的理解，其意义的获得一半在声音里。

其次，语文味还来自教师的语言修养，这也极大程度上决定着学生在课堂上进行脑力劳动的效率。语文课堂，尤其需要语言随着课堂内容极尽变化。有时娓娓道来，犹如涓涓细流；有时激情澎湃，犹如滚滚长江；有时旁征博引，犹如渊博的智者；有时诗意描绘，犹如善感的诗人。语文教学中，学生的听课兴趣、参与课堂的意识都可以被教师所使用的语言艺术所激发。

以课堂的过渡语、提示语为例，初上讲台时，我的语言一般都是："好的，那我们看看下一段。""老师想请问大家这个词语是什么意思？""把动词圈画出来。"后来这些话语就脱胎为："一句话一颗心，一件事一片情，我们这样读课文，就能读出课文中丰富的情感，就会发现别人读不到的东西，用心读读下面几段，看看自己有没有这样的体会？""不动笔墨不读书，请同学们边读边思考，在课本上圈点勾画，并批注你自己的体会。"教师要在平时多积累此类语句，慢慢地便会自然而然在课堂当中运用得如鱼得水，学生也会跟着生动的指导进行学习。有教师总结了语文教学语言"二美六化"的原则，趣味美、音乐美，形象化、情感化、含蓄化、幽默化、多变化、通俗化。①纯熟自然的语言技巧是语文课堂的绝佳辅助，但警惕单纯的语言技巧有悖语文教育的本意。

说到底，"语文味"就是守住学科本身的阵地，语文教师们要在课堂上主动、精心地"调制"这种味道。

---

①陈仲鹞：《语文教学语言的"二美六化"》，《人民教育》1993第12期，第40页。

二、调动积极性，让每一个孩子开口

上一章阐述了我构建"四有"课堂的目标，其最大的特点就是把学生的学习放在首位，而让小学生作为主体参与课堂，调动他们的积极性是首要任务。作为语文老师，我在此提供些许方法：

1.鼓励开放思维

语文因其学科特性，其参考答案并非一板一眼。假使教师反复否定一位又一位学生，就为了等待心中的正解出现，长此以往，学生便想着："反正我说不到正确答案。"长此以往，他们会积极主动地参与课堂吗？

语文课堂不该是一个冰冷的牢笼，将蓝天里自由翻飞的思想囚禁在黑色的逼仄角落。正如岩石慢慢被岁月剥蚀才能化作土壤，有些阅历和体验只能等待造物者将其一点一滴地融入时间的溪流中，慢慢淌进孩子们心灵的土壤，其中的过程急不得也急不了。孩子需要一步一个脚印形成自己的三观，在学习知识的过程中、与社会的接触中加深认识，慢慢摸索着长大。

不过，社会似乎认为"早熟"是一个褒义词，觉得孩子能提前到达与他年龄不符的情商与知识水平是值得吹嘘的事。过早的、不完善的、心理成熟反而可能会让孩子陷入一种不解与恐慌，不要让孩子在我们咄咄逼人的紧迫期望下痛苦成长。因此，不要把教学目标定得太高，每堂课的目标是孩子们跳一跳能够得着的地方。而在此前提下，一板一眼地按照所有的预设授课是大忌。学生的回答不符合预设是必然的，教师在课堂上要跟着他们的回答走。回想我们小时候，是不是总有千奇百怪的想法，会从独特的角度看待事物。

在小学作业中我遇到一道分类题，在"鱼、鸭、鹅、鸡""轿车、消防车、火车、救护车"中圈出不同类的一项。有学生认为

"鸡"不同，因为它不会游泳，也有学生认为"轿车"不同，因为只有轿车可以被私人购买，我们无论如何也不能说他们的思维是错误的。语文的答案都是由成人预设的，成人已然被套上了思维枷锁，阅读理解、看图写作，倘若恨不得立刻让学生达到我们所处的理解的境界，达到所谓的"参考答案"，那不仅有揠苗助长之嫌，更有其害，会影响他们的心理成长。我们必须具有对儿童的同情心和关于儿童的天赋本能的知识。

无论是语文课堂，抑或语文作业，我一贯的态度是，言之有理，都对孩子加以鼓励和赞赏。从他们第一次小心翼翼地回答开始，教师的每一次的欣赏与接纳，都在助力孩子变得更自信。

2.提问要贴近生活

很多时候提一个问题没人愿意回答，一堂课很多学生昏昏欲睡，最大的源头便是枯燥的课堂无法让孩子专注，提不起他们的劲头。教师没有能力调动学生，那只能是东扑一下，西扑一下，最后空落得一身汗水。什么时候能让一个后进生愿意开口说话，什么时候所有的孩子都乐于参与，好的语文课堂就是要让每个孩子都具有表达的欲望。佐藤正夫认为："引导教学的发问要引起学生有意识的创造性活动。"[1]

我在教学中得出的经验是，提问由浅入深，尤其是课堂伊始的提问，要联系学生的生活实际，最好是处于他们经验之内的，或者说是他们的想象可以达到的。

列举一个令我印象深刻的教学场景：在教授《观潮》一课时，我先让孩子们联想涨潮时候的特点，这样一个简单、贴近生活的话题得

---

[1] ［日］佐藤正夫：《教学原理》，钟启泉译，教育科学出版社，1987年版，第314页。

到了出乎意料的大反应，孩子们都有话想说，平日不怎么积极发言的孩子说潮水涌来很壮观，也有不怎么按时交作业的孩子说水流流动，气势盛大，还有孩子说感受到了生命的活力和激昂，有抗争的感觉，这属实给了我很大的惊喜，我为他们浮想联翩的回答所震慑。

教师也不能低估任何一个孩子的心灵和精神世界，当教师把学生引导到他们熟悉的领域，加强问题和学生经验、社会生活的联系，所收到的效果足以让我们惊喜。

3.课前三分钟

教学过程中，总是会有部分学生发言时扭扭捏捏、低头不语；或者细如蚊蚋，几不可听；或者疙疙瘩瘩，连缀不畅。问题就在于学生的口头表达能力。《义务教育语文课程标准（2022年版）》中对义务教育阶段每一学段都有"表达与交流"的学段要求。课前三分钟不仅锻炼讲台上的演讲者，也在培养台下的倾听者，是训练学生达成课标要求的良方。

课前三分钟的形式要有规定，但也不能太过死板。学生在此期间可以介绍课文背景知识、讲故事、讲见闻、讲阅读体会、时事讲评等等。只要是学生喜欢的，或者有专长的都可以由学生自己决定，不过脱稿演讲是硬性要求

评点环节必不可少，教师评价，更要教会学生评价，从语调、语速、动作情态、语言内容等方面评价演讲者，从而班级同学都得到一次口语交际的教学。

实践过程中，有些意外之喜，许多孩子都将一件件小事讲得趣味横生，于是课堂便在一派轻松的氛围中自然展开了。

课前三分钟的展示旨在让每一位孩子都得到锻炼，让孩子们敢说、敢表达。我从作文中看到了他们的真实感想，有学生说第二次上

台吸取了第一次的教训，准备得愈发充分，声音更加洪亮，获得同学好评后感到满心的骄傲。给每个孩子一次强制演讲的任务，付出努力后的收获会更大地激发他们参与的热情，在实践的过程中，教师一定会发现大家可喜的变化。

4.教师需要激情

课堂上，教师首先要进入状态，精神饱满，才能感染学生也沉浸在课堂中。有位高中教师在讲授《装在套子里的人》时，仿照文中别里科夫的形象，戴着墨镜，头上顶着帽子，裹着一件厚实的大衣，衣领竖起，整张脸都埋在其中，耳洞里塞着两团棉花，手中拿着一把装在套子中的雨伞，边走进教室边四处张望着，一派惊慌不安的样子。试想学生们见到这一幕作何反应？激动、惊喜。教师的举动，无疑为课堂开了个好头。

小学课堂更不必言说，教师自身更要善于保持自己的良好精神状态，努力营造"激情课堂"氛围，用激情点燃激情，以自己的智慧激活学生的思维，张扬学生的个性，让课堂充满魅力，使学生获得美的感悟，享受美的熏陶。

我们对外籍教师课堂的印象是什么？欢声笑语，轻松活跃。为什么外籍教师能够充分调动课堂气氛，是他们天赋异禀吗？有位老师这样描述一位英语外教的课堂："如果不走进教室内待上几分钟，你不会认为这是在上英语课，你会认为这里在搞什么联谊活动。"[1]如同演员要打动观众，首先要打动自己，教师要感染学生，首先要让自己融入课堂，教师可以在讲台上跳舞，可以尽情舒展自己的肢体，可以做鬼脸逗学生欢笑。小学老师也要发掘自己身上良好的表演天赋。教学

---

[1]默梵主编：《教师的课堂管理艺术》，万卷出版公司，2014年版，第79页。

中，要通过丰富的面部表情，生动的肢体语言，将文本中作者的喜怒哀乐恰如其分地传递出来。在课堂上，我常常进行角色扮演，时而是狂放孤傲的李白，时而是婉约凄伤的李清照，时而是悲愤犀利的鲁迅。请学生回答问题时，我会轻拍他的肩膀或是抚摸他的头。回答完毕，除了恰到好处的评价用语，完全可以与学生握手，随后竖起大拇指。让我们用极富魅力的激情表演，去征服班上的学生，使他们受到感染产生共鸣，让学生体验语文学习的愉悦，给他们的思维和想象插上快乐的翅膀，让课堂成为他们个性飞扬的乐园。

激情的另一个体现是教师的幽默。小学生不会喜欢法官式的严肃面庞，让课堂上具有笑声，孩子才会更乐意上你的课。老舍先生是幽默大师，他的幽默有一种丰厚的内在艺术力量，使人忍俊不禁又掩卷深思。受到老舍先生文字的启发，我在课堂上追求有方法的幽默，即让学生在欢快的同时，深入思考，体悟出幽默背后的内涵。

教师要用幽默的语言调剂自己的课堂，拉近孩子的心，让他们在笑声中铭记自己的学习生活。我初在语文课堂上开展课前三分钟时，同学们都很紧张，没人愿意"打头炮"，我只好点了名。那位被点了名的同学犹豫了片刻，鼓足勇气站了起来，由于紧张，"哐！"他起身时把凳子弄翻了。顿时，教室里鸦雀无声。他尴尬地愣在那儿，看到这种局面，我灵机一动，说："哈！我们的第一炮打响了——一鸣惊人！好，请大家用掌声欢迎他上台演讲！"气氛扭转过来了，这位学生在热烈的掌声和善意的笑声中镇定了情绪，从容地走上了讲台。

运用语词、讲授生词时，完全可以对词汇加以重新阐释，为生硬的概念增添独特的风味。如有学生上课随意说话，可用"语言失控"来描述他们，考试作弊，可说"借用他人记忆材料"。众多的幽默法则与风格，有待每一位同行的开发。

做一个富有激情的语文教师，一听到上课铃声，一拿起教案本，一推开教室门，就会精神焕发，全身心投入，走进学生心灵，达到忘我的境界，给学生以美不胜收的艺术享受，激发学生浓厚的学习兴趣和强烈的学习欲望。让语文课堂成为激情燃烧的"动感地带"，成为学生展示自我、体验成功的平台。

三、合理活用教材、教法，开拓语文新视野

教材不过是精神的食粮，是可能具有营养作用的材料。它不能自己消化，也不能自动地变为骨骼、血肉。学校里任何僵死的、机械的和形式主义的东西的根源，在儿童的生活和经验从属于课程的情况下恰好找得到。①杜威洞察了局限在"规则"内的教育的缺陷，所以教师不该被板框所束缚，应合理组织、活用教材。分量重的可以适当精简，难度大的可以另选合适的课文加以替换，课后练习单调的可以另行设计。

1.长文短教

小学高年级语文有些课文篇幅较长，离学生的实际生活较远，学生接受存在较大难度，如果逐段分解，拉长了课时只会令学生感到疲惫。这时教师要从提高课堂教学实效出发，克服面面俱到的弊病，对每堂课的教学内容进行大胆取舍，阅读的艺术就是怎样适当地略过不必要阅读的部分。"长文短教"完全体现了更为科学的教材使用观念，即从"教教材"变为"用教材"。

依然回到语文最初的目的，语文最重要的是让学生体会到什么？以《飞夺泸定桥》为例，基础的字词，文章的描写手法，用意皆在描

---

① ［美］约翰·杜威：《学校与社会·明日之学校》，赵祥麟、任钟印、吴志宏译，人民教育出版社，2005年版，第114页。

述战役，凸显红军战士不畏艰险、勇往直前的革命精神。这抹鲜亮的红色，才是此课要教授给学生的最重要的内容。于是，重点、非重点层次分明，教师便可据此组织课堂，在短暂的时间内给学生巨大的冲击力。

对长文的取舍有待于老师以研究的眼光来看待教材，我采用的教学策略，一是训练学生速读，培养他们的整体意识。二是分清重点和难点，从教学目标的角度来谈是为重点，从学生认知水平的角度来看即为难点。在此基础上，可以联系单元语文要素来把握文章重点。三是加深印象，链接教材同类型篇目或课外同主题文章，以让学生对长文的掌握更深一步。

关于"长文短教"的课例与方法有许多，张敏老师提出低年段长文的教学策略为铺垫读的训练、提炼主线问题、精选教学内容、先扶后放、寻找整合点。[①]陶菲老师的策略为：沉入长文，展开细读；根据学情，确定目标；提高效率，合理取舍；巧妙设疑，整体把握。[②]总之，针对不同的学情、课文情况，有待教师的自主探索与选择。

2.拓展延伸

让语文课堂成为连接课堂与课外的桥梁。打破"南人不梦驼，北人不梦象"的壁垒，囊括大典，网罗众家，思想自由，兼容并包。使课前有熏陶、课中有拓展、课后有延伸。

例如，在讲授《天净沙·秋思》的"列锦"手法时，我联系了其他以《天净沙》为曲牌的小令，还联系了美国诗人埃兹拉·庞德

---

①张敏：《统编语文教材低年段长文教学研究》，《江苏教育研究》2020第35期。
②陶菲：《"长文"巧于优化，"短教"功在细磨——有关小学语文"长文短教"的思考》，《亚太教育》2016第1期。

的英文小诗，这首英文诗同样以"列锦"的修辞铺排意象。哪怕是古诗词这些中国得不能再中国的课文，同样可以在课堂上拓展学生的全球视野。

叶圣陶先生说："教材无非是个例子。"教师要搜寻足够的资料，一篇课文上完后，学生应当感到意犹未尽，在课外还有更大的兴趣去延伸学习。

3.整体教学

我在教学中实践的整体教学包括两个方面，一方面是单元整体教学，另一方面为跨学科互动。

如果我们将课文独立起来，篇篇分明，教学上便平均用力，重点无法突出，也将不利于引导学生建构单元大观念，难以推动基于单元目标的深度学习，虽然确保了教学的依序进行却缺乏层次性，无法从整体宏观把控去考虑课时安排及课时之间的承上启下。

单元整体教学除了教材中业已划定的范围外，也指教师基于课程标准，围绕特定主题，对教材等教学资源进行深入解读、分析、整合和重组后，结合学习主体的需求，搭建起的一个由单元大主题统领、各语篇次主题相互关联、逻辑清晰的完整教学单元，使教学能够围绕一个完整的主题设定目标，引导学生基于对各单独语篇小观念的学习和提炼，逐步构建基于该单元主题的大观念。

《"精彩极了"和"糟糕透了"》《地震中的父与子》两篇都关于父爱，《温暖我一生的冰灯》同为父爱主题的课外文章，我在授课时将这三篇课文整合为一个大单元，加深学生对父爱的领悟。

《义务教育课程方案（2022年版）》要求加强课程综合，注重关联。开展跨学科主题教学，强化课程协同育人功能。这是"跨学科学习"的首次出现，且不同以往的"综合性学习"，课标明确提出了"综合运用多学科知识"，而不仅仅是"加强与其他课程以及与生活的联系"。

在我的教学实践中，同样是上述举例的父爱这一单元，我联系了信息技术学科，在课程计划中安排学生制作一张精美的电子贺卡送给父亲。在这种学习状态下，学生的学习是多维度的，情感体验是深刻的、持久性的。

各篇课文、各门学科构成小学教育的整体，如果教师永远被束缚在整体的一个孤零零的碎片上，教师也就把学生培养了成为碎片。

4.掌握并灵活调整教学方法

很多老师经常说"我前面课上刚刚教过，学不会就是学生笨"。当看到最简单的默写都能打满一排红叉，学生又错了自己讲了好几遍的知识点，教师往往都很难控制自己的心情，我原先也会责怪学生不努力、不去背书，做题不看清每一个字。但杜威有一句经典名言：教之于学，犹如卖之于买。没有人把东西买走，不能说把东西卖掉了，同理，学生没有学会，我绝不能说自己教过了。把学生学会作为逻辑循环的起点，实现教与学的螺旋上升，从而学生有信心，我也对自己的教学充满信心。

本章第一节中有诸多关于小学语文教学的创新，教师要不断地学习新的教学策略，参照同行的教学设计。在效果不佳时更换授课方式，反复进行复盘，对正在进行或者已完成的课堂进行回顾，对经验教训进行总结，寻找最适于令自己的学生接受良好的授课方式。

2021年教师节前夕，习近平总书记在给全国高校黄大年式教师团队代表的回信中指出：好老师要做到学为人师、行为世范。作为语文老师，我们应充分发挥学科优势、自身优势，立德修身，潜心治学，开拓创新，真正把为学、为事、为人统一起来，当好学生成长的引路人。

第三节 "双减"政策下的小学语文教育路径

请诸位想一想，小学语文教育容易出现哪些问题？我认为以下三点为突出现象。

第一，教学目标不明确。2001年6月，教育部印发《基础教育课程改革纲要（试行）》，明确提出"三维目标"的课程理念，全面体现了"知识与技能、过程与方法以及情感态度与价值观三位一体"的课程功能。"三维目标"体现了对学生需掌握知识、能力，以及对态度养成和人格发展的要求。撰写教案时教师都要明确该课要达成的三维目标为何？但许多时候在实际操作的过程中，教师们定下的每篇课文的教学目标对语文的阅读、作文教学活动没有指向性意义。教学目标体现不出独特性，往往都模糊、笼统，且类似，有时换两个词，又摇身一变成为另一课文的"三维目标"。在小学语文中，"知识与技能"的目标普遍都是掌握多少生字词，"过程与方法"的目标则为能够理解某某方法，并以此方法进行阅读，"情感态度与价值观"则是让学生体会到某某情感。渐渐形成了模板与套路，这就使教师在语文教学中比较随意，基本达得到这些目标，这篇课文就过了。若教师还是按照既定的老生常谈的教案，依据自己或老教师的经验随意地确立目标，就忽视了学生当下发展阶段的学习和理解能力。

第二，学生缺乏自主学习时间。过往各科作业冗杂繁多，当学生完成了所有科目作业，几乎没有时间再去阅读自己感兴趣的其他内容。而与阅读会带来新鲜的体验不同，语文作业的重复率也很高，基本都是固定的套路，定性、定量，消磨了学生再去进行阅读、写日记等其他语文学习的激情，哪怕是原先感兴趣的内容，学生也只会觉得已完成了既定任务，提不起兴致进行"额外"学习。但语文恰是需要积累，时间久了方见成效，没有积累，得不到回馈，丧失动力和热情，很多学生只有处于教师的逼迫之下才会思考问题，语文教育便陷入了恶性循环。

第三，停留在固化的课文分析，学生没有真正站在中心。教师们对每篇课文的教学往往都是平均用力，语文课都按照相同模式组构，大同小异。先讲解字词，再疏通课文，逐段讲解，概括大意，总结全文思想，如此这般，小学阶段的所有语文教育就结束了。而在讲授过程中，教师的预设往往取代了学生的真实想法。若是教师没有真正体察学生想法的念头，其言语不自觉地会带有诱导性，非得让学生回答出心目中的正解不可。这样的课堂，依然是以教师为中心，学生没有独立思考和分析的机会，没有参与的意识，自然不会对教学产生积极的影响。

分析原因，有时候，其实是作业反制了教师的教材计划。小学阶段的作业通常都是统一的本子，为了让学生会做、做得顺畅，教师只能在课堂上绞尽脑汁地讲切合教学目标，或许可以称为"作业目标"，抑或"考试目标"的知识点。于是目标愈发偏离文本自身，渐渐地，所有课文的目标都是面目相似的模糊的一团，凌乱的语文教育就这样在层层叠加的蝴蝶效应中缠绕、打结。"双减"政策提取出了其中一条绳子的端口——"作业"，于是教师必然要进行相应改变，渐渐拆解这个凌乱的结。在语文作业减少的情况下，如何让孩子的语文素养不降反升，小学语文教育如何在"双减"政策下开辟新路，我有一些思考。

一、让学生成为课堂主体

"双减"政策给小学语文教学带来了更多契机，教师尤其要关注学生的主体需求，通过多样化的手段鼓舞他们自主学习，实现知识的深入与内化。其实让学生成为课堂主体已经说了许久了，屡屡提起正是因为依然有很多未做到位，"双减"政策可以说是与之相辅相成，减少作业后，教师不得不把提高教学质量作为重点。我校"四有"课堂把"有学生学习"放在第一位，语文教师要时时牢记，时刻不忘育人目的，把语文课堂交给学生自己，让学生在课堂上大胆发表自己的看法、分享自己的经历。不用再紧赶慢赶着拉进度，沉浸课堂，调动激情。"凡学生所要明晓的，倾筐倒箧，不厌其详；凡学生所要解决的，借箸代筹，唯求其尽。"我认为一些可行方法如下。

1.适度放手，让学生站在课堂中心

学生真的不乐意参与课堂吗？其实未必，或强制，或调动，或鼓励，全看教师有无方法。

上一小节我提到在教学实践中开展的"课前三分钟"，"课前三分钟"在初高中语文教育的应用更加广泛，但我认为小学生需要进行这样的训练，在笑声与掌声中成长。不过"双减"政策下，要注意训练的难度逐步增加，让每一次锻炼都能促进学生的思维发展，具有一定挑战性。每次演讲完毕，我建议下一轮一定要增加新内容，比如若进入高年级，可对学生提出如下要求："最后有升华""结构组织可以为宕开一笔，转述一言，拢收一句"。让学生的演讲内容渐渐摆脱单纯的经验性，在抽象层面上进行一些思考。

此外，课上可以有共享黑板，管理班级时我把放学后的黑板留给孩子，其实课堂上也可以请学生留下他们参与课堂的痕迹。数学课常让学生上来做题，一到语文，就变成了听写，除了听写，黑板和学生

完全可以发生其他的化学反应。教师可以请孩子来板书，低年级段的孩子可以只请他们书写单个的单词，高年级段的孩子就抛出理解性的问题，让他们自己尝试归纳后书写，帮助教师完善课堂板书设计。询问开放性问题后，也可以让孩子们上来写写他们不同的想法。让学生上来画画也可以，在讲解到写景、写人的时候，都可以请学生上台来发挥他们的想象力。

2.学习需要观众席，让全体学生成为目光中心

公开课所有教师都不陌生，大部分一线教师都经历过，而从公开课中得到的启示就是，学习需要观众席。

公开课是怎样一幅场景？这一堂课就像是一次舞台表演，学生和老师共同演绎一出剧目，学生毫无疑问居于中心——各种层面上的。这时学生的表现如何？面对着众多观众，有如临大敌的紧张，有急于表现自己的激动，有担心出错的惶恐。公开课上，学生们往往都提起了千倍的精神，很少有昏昏欲睡、注意分散的情况。

公开课除了让学生在台上集中注意力，也给予了他们一种学习的成就感。人都说教师当久了会有"好为人师"的毛病，我们的孩子其实也很乐于成为小老师，他们愿意将新学到的知识回家教给父母，他们也愿意给同伴讲解题目。因为这说明他们的学习得到了肯定，他们能从教学的行为中获取成就感。在公开课这个舞台上，学生的学习行为正在被观看，完成学习、表现得好，他们能体会到成功的喜悦，从而正向刺激他们主动学习。通过展示，能够利用羞耻心给小学生增加压力，鼓励他们学习。当你登上舞台，却不会表演，这是一件多么尴尬的事情，为了不在观众面前出丑，学生至少会有一段努力的日子。除了来自观众的压力，还有来自同伴的压力，演出时，所有演员都不能出差错，只有大家都做好才能成功，一人失败影响的是整体的荣

誉，责任感会让容易惰怠的孩子努力跟上他人的步伐，不做那个不和谐的表演者。

那么在日常学习中，我们是否可以偶尔借鉴公开课的形式，在课堂内增加观众席，适当增加学生的紧张感。可以请老师、家长成为课堂演出的观众，对观众而言，也是一次学习的机会。更主要的，是通过观众挖掘学生在课堂上的学习动力，提升他们对上课的重视度和参与度，并提升成就感。多实行几次，学生渐渐会习惯全身心融入课堂、真正成为课堂的主人。

3.感受自然，以学生的体验为中心

曾经的一次班会课，有孩子分享自己拍到的天文行星，这个孩子的文笔在我们班非常突出，其实生活和大自然才是最好的人文学习对象。"双减"政策让我们不必那么紧迫，放"慢"脚步，只要生活在大自然之间而还有五官的话，便不可能有很阴郁的忧郁，也不可能被禁锢在书本的框架中，所以带领学生去接触世界吧。

语文课一定要封闭在四四方方的教室内吗？都说语文是生命和生活的文本再现，是人的，折射审美的缤纷万象，演绎情性的百端变化，激荡世界的大千气象。但坐在课堂里，无论是带着学生读春日光景，或是让学生动笔写春景，都很难有发乎于心的真实感受。尤其是孩子，他们对世界的认识都来源于自己的经验。

许多课文来源于生活，让学生亲身体验会促使他们更好地理解。如部编版二年级下的课文《找春天》，可以领着孩子去校园内，眼望美景，来感受初探头的小草、早开的零星的野花、树木吐露的嫩芽，再读课文，学生会觉得："没错，春天就是这样的。"这就引发了学生内心深处的深刻共鸣。甚至他们还会从一掠而过的鸟儿、轻拂而过的微风中发现其他显现春天的事物。

作文训练更不必言，空谈的写作只能是一篇虚无，小学生作文需要有真情实感。如让学生感悟春天后，他们一定能写出自己的体会。再如我让学生写爬山虎的作文，教室纵然窗明几净，现代多媒体技术也能展示出各式各样的爬山虎图片，终抵不过带着学生亲眼一观，亲手触碰，调动他们的五感去体察。孩子们观察的角度都有所不同，感悟自然不同，然后每个人都能毫不费力地写出具有自己风格的精彩佳作。

二、阅读与背诵

人会为自己的进步感到欣喜，儿童也不例外，收获会成为他们继续努力的动力。作业只不过让学生机械地掌握字词，一篇篇阅读理解、一次次作文写作，学生能从作业中体会到切实可感的进步吗？很少。阅读理解总回答不到点子上，写作依然抓耳挠腮，学习只能成为望不到尽头的苦役。

语文就是要对学生进行语文基本功训练，"双减"政策减少了作业，反倒利于小学语文专注于最有效的提升语文素养的两条路：读与背。

依然有家长会忧心孩子的成绩，这无可避免，但小学阶段的语文考试不能考查出学生们真正的语文水平，它只是在考察学课本内容的水平。不过多年以来，小学语文教材等于小学语文课程，讲透课本是教师最重要的任务，考试依然偏重学生对课本内知识的掌握情况，这一观念至今仍在大多数教师心中牢不可破，更不用说家长的看法了。"双减"政策正是能纠正此观念，让语文更关注学科本身，思考语文的目的为何，更关注孩子的未来，重视对他们发展一生有益的行为。读与背看似是笨办法，并不是光读光背就一定会有好成绩，考试也着实是一件复杂的事，但若没有这两项，语文一定学不好，进入中学后也会越来越力不从心。在这里我要再次提到古代的万千学子，他们的学习别无他法，阅读和背诵是执行了千百年的教育手段，能被流传下来就说明其中的道理肯定适用古今并颇有效果，欺世盗名的东西都早早被历史淘汰掉了。

1.亲近母语

"语感"是真实存在的，这是一种经验色彩很浓的能力，反映着学生的语文水平。语文教授的内容就是我们的母语，但很多年来，小学的母语学习和语言训练画了等号。我之所以称为"语言训练"，因为语文教育中普遍做法就是在教课本外，把其余的课堂时间、课外练习放在了花样百出地看拼音写词组、组词、解释词语、修改错别字、造句、修改病句这一类习题之上。不是说要否认这些训练，但学生若读得多、背得多，真的还需要在这上面花费如此大量的精力吗？此类训练原先是作为辅助，现在反倒成为必备公式，成为学好语文的先行之必要充分条件。做这些训练的目的是让学生掌握母语，掌握母语是为了更好地读写，为了读写却忽视了让学生进行纯粹的读写训练，岂非本末倒置。

孩子学习语言，遵循的是从整体到部分的感知原则。在日常交际与阅读中，他们便在逐渐掌握某种"内隐"的规则，获得语感后，词语错误、句式混乱等问题都将迎刃而解，他们能对内在的语言规则进行迁移和运用。所以在小学阶段，多让孩子亲近母语，多读、多写、多说、多听，减去单调的书面语言训练，增加对语言的体验

2.增加阅读课

在"双减"政策前，部分学校、班级会有阅读课，不过一般是把班会课偶尔打造成了"读书交流会""漂流读书"的形式，但阅读、体悟、交流等是环环相扣的活动，不是靠低频的班会设置可以达成

的，这样的阅读并不完整。且学生普遍为了考试而读书，读书习惯是"精读"，读书行为的出发点不自觉地带有了功利的目标。

"双减"政策后的课时依然有限，学校也不方便直接强硬地规定每周大量的阅读时间。但阅读从属于语文教育的大框架之下，因此语文教育要作出改变。让学生在课堂上尽情阅读自己喜欢的书，把出于兴趣大量阅读"闲书"习惯和时间还给学生。

怎么扩展阅读所占份额？如我在第一节中所提，可以实行韩兴娥老师的"课内海量阅读"，把小学中的部分语文课改造成为阅读课。大部分老师应该还是难以做到两周学完一本教材，但完全可以是一个月内学完，半学期学完。或者每周都穿插两节、三节阅读课。

3.背诵

背诵训练没有简便的路子可走，我谈一些指导训练的初步意见。

首先无论课堂上课堂下，背诵一定不可放，尤其在课堂上，在孩子们注意力最集中的时候开展背诵，这是最能收到实效的。其次，字音要念准确，节奏要把控适宜，如此才能有助于理解文章，培养语感，这是顺利开展背诵的前提，教师要将这些问题处理好。第三，要有定期检查，教师可参考艾宾浩斯记忆曲线等记忆规律定期指导学生。检测方式也可以不拘一格，如针对诗词可采取"飞花令"的形式，也可以有"小组背诵接龙"。

背诵是儿童的专长，记忆力的发展是儿童成长的标识。"有足够的'记忆'才会有他日丰富多变的理解；有儿童时期深刻的'死背'才有成年源源不断地'活用'。"[1]不过单纯的读与背或许也略显枯

---

[1]余耀：《"亲近母语"经典诵读与传统语文教育》，《中华文化与传播研究》，2018第2期，第291－298页。

燥，分组竞争、现实奖励、干预手段等等都可以成为教师们的方法，这就需要教师们运用智慧让阅读和背诵落实了。

三、课堂也做"减法"

课堂做"减法"实则是为课堂效率做"加法"。归根结底是要减轻学生的课业负担。

1.一课一得

没了统一规定的作业要求，语文教师普遍都不用为了让孩子会写这堂课对应的练习来构课。贪多求全，按照写作业的需要安排得满满当当，一堂语文课就是满堂灌，只能在沙滩上踩下浅浅的脚印，浪潮涌来，刷洗殆尽。

教师要依据学情合理确定目标，大胆取舍，突出重点，方能落实到位。与此同时，更要注意每堂课所得之间的联系，通过知识点的接洽，达到前有铺垫、后有巩固的反复强化效果。一课一得，得得相连，累积起来就放大了课堂教学效率，课堂教学的性价比自然就提升不少。

但要注意，一课一得的"得"不是小点，不是捡了西瓜丢了芝麻，不是说为了教会学生侧面描写的方法就放弃了其他所有目标以至于"小学而大遗"。要求教师以研究者的身份钻研课文，挖掘出众多所得。"通过比较分析，去'小得'，存'大得'，舍'次得'，取'主得'，丢'个体得'，保'公共得'。"[①]一课一得是教师构课时要存有的思想，让学生一课多得是我们的最佳目标。

2.当堂练习

---

①林惠生：《为教育寻找思想——"教育思想学"初探》，中国言实出版社，2017年版，第206—207页。

对多数学生而言，当堂练习能取得更好的学习效果，课堂上学生处在注意力高度集中的时刻，且有同伴、教师在场，会引起学生的紧迫感，所有人都在埋头思考、积极作答，此时他们的思维正在高度活跃，比课外一个人独自学习的效率要高很多。

当堂练习要压缩教材教学时间。苏州苏苑实验小学推出了"30+10"语文课堂模式，30分钟进行课堂教学，10分钟组织当堂练习，[①]该模式当然只针对部分有练习需求的语文课堂。之所以将时间分为30与10，因语文课所需的练习时间与其他科目多少有些区别，在"30+10"构想中最为合适，不过也完全可以是"25+15""20+20"等等，因该课堂模式强调练习，作业减少的情况下，课堂上让学生先行尝试，教师预先点拨，将有助于清除学生的知识盲点、减少学生作业中的错误。

该模式倡导弹性的练习时间，不仅是时长，练习可以位于课前，进行预习检查，可以穿插在课堂中间，完成新知识教学后及时进行练习反馈。根据学生当堂练习的结果，也有助于教师把握他们各自的学习情况，从而布置有层次的、可供选择的梯度作业。

"双减"政策是一次教育变革，也是一次重构语文教学的机遇，不是否定过往的语文教育，而是对过往的提升。在此之下，小学语文应当警惕，即便要适应小学生的认知层次，也万万不可被"小"所限制，打造一堵围墙将小学语文圈禁，语文老师要具有大视野、大格局，以长远的目光改进语文教育。

---

① 徐佳萍：《"30+10"："双减"背景下语文课堂模式研究》，《小学教学研究》2022第16期，第28—30页。

【附录】

1.课堂·生活·生命
——由今天的语文课堂教学引发的思考

最近看《读者》杂志，刊登了美国一位教育家的一篇文章，其中有这样一段话：我们整天在干什么？我们如此忙于传授知识，如果没有教孩子们任何他们真正需要知道的东西，例如：如何快乐地生活，如何有个人价值感和自尊心，而只教给他们如何读书、写作、算题，这又有什么用呢？把学生看成发展中的人，看成具有独立意义的人，看成一个个有思想、有情感的鲜活的生命体，这是新课程倡导的正确的学生观。美国教育家杜威先生说："给孩子一个什么样的教育，就意味着给孩子一个什么样的生活。"那么，在我们满怀激情地进行课改的今天，作为教育者的我们能给孩子一个什么样的语文课堂呢？给孩子一种什么样的生活呢？

一、给孩子一个诗意的课堂，促进个性发展

"所有的思都是诗。"（海德格尔）诗意，指"像诗里表达的那样给人以美感的意境"。（《现代汉语词典》）"语文的诗意"，就是营造出像诗里表达的那样给人以美感的意境，就是教师和学生在语文教和学的实践过程中所呈现出来的与课文或具体的生活情境相和谐的审美心理状态及其外显的意蕴和境界。这种语文教学的境界是一种洋溢着情感、弥漫着想象、充满着浪漫精神的境界，是超越课本、教师而弥散于师生们全部生活时空的诗意般的语文生活世界。

语文的生命是诗意的。与其他诸学多学科相比，语文最显著的特点就是诗意。《语文课程标准》告诉我们："工具性与人文性的统一，是语文课程的基本特点。"语文是重要的交际工具，其不同于一般意义上的工具，而是不能脱离思想、情意、为表情达意而存在的工具。不要说每一篇课文、每一段话，往往一个句子、一个词语甚至是一个字，都反映了一定的思想，表达了一定的情感。应该说语文没有了诗意，就等于没有了活力，没有了灵魂，没有了生命。

学生的天性是诗意的。爱美之心，人皆有之。在一定意义上，人都有追求美的天性。"在孩子的眼里，山啊，水啊，星星月亮啊，都是活的，会跑也会飞，会说也会唱。儿童的眼睛就是瞧着这陌生的世界。"（全国著名特级教师李吉林语）孩子思维的天性就是富有诗意的。

"腹有诗书气自华"。我们国家是诗的国度，我们的老师也应具备诗人的气质和情感。

二、给孩子一个激情的课堂，促进多样化的学习方式

岂止成人渴望激情，孩子们也希望拥有一份真情，一份感动。情感，是体现语文学科人文性的基点。新的"课标"提出三个维度，提出尊重学生的阅读见解。因此，语文课应该激情荡漾，个性飞扬。

语文老师是需要激情的。我在想，课堂上，教师要上出自己的个性，张扬学生的个性，有个性必然有激情！很难想象，一个没有激情的教师，如何能调动学生的情感？如何能让学生充满激情地学习？又如何能将一篇篇饱含情感因素的文章演绎得淋漓尽致呢？

诚然，生活中我们的老师会遇到很多的不如意，但是，在登上讲台的那一刻，我们都要调整好自己的情绪，以饱满的热情面对学生。把我们对于文本内容、对于生活、对于人生的每一份感悟、每一种情感，用我的语言，我的眼睛、动作……传递给学生，展现给学生一个"充满激情的我"，用一颗真诚的心感染每一个学生，点燃学生学习的热情。

一个充满激情的课堂，应该是一个真正关注、尊重学生，善于赏识学生，能够激发学生兴趣的课堂。我们应该蹲下来看学生，细心捕捉学生在课堂里的闪光点，随时随地观察孩子的言谈举止、表情神情、活动情绪等，用心去体会孩子的心情。一束鼓励的眼光，一个信任的眼神，一次欣慰的微笑，都可以达到"此时无声胜有声"的效果。使学生从心中产生快感和情趣，让心中求知的欲望"活"起来。一位教学经验非常丰富的老师曾告诫我："语文课一定要了解学生读书、求知和情感的需要，切忌灌输，重在引发兴趣，调动学生的积极性。"尊重学生的个性，用孩子的心灵去体验孩子的喜怒哀乐，允许每个孩子都有自己的思考、发现和表达。

孔子说：知之者莫如好之者，好之者莫如乐之者。学生在课堂上是快乐还是痛苦？在学习过程中是越学越爱学，还是越学越怕学？这一切，都是教师应该用心关注的。我们的老师要充分利用现有的教育资源，尽可能形象直观地展示教学内容，丰富教学语言，以生动活泼的教学，激发学生学习语文的兴趣，用心营造一种"我想学""我爱学"的学习氛围，使课堂上处处闪现着智慧，处处充满着灵气，处处涌动着激情。

一节语文课，时时处处让师生感受到一份"情"。真情、亲情、友情……都化为激情，化为教师的激情、学生的激情、课堂的激情！

三、给孩子一个平等对话的课堂，培养整体性思维品质

新课程强调，教学是教与学的交往、互动，师生双方相互交流、相互沟通、相互启发、相互补充，在这个过程中教师与学生分享彼此的思考、经验和知识，交流彼此的情感、体验与观念，丰富教学内容，求得新的发现，从而达成共识、共享、共进，实现教学相长和共同发展。传统的教学中，学生只是一个被动的接受者，是一个安静的倾听者，没有平等对话、表达自我的机会。如今，我们要还给学生一个平等对话的课堂，让学生大胆地去想、去说。

课前，教师得先和文本对话，教师要清醒地认识到自己首先是读者，是阅读的主体，是要用整个心灵去浸润文本的。因此，在对话的基础上，"备课""钻研教材"的内涵早已扩大。它是教师对教科书、教参感性认识和理性审视的结合，是教师走出崇拜，用自己与文本的心灵密语汇聚成的独特教学视野。它能使教师更好地预测学生理解的多样性，让文本更具开放性、生成性和创造性，易于对话的展开。教师用自己的真实情感拨动学习情感的心弦，才能和学生一起感受蕴含在课文里作者的情感。

文本并非仅指物化的客观存在，而是一种理性化的生命体。这种极具隐蔽性的生命意义，只有用感性的方式才能显现出来。只有通过阅读文本，解读文本，与文本进行对话，才能有所感悟。学生能否潜心领会文本是决定阅读对话质量高低之本。因此，要引领学生亲历阅读过程，走进文本的言语深处，倾听文本的声音，触摸作者的心灵，激活与调动各种相关的知识与经验，体验文本的情感，尽情地诵读，自主地实践。这样，学生在与文本进行生命的对话中，自行发现，自行创造，自行建构文本的意义，建构自己的文化。这样一个"只可意会不可言传"的感悟、体验、创造过程就是学生潜心领会文本的过程。教师基于对课文的理解，在教学中力求以师生零距离态势，共同体会课文所展现的情境，通过不同层次、不同方式的朗读，结合讨论，以认识词句，理解内容，体会感情。

所以，对话首先应是师生各自对文本的对话，对教材的理解，双方对文本的契合程度越深，师生之间"对话"水平就会越高，越有效。

四、给孩子一个用心感悟的课堂，丰富学习体验

阅读的过程是"物我的回响交流的过程"。国外有学者将文学作品分为"作家文学"和"读者文学"两类。后者只能使读者以"屈从"于作品的态度去阅读，而前者则要求读者自觉地参与其中，能够给予我们合作、共同著述的乐趣。阅读教学更是如此，假若欠缺学生个体对文本的作用，文本无异于普通纸张上的有序的铅字排列。著名特级教师窦桂梅老师曾说过：学生的感悟能力就如同杠杆上的支点，

对人的发展来说，学生的感悟能力的高低正决定今后能否撬起这个"地球"。感悟是个体凭借语言及语境的直感，获得某种印象或意义的心理过程，不是分析，不是告诉，是刺激，是唤起，是一种审美的体验。我们的课堂就应该是师生"在人家的情感世界里走一趟，从而发现自己，提升自己，超越自己"的过程，学生积极主动感悟的过程。每一篇文章，都有值得我们感悟的地方，而每个人的感受又不尽相同，我们在语文学习的过程中，应引导学生在学习体验的同时，要注意联系自己，感悟自己，学着体会生活，感悟人生。把别人的文章当经验，让自己的人生更精彩！

"授人以鱼，莫如授人以渔。"我们的语文教学不只是一种"告诉"，课堂上，千万不能用我们的"告诉"，扼杀了属于孩子的一切！还是让学生自己去体验、去探究、去感悟吧！

五、给孩子一个开放的课堂，关注生活实际

《语文课程标准》指出：语文是实践性很强的课程，学习资源和实践机会无处不在，无时不有。因此，在语文教学中，要渗透学生的生活，使语文教学返璞归真，让语文教学回归生活。课堂上，教师要注重渗透生活，充分挖掘教材中蕴含的应用因素，利用生活情景，让学生运用知识积累再现生活情景。由于内容贴近生活，使学生产生一种身临其境、似曾相识的感觉。教师把学生的视野引向生活，把学习的主动权交给学生，给学生心灵放飞的权利，唤起了学生的生活经验。整个课堂焕发勃勃的生机，充溢着浓浓的亲情、温情。

叶圣陶先生说过："教材无非就是例子。"学过例子之后，还要进行大量的实践。因此，在我们的语文教学中，不能只局限于教材中的几篇课文，而应该引领学生去阅读更多的课外文章，只有在这样的阅读实践中，学生的能力才能不断得到巩固和提高。语文教学的路才会越走越宽，才会充满活力！

教育是培育生命的事业。给孩子什么样的教育呢？让孩子的生命展现什么样的光芒呢?我一直在思索……直面新课改，我们要解放我们的课堂，让课堂成为师生生命恣意流淌的溪涧，成为师生共同享受生命成长生活的乐园。这样的每一堂课，都将成为师生人生中美好的记忆，将是不可重复的生命体验。

（原载胡婴主编《走进校本》，湖北教育出版社，2006年版）

2.课前三分钟，语文课堂灵动的序曲

"新课标"中对"口语交际"的理念明确地规定为"口语交际能力是现代公民的必备能力。应在具体的口语交际情境中，培养学生倾听、表达和应对的能力，使学生具有文明和谐地进行人际交往的素养。"要完成这一任务，需要我们有目标、有意识、有系统地规范学生的口语表达，提高他们的口语交际能力。但是在当今的语文教学中，教师们又往往只注重"听""读""写"能力的培养，而忽视了"说"的能力训练，致使很多学生表达能力差，讲话语无伦次，没有中心，也不注意语言的条理性，更无法谈及语言的准确严密，这就严重影响了学生思维能力的提高。如何把学生培养成为一个有语言魅力、能自信表达的人，应该成为新课标下的语文教学目标之一。

古人云："一人之辩，重于九鼎之宝；三寸之舌，强于百万之师。"他们妙语连珠、力破群雄的故事至今传颂不绝。然而现实生活中，我们不少学生面对一两个人会说，表现出"思维敏捷""能言善辩"，而于大庭广众时，他们就"期期艾艾""语不达意"了。

"课前三分钟演讲"便是有效语文课堂的一剂良药。所谓的语文课前三分钟，就是在每节语文课前，利用三分钟左右的时间，通过学生演讲等方式，提高学生的语言组织和表达能力，锻炼胆魄，增长知识，发展学生健康个性，形成学生健全人格。课前三分钟活动，能让学生充分展现自己的个性，树立学习语文的自信心。德国教育家第斯多惠说过："教学的艺术不在于传授本领，而在于激励、唤醒、鼓舞。课前三分钟好比一把钥匙，能开启学生的心扉，营造愉悦的学习氛围，诱发学生的求知欲望和学习兴趣，达到"课未始，兴已浓"的

愤悱状态。

一、不断丰富和完善课前演讲的内容和形式，让学生在演讲中"有话可说"

为了引导帮助学生通过演讲获得知识、提高能力，我有意对课前三分钟的演讲内容加以点拨和组织，使之形成系列。

1.介绍作家作品或背景资料

即紧扣近期语文课堂教学内容，讲些与课文有关的东西，如作家作品常识以及创作背景、写作意图等。在上《窃读记》一课前，我让学生介绍作家林海音的生平事迹、主要作品，并向大家推荐《城南旧事》一书。

在赏析《泊船瓜洲》一诗前，我让学生介绍王安石写这首诗时的创作背景，拉近了学生和诗人的距离，构建了师、生、文本对话的平台。

这类内容的演讲，把口语训练和课堂教学紧密联系起来，促进了学生对课文内容的理解。

2.与每单元的教学以及口语交际整合

以人教版五年级上册教材为例，第一单元为阅读主题单元，可以进行名篇赏析，好书推荐；第二单元为思乡主题，可以诵一诵思乡的美文，唱一唱思乡的歌谣，学生可以选择形式多样的各种演讲，可以讲自己的故事，可以模仿名家说书、可以进行小品表演，可以通过文字来表达思想情感，也可以借助图文并茂的课件来诉说心声，提高了课堂的有效性。

3.成语、寓言故事演讲

成语是语言中经过长期使用、锤炼而形成的固定短语。它是比词的含义更丰富而语法功能又相当于词的语言单位，而且富有深刻的思想内涵，简短精辟、易记易用，生动而有情趣。"草木皆兵"出于《晋书·苻坚载记》，"破釜沉舟"出于《史记·项羽本纪》，"口蜜腹剑"出于《唐书·李林甫传》，都是历史上的故事。至于截取古书的文句用为四字成语的更为普遍。如"有条不紊"取自《尚书·盘庚》"若纲在纲，有条而不紊"，"痛心疾首"取自《左传》成公十三年"斯是用痛心疾首，暱就寡人"，"举一反三"取自《论语·述而》"举一隅，不以三隅反，则不复也"。

学生在说话和写文章时，能准确地使用成语是口语和书面语言表达能力强的重要标志之一。

讲成语故事具体要求为：先解释成语，并能生动介绍出处、典故，然后说明原意和比喻义，最后能联系实际谈谈自己的感受。

寓言是文学作品的一种体裁，以比喻性的故事寄寓意蕴深长的道理，给人以启示，引人深思，因而讲完故事后要求学生一定要讲清这个寓言故事的寓意。学生可以讲中国寓言故事，如：《揠苗助长》《郑人买履》《画蛇添足》《亡鈇》《攘鸡》《自相矛盾》《刻舟求剑》《守株待兔》，也可以讲外国寓言故事。如《伊索寓言》《列那狐的故事》《克雷洛夫寓言》《一千零一夜》《百喻经》。

4.名言警句内容演讲

名言警句内容简练而又含义深刻，它往往蕴含了中华民族优秀的文化传统、伦理道德、人格修养等方面的内容。

我要求学生讲他们最喜欢的或是他们感受最深的名言警句，除了要讲出句子外，还要他们结合生活中的事例谈谈感受和启迪。同学们为了作好演讲，搜集整理各类名言警句，进行思考、重组，使他们对生命、幸福和人生又有了新的认识。

5.篇章内容、优秀诗文演讲

我先让学生选择文笔优美的篇章，或者是教材课后要求背诵的段落朗诵。对其要求分两个层级：一是正确、流利地朗读。二是注意节奏、停顿、重音，读准语气和感情。演讲完之后，让学生评议文字总体上表现了什么内容，好在哪里，哪些地方值得借鉴，让学生掌握一些写作技巧。

对于优秀诗文的选择，内容可以是班上同学的优秀习作，也可以是课外读物中的优秀诗文，将其诵读出来和大家一起欣赏，并进行简要的分析，以加深大家对文章的理解。这样，既提高了学生的阅读理解能力，也培养了学生的阅读兴趣，扩大了阅读面，提高了阅读量，听的同学也受益匪浅。

6.实事讲评

生活处处皆语文，鼓励学生从自己的生活见闻、感受入手，认识社会、领悟人生哲理是语文学习的重要内容。根据这一内容，我在班上设置了"议论纷纷"和"唇枪舌剑"栏目，可以根据时事新闻各抒己见，如：中菲的黄岩岛事件和中日的钓鱼岛事件。也可让学生根据社会生活学习中发生的事情，自由组合大胆辩论，提高了学生的口语表达技能和思维的敏捷性、宽阔性。

7.课本剧表演

在学习了一些课文后，我组织学生根据课文内容设计表演。如《晏子使楚》《草船借箭》等。学生在小品或小型话剧表演中，更加深入地理解课文内容，提高语言表达能力和文学欣赏水平。

8.命题演讲

命题演讲，一般是指出题者给出一个既定的题目，要求应演讲根据这个给定题目进行演讲。它集中体现学生的表达能力，应该拿出专门时间进行训练。要求学生能就某一现象或问题较为清楚地阐明自己的观点、立场，学会充分、清晰地表达自己。由本班学生在学期开始时讨论确定话题，然后由班干部归纳整理成话题库，演讲前由学生抽签决定演讲话题。只有课前几分钟的时间来准备材料、理清思路，上课铃响时上台演讲，时间三分钟。命题说话对学生应变能力、思维能力、表达能力要求比较高，训练时机老师应视学生情况而定。

除了以上内容外，"魅力魔术""笑话大王""才艺展示""点歌台""我做你猜"等，都是我班学生演讲选定的主题。

二、全面发挥教师的教学活动组织者和引导者的作用，让学生"把话说好"

1.老师应当给学生充足的信心和勇气。

俗话说，"好的开始是成功的一半"，老师要给学生充分的鼓励，帮助学生树立自信心，并明确要求学生：仪态自然大方，声音洪亮，表达清楚。而且课前三分钟口语训练，人人都必须参与，无一例外。学生既知没有退路，也就不得不勇往直前了。

2.提前布置，让学生有充分的准备过程。

本学期，我先采用的是榜样引领的方式，让我们班表达和表演能力强的几位学生先演讲，将课前三分钟的积极性调动起来，再采用按学号轮流出场或者男女生轮流出场的方法，既避免了乏味单调，又给每个学生机会，且有充足的准备时间。

3.脱稿演讲是基本要求。

要求学生脱稿，一方面能提高学生的记诵能力，另一方面还可以让学生在反复背诵中加深对主题的理解。每一次背诵都是一次学习的过程，也是一次锻炼的机会，如果手拿讲稿，照本宣科，便像是在应付一件苦差，怎能引起听者的共鸣。如果学生没做充分的准备，敷衍了事，当次的演讲就完全失去意义。

脱稿演讲时学生要求做到：普通话要标准，语言流畅，不能结结巴巴，最关键的一点是站在台上时，态度要大方，声音要响亮。

4.教师指导和学生点评相结合。

演讲完毕的讲评不可或缺，是课前三分钟活动的升华。在同学演讲的过程，台下的同学要学会倾听，在听后要学会负责任、实事求是地加以评说，这既能锻炼学生的口语交际能力，又可以考查学生的参与意识和情意态度。

学生的评价可以从整个演讲过程中演讲者的仪态、表情是否自然，发音是否标准，吐词是否清楚、语言是否流畅，感情是否真挚，演说词是否生动精彩等这些方面来评价。

除了同学的评说，教师的指导更是尤为重要。除了在内容确定，话题提供，情景创设，组织安排，演讲方法上进行具体的指导，演讲过程中，还要从演讲内容、语言表达、思维能力和姿态气质等方面进行评价。在学生的演讲和评说后，教师应该用精练的语言作简短的评说。教师的评说应根据学生的实际情况，以鼓励为主，激发学生的热情，提升学生对语文学科的兴趣。对于善于表达的学生，教师要及时表扬，以达到肯定的目的。对于演讲时怯场、声音低小、语无伦次，词不达意的学生，老师应注重激励，抓住学生在演讲过程中的闪光点加以鼓励。但同时也要善意和委婉地提出缺点，帮助改正，从而锻炼学生的胆量、口才，发现和点燃学生进步思想的火花，激发和培养学生热爱语文，热爱生活的意识。

5.建立奖励机制，进行有效评价

有效的奖励、竞赛能激发学生演讲的热情，能促进学生良好学习习惯的形成及巩固。为了调动全班演讲的积极性，可以每过一个阶段，请全体学生投票，评选出周冠军、月冠军，通过十进五、五进三，最终评出学期总冠军，晋级越快，奖品越丰厚，如赠送一本好书或者朗诵名家名篇的光碟以资鼓励。也可以适时地开展全年级或全校的演讲比赛，让"课前演讲"中的优胜者在更大的舞台中得以锻炼和展示。

三、让学生持之以恒，循序渐进，日久才能见功夫

在全面推行素质教育的今天，要求改革基础教育的课堂结构模式，变传统的授课式为课堂多元式，压缩老师的讲授在课堂所占的比重，增加学生的活动在课堂所占的比重，使学生成为课堂学习的真正主人，但是我们经常听到许多家长谈起孩子，总是对孩子不善言语、性格内向感到忧心忡忡，在教学中我也注意到学生说话能力的弱化问题。这个问题本来会回答，可一站起来，就成了茶壶里的饺子。未来社会对人才有一个共同的要求就是要善于说话。"能言善辩"的口头表达能力是增强竞争能力的重要工具。

那些表现害羞、含蓄，在课堂上以躲开老师的视线不被叫到为幸的学生，难道就不可改变现状吗？我认为，一个人的胆量是逼出来的，当全班每个人都接到必须上台演讲的任务时，他们已无可选择。的确，一些学生在刚刚开始演讲时，有的两眼盯着地板，有的望着天花板，有的全身摇摆，连最起码的自然的说话姿势都做不好，更谈不上什么体态美。可当他们硬着头皮，战战兢兢完成了第一次演讲后，老师给他们以表扬性的点评，同学们报以善意的、鼓励的掌声，他们的信心就更足了，会为下一次的演讲机会准备得更好。一次、两次……经过长期的锻炼、熏陶，学生的说话姿势自然了，有的还表现了较优美的体态：比如说话时能配合较自然贴切的手势，有的还能眉目传情。连课堂回答问题，都比以前踊跃多了。因为人人都有表现欲，都想有当众施展才华的机会。

每节课铃声一响，讲台之上，早有学生立上头。"今天，我给同学们讲一个笑话，名字叫……我的笑话讲完了。谢谢大家，请点评。""今天我给大家变个魔术，看，见证奇迹的时刻就要到了！"……开展活动以来，课前乱糟糟的场面没有了，随之而来的是学生们爽朗的笑声和热情的鼓掌声。课前三分钟演讲，看似占用时间，但却激发出了学生的求知欲，创造欲，极大地活跃了课堂气氛。

我们班有一位胆小腼腆的同学在日记上写道："我从小就是一个不善言辞的孩子，一在众人面前讲话就会紧张，我不敢站在台上讲话，老师也很少提问我。但这'三分钟课前演讲'活动，使我惊喜地发现，原来我也可以做到，我也可以做好，以后我会做得更好！"

课前三分钟的实施，语文课程目标的实现，不是一朝一夕就能够实现的。在实施的过程中，教师要根据学生的实际情况，认真对待学生的阶段差异、个性差异。在不同的年龄阶段，对学生的口头交际能力的要求是不同的，教师应认真研究新课程标准，确定不同的训练内容、训练目标。对存在差异的学生，应耐心引导，争取每个学生在课前三分钟这一教学环节中都能得到实践，得到提高。

"巧用课前三分钟，磨刀不误砍柴工"。课前三分钟可以调节学生的课前情绪，尽快地进入学习状态；可以改变传统教学的刻板模式，用意想不到来激发学生的学习热情；可以增添课堂教学的趣味性、生动性，变"要你学"为"我要学"；胆识的锻炼、视野的拓宽、情操的陶冶、能力的提高都在潜移默化、润物无声中进行着……因此我们语文教师必须高度地重视和认真地开展好此项活动。

课前三分钟，这是一个充满活力、充满精彩的空间，是语文课堂灵动的序曲！

3.以情悟情，以心契心，以神会神

——古诗《泊船瓜洲》教学片段与评析

以往的古诗教学太注重知识的系统性和完整性，条分缕析，肢解了原本文脉贯通、浑然一体的千古佳句。画一画、演而现今的一些古诗教学也只是进行形式上的创新，一演、唱一唱。这些教学形式冲淡了古诗本该具有的文化韵味，扼杀了学生思维的灵性和生命的活力。随着《语文课程标准》的颁布，古诗教学何以出新？我们以《泊船瓜洲》为例，进行了一次探索。

一、古诗教学中的人性光辉

语文具有工具性，这是一个不争的事实。但是语文的工具性，是负载着厚重文化的工具性，是流溢着美好人性的工具性，是浸润着浓浓人文气息的工具性。

古诗是中华民族的传统文化瑰宝，意境深邃，语言凝练而优美。诗句的字里行间流露着诗人的情感。教师要善于挖掘古诗中蕴含的美好人性，以此唤醒和培植学生心中的情感。

《泊船瓜洲》是诗人王安石在55岁时写下的诗作，他当时正远离家乡，进京赴任，诗句的字里行间表达的是怎样的心情、心境，如何让学生在40分钟的课堂上，一步一步地走进远在北宋时期的这位55岁老人的内心，读懂它、体验它、引起共鸣，进行心与心的对话，教师在教学中做了以下尝试。

片断一：

师：谁来读读整首诗？

（学生读整首诗）

师：我听出来了，你是这样读的，"春风又绿江南岸，明月何时照我还。"

（教师利用课件相机在"又""绿""何时""还"下面打点）

师：作者的家乡江南，现在是什么季节？

生：春天。

师：春天来了，春风吹绿了江南，想象一下，春天的江南，那会是一幅怎样的景象呢？

生1：江南到处是绿色，鸟语花香，一派生机勃勃的景象。

生2：草长莺飞，春意浓浓，草是绿的，树是绿的，山也是绿的，美极了。

师：同学们，你们看，这就是春天的江南。（利用课件展示江南美景图）

师：作者的家乡江南美吗？

生：美。

师：可作者就要在这样一个春天，离开秀美的江南、温暖的家。这一去不知何时才能回来，不知何时才能再见到这家乡的山山水水。那会是一种怎样的伤感、忧愁。谁再来读读后两行诗。

（学生读后两行诗）

师："明月何时照我还"，这位同学，读到这儿你又想到了些什么呢？

生：我想王安石此时最大的心愿就是早日回到家乡，和家人团聚。

师：圆圆的月亮代表了什么？

生：和家人的团圆。

师：年年岁岁月依旧，岁岁年年人不同。此时王安石已是一位55岁的老人了。这样的一位老人，他多么想和自己的家人生活在一起。王安石的妻子也许正倚门眺望，盼望着远行的丈夫归来；王安石的儿女也盼望着父亲能早日回家。今日明月送我离开，什么时候明月再照我归来呢？

（学生和教师共同朗读最后两行诗句）

【评】学生生活在21世纪，王安石生活在遥远的北宋时期；学生们大都刚满10岁，王安石已是55岁的老人。虽然学生和诗人有距离，但人性是相同的，远离亲人时的思乡之情是相通的。在学生读中感悟、读中体验的过程中，教师抓住关键词"又绿""何时""还"，发挥教师自身独特的人格魅力，用煽情的话语，让学生感受到"春风又绿江南，明月何时照我还"的那份苦苦的乡愁。家永远是王安石忘不了的地方，是他永远深深眷恋的地方。这份真情在教师、学生和作者的心灵之间和谐交融，情感达到共鸣，这便是理想境界的语文课堂。

教育家陶行知说过，真的教育是心心相印的活动，唯独从心里发出来的，才能达到心的深处。

学生的心中，原本就有着一切美好人性的萌芽和火苗，教师用自己的真情实感拨动学生情感的心弦，与学生一起感受蕴含在古诗里的作者的情感，使"教材情""教师情""学生情"三者合一，让我们的语文课堂充满生命的活力，迸发智慧的火花，流溢人性的美好。

二、古诗教学中的个性化解读

语文教学应当是生命的对话，是孩子们内心情感的真切流露，是他们个人见解和智慧的展现。因此，在古诗教学中，教师必须尊重学生的个性，珍视学生的感受和体验。

片断二：

（在《泊船瓜洲》这首古诗的教学中，学生初读古诗，整体感知后）

师：这首诗咱们已经读了好几遍了，你们对古诗的内容和作者的情感有了怎样的感受呢？诗中的哪些词句让你有了这样的感受？咱们再仔细地读一读这首诗。请你结合手中的资料和注释，去细细地体会诗人情感，可以作批注。

（教师给学生提供王安石的背景资料，学生按照要求自学古诗，教师巡视）

师：同学们，稍停一下，我发现这位同学很会读书，他在仔细地读着资料，抓住了古诗中的关键词，写下了自己的感受，很会学习。请继续！

【评】教师在不经意的鼓励中，教给了学生读书的方法。

师：稍停一下。我现在和大家有同样的感受，当看了课下注释和这些资料以后，我心中有许多的话想说，那就让咱们再读读这首诗，看看能不能把我们的感受通过朗读表达出来。你是怎么想的，你就怎么读。你是通过哪些关键词体会到的，那么你在读的时候，就抓住这些词，读出你的感受和体会。

（学生有情感地大声朗读）

【评】教师立足人性，给予学生充分的学习时空，让学生借助文本和资料自读、自悟，在读中理解、读中体验、读中感悟、读中抒发，将工具性和人文性完美统一，实现三个维度的有机融合。

师：结合注释和这些资料，你们有怎样的感受？谁来读一读这首诗？

（学生读诗，流利但无情感）

师：你读得挺流利的。读了这首诗，你最想说的是什么？

（学生沉默）

师：别慌，咱们一块儿来思考。

（教师亲切地把学生带到讲台）

师：作者现在在哪儿？（指着黑板上的图）

生：瓜洲。

师：京口在哪儿？

生：在这儿。（指图）

师：京口和瓜洲仅仅一江之隔。作者的家在哪儿？

生：在这儿，钟山脚下。（指图）

师：作者此时所在的瓜洲，和作者的家乡仅仅只隔着几重山。（指图）

师（面向全班）：同学们，作者离家乡近吗？

生：近！

师：可作者现在能不能回去？

生：不能。

师：是呀！家乡近在咫尺，却不能回，此时的作者只会离家乡越来越远！谁来读读前两行诗？（学生读诗）

师：不知道大伙听出来没有，他是这样读的"京口瓜洲一水间，钟山只隔数重山"。

（教师利用课件相机在"一水间""只""数重山"下面打点）

师：这位同学，读到这儿，你想到了些什么？

生：我想到了作者现在离家乡很近，可是他要到京城实施变法而不能回去，他一定非常思念家乡，思念亲人。

师：是呀！同学们，此时的王安石对家乡的思念之情是何等的深切真挚。

（教师再次指导第一位学生读前两行诗，该学生比前一次读得有进步）

师：我感受到了那份情真意切的思乡之情。对于前两行古诗，你们还有其他的感受吗？谁来读一读？（学生读前两行诗）

师：我听出来了，你对前两行诗有自己特殊的感受，对吗？

生：我从背景资料上了解到，王安石在第一次变法的过程中受到了很多挫折，第一次变法失败了。由于朝廷的重新任命，王安石准备实行第二次变法。这次变法会成功吗？自己的命运又会如何呢？此时王安石的内心还有一种担忧和不安。

师：请你再读读前两行诗。（学生再读）

师：我感受到了王安石当时上任时的焦虑、无奈。

生：我觉得王安石的内心还有一种激动的心情。因为王安石是一位胸怀大志的人，第一次变法失败，王安石受到打击。可这一次朝廷的重新任命，让壮志未酬的王安石终于可以再次施展自己的才干，内心肯定有一种激动、一种兴奋的心情。

师：你再读读前两行诗。（学生再读前两行诗）

【评】教师抓住关键词"一水间""只""数重山"用心点拨，让学生凭借语言文字，在读中抒发情感。学生与文本进行跨越时空的心灵对话，感言于心、以心化言，实现自我超越，读出了他人未曾有过的感叹和自己的独特体验。对于前两行诗句，学生结合资料，或体会到王安石远离家乡上京赴任，对家乡浓浓的思念之情；或体会到王安石二次上任，前途未卜，对自己命运的担忧、焦虑、无奈的心情；或体会到壮志未酬的王安石重新施展才干，内心的激动、兴奋和欢畅。对于前两行诗，不同的学生有着不同的感受，又把各自不同的感受，通过朗读表达出来，学生的个性得到充分展现。

我们的课堂教学是一个动态生成的课堂，更是不断追求真善美的课堂，在这样的课堂里，教师和学生进行着对话。这里的对话，是师生敞开心扉、人格对等的精神交流，是学生对文本的理解、欣赏、评判，是学生张扬个性的一种自我超越，这是智慧碰撞、情感相融的结果，教学因此而涌动着生命的灵性。

三、古诗教学中的美的体验

《语文课程标准》中指出，陶冶其情操，激发学生的审美情趣，是提高学生语文素养的一个重要方面。

古诗不仅内涵丰富，具有很高的审美价值和很强的艺术感染力。而且短小精悍，词句优美，韵律和谐，因此在古诗教学中更要注意给学生以美的享受和美的启迪，拨动学生的琴弦。

片断三：

师：这首诗言美、情美、意境美。现在我们就伴随着轻柔的音乐，工工整整地把这首诗抄写下来，那会是一种美的享受。（学生配乐抄写古诗）

【评】学生纵情品读古诗后，这里让他们静下心来抄写古诗。学生在心理上就会形成一个落差，变大声读出情感为静心体验情感。此时，学生的心理状态是一种迫不及待地想书写、想抒发。以此教师将情感的宣泄与语言的积累融为一体。让学生在优美的洞箫乐曲声中，静心书写。动情的音乐，优美的书写以及情感的体验和抒发完美的融合，让学生动心动情，感受情的真挚，感受诗句语言的美好。

师：让咱们看着自己用心抄写的古诗，再次朗读《泊船瓜洲》这首诗。（全班齐读古诗）

古诗教学要求有一个良好的氛围，使学生身临其境，很快地融入那诗情画意中。《泊船瓜洲》是一首乡愁诗，教师选择了由洞箫演奏的《望春风》为背景音乐，在播放画面、朗读、书写古诗时音乐始终贯穿于其中，使学生感受到音乐美，也获得了一种情感的体验，体会到那份浓浓的思乡情。

语文教师是真的卫士，善的使者，美的化身，教师要用自身的人文精神去滋润、去涵养、去提升学生的人文素养和品位。只有当教师深情投入、真情流露、热情洋溢、激情四射的时候，学生才能以情悟情、以心契心、以神会神，才能受到真正的熏陶和感染。

（原载《湖北教育（教学版）》2007年第3期）

4.长文短教，让课堂充满活力

——《飞夺泸定桥》教学设计

一、教材简析

《飞夺泸定桥》是九年义务教育人教版五年制第八册中的一篇传统课文。文章篇幅比较长，但条理清晰，思路工整，文题合一，依据事情的发展顺序，围绕"飞"和"夺"展开故事情节，真实地记录了1935年5月，北上抗日的红军为夺取泸定桥与敌人英勇战斗的故事，表现了红军战士不畏艰险、勇往直前的革命精神。

二、学情分析

"金沙水拍云崖暖，大渡桥横铁索寒"是毛泽东在长征胜利之后写下的诗句，"飞夺泸定桥"就是发生在这漫漫长征途中的一场惊心动魄的战斗。翻开课文，我们能够从文章的字里行间深切地感受到当时红军战士对生命极限的挑战，感受到他们在生与死的关头，那种义无反顾的抉择。读着，读着，我们的心灵会受到一种震撼与感动。教学本课，重在引导学生体验文中所表达的情感。

但是，我们看到，现在的孩子大多是在爸爸妈妈的精心呵护下成长起来的，他们的生活经验与情感积累，与文本的情感内涵相距甚远。教学中，学生常常是人在文中，神在文外。因此，教学本课的重点和难点就是：根据文本的特点，借助多媒体课件创设情境，通过引导学生体味语言，拉近学生与文本之间的时空距离，让学生经历一次战火的洗礼，从而发自内心地体会到和平的可贵，幸福的可贵，体味到"英雄"二字的凝重与内涵。

三、设计理念

教学设计力求体现以下两点：其一，引导学生进入情境，激发学生的内在情感，激活学生的读书需求，让学生凭借文本在有限的时空里与红军战士进行心灵的对话。其二，"飞"与"夺"是一个凝固的整体。第一课时，教师重点在学生理解课文内容的基础上，引导学生体验文中所表达的情感。第二课时，教师在学生动心动情的基础上，让他们用笔抒发自己内心的感受，由课内延伸到课外，由读延伸到写，将知识与能力、过程与方法还有情感态度价值观和谐地统一起来。

四、教学目标

1.针对课文的特点，借助课外资料和多媒体课件，凭借语言文字，引导学生与文本真诚对话，让学生在读中感受红军战士不畏艰险、勇往直前的精神，并体味"英雄"二字的凝重与内涵。

2.学习按一定顺序叙事的表达方法。

3.学习本课的生字和新词。有感情地朗读课文。

五、教学重点

从学生有限的生活积淀和自身的阅读体验出发，引导学生紧扣文中描写红军战士言行的重点语句，在读中一步步走进人物内心，走进人物的精神世界。

六、教学难点

创设情境，拉近时空，引导学生走进人物的内心世界。

七、课时安排

两课时

八、课前准备

1.多媒体课件。

2.学生预习课文，熟读课文，并搜集红军长征及泸定桥的相关资料。

九、教学流程

第一课时

教学内容：在学生预习课文，熟读课文的基础上，将"飞"和"夺"作为一个整体，引导学生阅读和体验。

教学要求：借助课外资料和多媒体课件，凭借语言文字，引导学生与文本真诚对话，让学生在读中感受红军战士不畏艰险、勇往直前的精神，并体味"英雄"二字的凝重与内涵。

（一）谈话导入，激发阅读兴趣

1.师生谈话，引出课题。

师：（课前师生一起唱歌）同学们，我们多么快乐！是啊，当我们吃完早点，背上书包蹦蹦跳跳上学的时候；当我们的爸爸妈妈匆匆忙忙赶去上班的时候；当我们看到街心公园的老人在悠闲地吟诗舞剑的时候，你可曾想到这种安宁、祥和其实就是一种幸福。而这种幸福又是多么的来之不易啊。今天，我们要学习的这篇课文，将会把我们的思绪带回到60多年前那烽火连天的岁月，那硝烟弥漫的战场。（课件出示课题）

评析：这是开课时，教师为了激发学生的阅读兴趣而相机述说的一段话。在本课的教学中，教师在课前与学生一起唱学生熟悉的歌曲，孩子们和教师在唱歌的时候，情感非常投入，此番话是教师根据当时的情境有感而发的。在以下的教学流程中，还有一些教师为激活学生的读书兴趣而相机述说的话语，就不另作注解了。在平时的教学中，教师也可以根据课堂上学生的阅读需求，调动自己的语言积累，相继进行。

2.学生读题，"课题中哪两个字引起了你的注意？"（教师相继板书"飞"和"夺"。）

评析：一篇文章，或明或暗，总有一个贯穿全文的主线，这个线索，就是作者的思路。抓住了思路，就抓住了文章的纲；抓住了纲，就会纲举目张，教师就能熟练地驾驭教材，有效地组织课堂教学，发挥教师的主导作用。开课让学生从课题入手，抓住文章的主线，即

"飞"和"夺",从而理清了作者的思路。

（二）浏览课文，整体感知

1.浏览课文，看看课文围绕着"飞"和"夺"主要写了些什么？

评析：抓住文章的结构特点，整体把握，才能实现长文短教。这一问题的设计，学生思考后就很快从整体上了解了课文的内容。

2.教师深情述说，进一步激发阅读兴趣。

师：这篇课文的语言文字并不难，但我每次读的时候都会有一种内心的震撼和深深的感动。

（三）自主阅读，体验情感

1.默读课文，细细地读，看看围绕着"飞"和"夺"，文中哪些地方令你非常感动？一边读，一边作批注。

2.学生自主阅读，教师读中指导。

评析：要做到长文短教，必须在设计问题上花大气力。"疑为思之始、思之端"。设计牵一发而动全身的问题，启发学生思考，对于培养学生的思维能力很有必要。一般把作者思路作为设计问题的线索，使学生的思考解疑与作者的思路合拍，学生的情感与作者的情感融为一体，从而受到文章内容的感染。

（四）集体交流

说明：一篇文章无论篇幅多长，总有其重点内容。重点内容总是为中心服务的，叙述都比较详细。抓住了重点内容，就找到了教学的突破口；找到了突破口，就容易把握文章的情感内涵。教学中依据学生当时的读书感受和情感表达的需要，教师结合重点做相机的调控。师生共读、共议。交流的重点内容及过程如下：

A.关于"飞"这一部分

评析：这一部分学生对内容感知的重点是：为什么飞？（事情的起因）和怎样飞？（事情的经过）对这一部分处理的重点有：

起因：红四团28日早上接到任务，29日早晨必须赶在增援的两个旅的敌人的前面赶到泸定桥。抢在敌人的前面，是我军战胜敌人的关键。

经过：课文的第四自然段是感知内容，体味语言的重点。重点词句有："翻山越岭；击溃阻击的敌人；一整天没顾得上吃饭；全身淋透了；冒着雨；踩着泥水继续前进"等。

教学构想：

1.教师根据学生的阅读体验，相机用课件出示第四自然段，引导学生读中议，议中读，联系上下文，谈自己对人物的认识与感受。

（1）当学生谈到"一整天没顾得上吃饭"时，教师引导学生结合自己的生活体验，谈谈自己的感受。在与学生的交流中，相机补充在行军途中，一位小战士吃生米的故事，拉近学生与文本的距离，与文中人物近距离对话。

（2）当学生谈到"红四团的战士索性也点起火把，照亮了道路和对岸的敌人赛跑"时，相机让学生理解"索性"这个词的意思。

（3）当学生的阅读体验涉及其他的点时，教师相机做弱处理，师生共议、共读。

2.回归整体，融情朗读课文第四自然段。读中感受红军战士对生命极限的挑战，感受红军战士不畏艰险的精神。

3.回扣"飞"的起因——"红军战士为什么要这样赶时间呢？"

学生齐读课文的二、三自然段，教师板书：28日早上29日早晨

4.（课件出示红军战士冒雨行军的场面）师：两支军队像两条火龙隔着大渡河走了十几公里，同样的山路，同样的抢时间，同样的火把被浇灭，可不同的是什么呢？学生齐读课文第五自然段的最后两句话。

评析："长文短教"的教学思想在"飞"这一部分的教学中得到了一个比较明晰的体现。教学的切入点是"怎样飞？""为什么飞？"教学中，学生并非依循事情的发展顺序来进行阅读的，而是从

自己的阅读需求出发,从"令自己最感动的部分"来切入课文的学习。课文的第四自然段成为学生的重点直奔及情感体验的核心所在,同时也是教师教学的重点所在。这里,是师生解读文本时在重点内容上的共同聚焦。当学生了解了红军战士是"怎样飞"以后,"为什么飞"这一问题就凸显在师生面前。而课文中的这一部分的语言明白易懂。因此,教学中,学生一读而过。第五自然段的大部分内容,是借助课件加深学生对课文内容的感性认识,学生只齐读了这一自然段的最后一句,这同样也是长文短教的又一体现。相对"短文"而言,"长文"有着较多的内涵,在"飞"这一部分的教学中,点与点之间的跳跃与取舍,对课堂内容的精简,体现了设计者的独具匠心。有效地处理好"长文短教"与"完成目标"这对矛盾。

B.关于泸定桥的险

说明:这一部分学生对内容感知的重点是:体验泸定桥的险。对这一部分处理的重点有:"13根铁链;并排9根;摇摇晃晃;心惊胆寒、直泻、撞击、一丈多高的浪花;震耳欲聋"等。

1.自由朗读,说说自己读了之后,知道了什么,想到了什么。

2.根据学生的阅读体验,课件出示第六自然段中"泸定桥离水面……涛声震耳欲聋"这段文字,结合学生的生活体验,师生共读、共议,再借助课件身临其境,感受泸定桥的险。

3.自由读;齐读,感受桥的"险"。

评析:第六自然段既是对"飞"的承接,又是由"飞"到"夺"的过渡。因此教学中,对这一段的处理是"顺水推舟",在"飞"这一部分之后,顺势进行,一气呵成。

C.关于"夺"这一部分

说明:这一部分学生对内容感知的重点是:红四团的战士是怎样英勇夺桥的?在这一部分中处理的重点有:其一,22位英雄英勇夺桥的壮烈场面;其二,在千钧一发的时刻,战士们奋不顾身冲进火海的英勇场面。

教学构想：

1.学生在读完第六自然段的重点句子之后，教师接着读第六自然段的最后一句话，相机播放课件——嘹亮的军号声、震耳欲聋的枪炮声。师：在"夺"这一部分，哪些地方让你最为感动？引发学生的自主表达。

2.学生依照自己的情感体验，选读相关语句，谈感受。

（1）当学生谈到22位英雄英勇夺桥的壮烈场面时，课件相机出示课文第七自然中的关键语句，引导学生想象当时的战斗场景，想象22勇士英勇夺桥时的壮烈场面，有感情朗读。

（2）当学生谈到战士们奋不顾身冲进火海的英勇场面时，根据学生的情感体验，相机重点词语的意思，感受红军战士在生死关头的英勇无畏。（板书：冲）

3.借助课件，再现课文七、八自然段中所描写的战斗场面，升华情感，师生有感情朗读课文第八自然段。

评析：在"夺"这一部分的教学中，抓住重点，避免繁琐的分析，实现长文短教。突出的是文中的两个壮烈场面，尤其是第一个场面，特别震撼人心，这一部分成为师生共同体验的重点。引导学生紧扣重点词句，利用多媒体课件，读中体验，进入情境，感受红军战士大无畏的精神。

（五）回归整体

1.师生共读首尾两个自然段，抒发情感。

2.再读课题。师：多少年过去了，这个可歌可泣的故事永远留在了人们的记忆中。让咱们再读课题。

评析：教学首尾呼应，形成情感体验的"磁场"，使学生由心底里为文中的故事所感动，心灵受到震撼，情感受到熏陶和感染。

第二课时

教学内容：体会文章的表达特点；读写结合。

教学要求：体会文章语言表达的凝练、准确，以及场面描写的真实与感人，并在动心动情的基础上，由课内延伸到课外，由读延伸到写。

一、厘清文章的叙述顺序，进一步体会文章在语言表达上的特点

二、再读课文，体验情感，并联系课外资料写自己的读后感

教学反思：

在教学中，有这样一个问题经常困扰着我们的老师：课文长，课时少，怎么处理？特别是小学高年级语文有些课文篇幅较长，离学生的实际生活较远，而学生年龄又小，接受能力有限，教师教起这类文章来，往往感到难度较大。如果逐段讲来，费时费力，且效果不佳。如果不这样，又觉得好像没有讲深讲透，学生也会感到茫然而不知所云。怎样将长文教好，便于学生接受呢？我认为应该采用长文短教的方法，从提高课堂教学实效出发，克服面面俱到的弊病，对每堂课的教学内容进行大胆取舍，突出重点，实现教学目标。

我们知道，阅读教学是学生、教师、文本之间对话的过程。正确处理三者的关系，是提高阅读教学效率的关键。《全日制义务教育语文课程标准》指出："学生是学习的主人。"要让学生在语文阅读实践活动中主动获得知识，培养能力。这就需要教师转换角色，优化教学方法。根据学生的年龄心理特征以及阅读教学的规律，努力构建有利于学生自主学习、主动发展的课堂教学模式。

从信息论的角度看，阅读教学这个对话过程实际就是一个信息交流的过程。教师对教材进行面面俱到的、繁琐的分析，对学生来说，他所获得的信息是繁杂的，缺少秩序的，但是在阅读教学中，学生、教师之间的对话，基本是围绕文本（教材）来进行的。教师利用教材来教育学生，学生凭借教材来学习知识，培养能力。《语文课程标准》指出："教师要创造性地理解和使用教材。"教师在处理教材

时，必须从学生的"学"着眼，根据学生的学习心理和认知规律，彻底改变以往那种把课文"嚼"得支离破碎，再"灌"给学生的做法，要组织和引导学生开展多种形式的阅读实践活动，从而为促进学生自主学习奠定良好的基础。因此，《课程标准》指出："不应以教师的分析来代替学生的阅读实践"，"要避免繁琐的分析"。可以说，长文短教是必然的选择。

5.和学生一起感受古曲今韵之美
——《天净沙·秋思》教学设计

元曲是中国灿烂文化遗产中的瑰宝，是世界文化艺术宝库中的一颗灿烂的明珠，是人文教育和语言文字学习的丰富资源。元代杰出的散曲作家马致远写的《天净沙·秋思》这首脍炙人口的小令，又是中国古典诗歌的精髓，被后世称为"秋思之祖"，足见此小令之精妙，堪称元人同类作品之绝唱。

这首小令，"语语明白如画，而言外有无穷之意"（王国维《宋元戏曲考》）。它字字写秋光秋色，又字字写人意人情，以"秋"托染"思"，又以"思"映射"秋"，终以"一切景语皆情语"（王国维《人间词话》），紧紧扣住"思"字，含蕴深挚地表达了"天涯沦落人"的凄寂、苦闷、无法解脱排遣的"断肠"之情。

《天净沙·秋思》这首小令在表达方式上的特别之处是以词语排列呈现的，而不是以句子呈现的，首三句"枯藤老树昏鸦，小桥流水人家，古道西风瘦马"叠用九个名词，名词与名词衔接，无须动词作中介，却又能够使人理解作者所见所想。这就像电影的蒙太奇镜头那样，通过画面的组接，启发观众联想画面之外的含义。这三组景色，情味不同，在夕阳的照映下，统一构成富有韵味的一组画面。整幅画面，有待读者用想象的"眼睛"重新"排演"，每个人读时呈现的画面是不一样的。

学情分析

对于这首小令的学习，不能把着力点放在主旨对内容的理解上，不可作深入讲解，过多地品词析句，应该让学生以《天净沙·秋思》为例，通过诵读、比较、连接、创作，感受列锦这种修辞方式带给读者的画面感和节奏美。从两个方面对《天净沙·秋思》这首小令进行赏析：一是对小令文本本身的鉴赏，认识"列锦"，体会列锦这种修辞方式在古诗文中的表达效果，二是跳出文本本身，用现代人的目光鉴赏，发现中西方文化美的融合点。

教学目标

1.朗读课文，强调的是读者阅读的个性，独特的感悟。

2.整体感悟小令的意境，赏析其语言美，画面美，节奏美，情感美。

3.对小令文本本身的鉴赏，认识"列锦"，体会列锦这种修辞方式在古诗文中的表达效果。

教学重难点

1.通过诵读、比较、连接、创作，感受列锦这种修辞方式带给读者的画面感和节奏美。

2.跳出文本本身，用现代人的目光鉴赏，发现中西方文化美的融合点。

一、谈话导入新课

师：我想让大家进一步了解我，这是我的个人资料，（课件出示）有六条。但是有两条是假的。大家猜猜，哪两条是假的呢？

1.有一个可爱的儿子，六岁了，读一年级。（调皮的儿子给我的生活带来的乐趣。）

2.比较爱美，每天早上都要化点淡妆才出门。（的确是真的。）

3.精通茶艺，对茶文化很有研究。（喜欢喝茶，但谈不上研究。）

4.中文很流利，但英语和粤语知之甚少。（我听说同学们的英语和中文都很棒。）

5.是家中的烘焙大师，经常为家人做美味的点心。（爱吃点心，特别是蛋挞，但做嘛！还得学一学。）

6.做事不太有条理，常常丢三落四。（为什么没有人猜第六条是假的？大家真是厉害，一下就把我的缺点看出来了。）刚才有人猜第六条是假的，告诉大家丢三落四的确是我的毛病。

二、初读小令，整体感知

（一）排词

1.（换课件）告诉大家丢三落四的确是我的毛病，（拿词卡）昨天准备了九张今天上课要用的词卡，可是赶来的路上，匆匆忙忙，顺序全被打乱了。哪九个词呢？来，一起读。（出示九个词）

2.就这九个词，我原本分成了三组，每三个为一组，你们能够帮我还原吗？把你们的想法跟小组里的同学说一说。时间有限，一分钟。（学生讨论）

师：谁来代表小组说说想法。你说我排。

如果学生排对，师：大家同意吗？大家是怎样想的呢？（这九个词连在一起眼前好像有了一幅画。）

如果学生排错，师：你是怎么想的？他是这样排的，那你们呢？有不同的意见吗？你们是怎样想的呢？（看来意见不一致，因为你们眼前出现的画面不一样。）

（二）初读，读准字音，了解大意

1.远在700多年前的元代，中国有一位著名的散曲作家，名叫马致远。他写的一首小令中就用到了这九个词。那么他是怎样排的呢？这首小令就是《天净沙·秋思》，请大家打开学习单第一页。自由读读，多读几遍。（教师巡视）

2.师：（出示课件）哪位小组的同学愿意试一试。你们小组还有同学愿意读吗？我再请一个小组的同学来读一读。

（4位学生）

（关注：枯藤的"藤"的读音）

师：我发现这两学生对最后一行的断句是不一样的。这位同学读的是断肠/人在天涯，而你读的是断肠人/在天涯，你们同意哪一种？

（这位同学读到的断肠人的字面意思，而这位同学读到的是断肠人的比喻意。）

师：是的。应该读断肠人/在天涯。（出示课件）大家一起把红色字的最后两行读一读。

3.关于这首小令的内容，以及它的作者大家有没有了解？（有几位同学有了解）

我给大家准备了一些资料，看看能不能帮助到大家！大家的资料单上也有（课件出示资料）

资源平台

作者：马致远，号东篱，元代著名的散曲、杂剧作家，他一生怀才不遇，仕途坎坷，异乡漂泊二十多年，晚年退隐山林，写出许多"叹世之作"。《天净沙·秋思》是其代表作，被后世誉为"秋思之祖"。

作品：在距今700多年的元代，独领风骚的文学样式是元曲。元曲分散曲和剧曲两种，小令是散曲的一种。

《天净沙·秋思》是一首小令，"天净沙"是曲牌名，"秋思"是题目。这首小令短小精练，仅用28个字就勾勒出一组画面：枯藤、老树、昏鸦；小桥、流水、人家；古道、西风、瘦马。夕阳西下，风尘仆仆的游子，迎着瑟瑟的秋风，牵着瘦马，浪迹天涯。

4.师：请同学们快速浏览一下资料，然后再把这首小令读两遍，看看你感受到了诗人怎样的情感？（先说后读）孤独、哀愁、凄凉、伤感、惆怅。把你的这种情感通过朗读表达出来。

师：朗读传达的是一种情感，你表达，我们感受。因此，我们应该努力通过自己的声调、气息传递诗人的情感。你只要努力了，听的人就会有所感受，大家再试着读一次。

（看来这个资料的确帮助到了你，我们的确感受到了）

三、感受、品味"列锦"这种独特的修辞方式

（一）引出"列锦"

《天净沙·秋思》这首小令离现在已经有700多年，这首只有28个字的小令，却让我们体会到如此丰富的情感。那么它的魅力究竟在哪里？它在表达方式上到底有什么与众不同的地方？你们有自己的想法了吗？请小组里的同学互相交流，看看大家有没有什么想法。

（用词的精练、准确、有节奏韵律美）

是的，读起来有节奏的变化。（板书：节奏）以天净沙为曲牌的小令就规定了这样的字数和格式。

（先写景，后抒情，情景交融。）

你的发现太了不起了，是的，前三行是一个词、一个词、一个事物、一个事物，连接起来组成画面。（板书：画面）你发现的正是这首小令与众不同的地方，只有这首小令是这样的吗？

刚才大家说的都是这首小令的特点，这首小令的与众不同之处还不在这里。

（二）通过对比了解"列锦"

1. 现在我们再来看看元代其他作家写的以《天净沙》为曲牌的小令。（课件出示）

天净沙·秋

（元）白朴

孤村落日残霞，

轻烟老树寒鸦，

一点飞鸿影下。

青山绿水，

白草红叶黄花。

天净沙·春

（元）白朴

春山暖日和风，

阑干楼阁帘栊，

杨柳秋千院中。

啼莺舞燕，

小桥流水飞红。

大家自由读一读，这几首小令和我们刚才读的《天净沙·秋思》表达方式上有什么共同之处吗？你有什么发现？可以在小组里和其他同学说一说。

师：哪个小组有了发现？你们发现没有，这些小令的前三行是不是和天净沙 秋思一样，他们前几行是由一个词、一个词、一个事物、一个事物，巧妙地排列叠加在一起，让我们的眼前出现了一幅幅意境悠远的画面。这种独特的修辞方式就是"列锦"。（板书"列锦"）

大家看看这两个字，列锦。锦，美丽的绸缎，列锦，美丽的绸缎排列在我们的眼前，挺美的吧！

（三）体会列锦的好处

1.（课件出示两首小令）同学们，列锦这种修辞方式到底好在哪里呢？让这些散曲在流传千百年后，依然让我们回味无穷，你们刚才说到了画面，我们就结合《天净沙·秋思》这首小令谈谈。读了这首小令你们的眼前出现了怎样的画面？大家在小组里说一说，待会儿我们一起分享。

2.哪位小组的同学愿意来分享,师述:这些词语的排列,让散曲简约、模糊、寥寥数语,却留下无尽空间。给读者自由,让读者主动参与到散曲的创作中来。景物的罗列,给读者留下很多想象的空间。清水出芙蓉,天然去雕饰。

3.不同景物天衣无缝地和谐排列叠加,让我们的眼中出现了一幅幅画面,使情更浓,意无穷!这正是列锦这种修辞方式的魅力。

4.列锦让小令谁来有节奏美,谁来读读这首小令,让我们一起感受列锦的美!(配乐诵读)(指名读,齐读)

5.《天净沙·秋思》是散曲,属于越调,在古代是可以演唱的。很可惜,我们已经听不到古人是怎样吟唱的了。但我在中国古乐网上找到了由香港歌剧合唱团演唱的《天净沙·秋思》。和我们现在很不一样哟,让我们静静聆听。(课件播放香港歌剧合唱团演唱)

四、与庞德的英文诗对比,进一步感受列锦的魅力及影响力

1.师:其实这种列锦的方式,哪里只有中国古代诗歌里有呢?美国有一位著名的诗人Ezra Pound(庞德)受到了中国古典诗歌中列锦这种修辞方式的影响,写过许多首英文诗歌,这是其中的一首。(课件出示英文诗)

Rain; empty river; a voyage,

Fire from frozen cloud, heavy rain in the twilight

Under the cabin roof was one lantern.

The reeds are heavy; bent;

and the bamboos speak as if weeping.

Selected from《Seven-LakeCanto》 written by Ezra Pound

这对大家来说不难吧!谁来读一读?这首英文诗歌和这些散曲有什么相同之处吗?

2.同样是列锦这种修辞方式运用,用这种并列关系的词语组成画

面，和我们刚才读到的几首散曲，有异曲同工之妙。

五、模仿教材上的韵文，自己试着写韵文

1.读中感受韵文

师：我们大陆有一个版本的小学语文教材，就用了散曲这种列锦的方式，编成了韵文。（课件出示去掉拼音的韵文）

谁来读一读。

这些韵文和刚才以《天净沙》为曲牌的散曲，又有什么相同之处呢？

2.创作韵文

（1）你能自己创作一首这样的韵文吗？把你看到的美景，听到的故事，感受到的情感，用这种列锦的修辞方式表达出来。用美的文字创作美的韵文。

（2）学生自由创作。

师：我们都很期待看到你们漂亮的书法作品和优美的韵文，

3.展示韵文

学生自由读自创韵文，教师相机点评。（内容及书写）

六、质疑引发进一步思考，让课堂延伸

同学们，这节课让你感受到了什么？想到了什么？或者你还有什么想了解的呢？

6.把握单元实施策略，落实语文学习要素

——以部编教材二年级下册《要是你在野外迷了路》为例

温儒敏教授指出，统编教材的一大特点就是重视语文核心素养，重建语文知识体系。语文要素包括基本的语文知识、必需的语文能力、适当的学习策略和学习习惯以及写作、口语训练等。这些语文要素以若干知识点的形式，按照年段目标以及学生特点，由浅入深、由易到难螺旋上升的形式呈现。教学时，每个单元都有不同的语文要素，单元语文要素统领单元课文教学。我们要从单元整合的角度考虑语文要素的落实，突破单元教学的瓶颈。

部编版小学《语文》（二年级下册）第六单元的语文要素为"提取主要信息，了解课文内容"，既是对课标低学段教学目标的落实，实现对文本内容的初步感知，同时也将为中学段"学习略读，粗知文章大意"作好铺垫。一个语文要素的落地，需要一个反复教学、导学、运用的过程。那么在课堂教学中，如何引导学生从文本中提取相关信息，了解文本内容，从而使语文要素在课堂中有效落实呢？

一、基于学情，精准教透彻

部编教材从一年级开始就着力培养学生在阅读中提取信息的能力，并在教材中根据年级的升高呈现明显信息，让学生作出简单推断结合综合信息谈感受的递进式要求。学生对于提取简单、明显的信息已有一定基础，而对于准确提取关乎课文内容的关键信息，并且综合利用这些信息概说课文的主要内容，则需要教师精准施"教"。

低年级的学生提取信息可从问题入手。在开课时带着"要是在野外迷了路没有指南针该怎么办"这样一个问题来概读全文，从中发现

关键信息。本课中"天然的指南针"统领着对全文的理解。通过读文，引导孩子们观察课文一事一段的结构特点，让他们在文中发现"大自然中有很多天然的指南针，会帮助你辨别方向"这些关键的文字信息，进而激发学生主动去探究"大自然中到底有哪些天然的指南针？它们又是如何帮助人们辨别方向的呢？"

课文第2自然段至第5自然段分别讲述了在不同的时间里这几种"天然的指南针"是怎样帮助人们辨别方向的。这是本课的重点也是难点。在教学过程中，学生在发现"大自然中有很多天然的指南针，会帮助你辨别方向"这一关键信息的基础上，用句式填空的方式来提取信息。

在教学时引导学生从文本中提取信息，引发思考，是理解文本的关键。教学时可引导学生利用文章中的关键信息内容设计表格，再利用表格梳理信息。对二年级的学生来说，根据表格提取信息其实不难，在本课中可根据事物（天然的指南针），时间（什么时候），方法（怎样辨别）这三个关键词设计表格。这样的表格直观、简明、概括性强，学生能一目了然地掌握本课的主要内容。

在教学过程中可采取"先扶后放"的策略。教学第2自然段"太阳是怎样帮助人们辨别方向的"这一知识时，先由老师引导学生学习，让学生在文本中找到对应的关键信息（事物、时间、方法），在书上做出不同的标记，并在小组内交流汇报，最后用自己喜欢的方式演一演或者画一画，在全班展示"太阳是怎样帮助人们辨别方向的"，形象直观地让学生理解，最后指导学生填写表格"太阳"部分。

二、引导自学，精细学扎实

在学习第2自然段的基础上，教师可放手让学生自主学习第3至5自然段。学生先自己读，通过小组合作学习的方式填好表格，通过表格梳理的信息在小组交流这些"天然的指南针"是怎样帮助人们辨别方向的。随后全班交流分享，教师相机在课件上完成表格的填写。

　　插图是编者根据课文的内容和特点，精心安排绘制的。它是教材的"第二语言"，作为课堂教学资源的一部分，具有形象性、直观性、趣味性、启迪性等特点。本课是一篇常识性的课文，学生理解起来有一定的难度。

　　在课堂教学中，借助插图和视频，能帮助学生轻松地了解文章内容。学习"北极星"这一小节时，教师首先引导学生利用图片弄清北斗七星的形状，再根据北斗七星找到北极星，因为北极星永远高挂在北方，所以人们根据它就能很快辨别方向了。学生也能清楚地理解北极星是怎样帮助人们辨别方向的。

　　在阴雨天没有太阳时，又如何辨别方向呢？当孩子们找到"大树"这个关键信息时，不仅要让他们明白枝叶茂密的一面是南，枝叶稀疏的一面是北，还要搞清楚为什么会这样。此时教师利用图片就能很清楚地让学生明白其中的原因。在交流到第5自然段"雪特别怕太阳，沟渠里的积雪会给你指点方向，看看哪边的雪化得快，哪边的雪化得慢，就可以分辨北方和南方。"这一小节时学生肯定会有大大的疑问：到底是南边的雪化得快还是北边的雪化得快？对低年级学生来说，由于知识储备和生活经验不足，无法理解文本中所说的现象，这就会成为阻碍学生理解文本的"绊脚石"。在教学中，教师可引导学生关注这样的信息，及时提取，答疑解惑。此时可借助沟渠里的积雪这一图片，形象直观地引导学生理解：沟渠南面因有遮挡，阳光照射的时间比北面少，所以南面的雪化得慢一些。北面阳光照射得多，所以雪化得快一些。当学生理解后就引导学生模仿第4自然段的最后一句来表述：雪化得快的一面是北方，雪化得慢的一面是南方。

　　三、落实运用，精致练到位

　　在学生充分交流、朗读后，教师可顺势而导：只要我们细细观察，多多去想，就能用天然指南针帮我们准确地辨别方向了。大自然中还有许多天然的指南针，你还知道哪些呢？它又是怎样帮助人们辨别方向的呢? 学生在课堂上进行交流, 年轮、布满青苔的岩石、向日葵等几种"天然的指南针"是如何帮助人们辨别方向的。在学生充分交流后, 请他们试着仿照课文中的句式来说一说, 对学生进行语言文字运用训练和语文能力的培养, 让学生在理解课文的过程中, 逐渐产生探索自然科学的兴趣和热爱大自然的情感。

"除此之外, 大自然中还有哪些'天然的指南针'呢? 请大家课后去搜集一下有关的资料并记录下来, 与同学交流交流。"老师这样说就将学生的学习由课内延伸到了课外。

教得精准、有层次, 学生的学习才能循序渐进, "一课一得"才能达成。教师各个环节做得细, 学生才能学得充分、扎实。不仅用上文中关键信息, 梳理了文本主要内容, 而且通过拓展练习, 实现了语言积累向运用的转化, 同时也将为学生"学习总分构段方式"打好基础, 可谓一举数得。

作为教师, 我们要立足单元整体来落实语文要素, 树立整体意识, 尊重学生, 遵循教材, 学会巧妙整合、开发资源形成单元教学特色, 开拓学生思维, 焕发课堂活力, 提升学生的语文核心素养。

(原载《湖北教育(政务宣传)》2021年第6期)

7.一种不经意间被遗忘的爱

——教材重建设计

一、教材简析

《"精彩极了"和"糟糕透了"》是五年制小学语文教材第九册中的一篇课文，主要写作者在七八岁的时候，写了人生中的第一首诗，妈妈对此的评价是"精彩极了"，父亲的评价却是"糟糕透了"。作者在"精彩极了"的鼓励中，在"糟糕透了"的警告中，把握人生的方向，成长为一名著名作家。也明白了，父母对自己的两个极端的断言，其实是两种不同的表达爱的方式。课文既有鲜明的形象，又凝聚着感情，渗透着深刻的哲理，文质兼美，富有人情味。

《地震中的父与子》是五年制小学语文教材第七册中的一篇课文，课文讲述的是1994年美国洛杉矶大地震中，一位父亲冒着危险，抱着坚定信念，不顾劝阻，历尽艰辛，经过38小事的挖掘，终于在废墟中救出儿子和同伴的故事，歌颂了伟大的父爱，赞扬了深厚的父子之情。

选编这篇课文的目的，一是让学生感受父爱的伟大力量，受到父子情深的感染；二是引导学生通过对人物外貌、语言和动作的描写，体会文章表达的思想感情，提高阅读能力。

《温暖我一生的冰灯》是人教网学生频道的阅读文库中的一篇文章，原载《成功之路》2003年第3期。这篇文章让学生感受到父爱那样的严厉和慈祥，他蕴涵着责备，也洋溢着谆谆的教诲和赞赏。

二、学情分析

这三篇课文同为歌颂父爱的文章，又与学生的生活实际接近，很容易激起学生情感上的共鸣。文中一些含义深刻，富有哲理的句子，既是学生理解学习上的重点、难点，也是激发学生思维的兴奋点。但在没有进行整合以前，学生学习这几篇文章还不能将其感受到的父爱聚焦，学生的情感是零散的，难以形成一种持久的情感体验。

三、重建构想

1.设计理念

小时候，我们老是跟在妈妈后面走。嘴里唱着"世上只有妈妈好"。从古至今，诗歌词语都有赞颂母爱，但是父爱呢？为什么没有人提过？也许这一种爱在不经意间被我们遗忘了。

通过这三篇课文的重建整合式学习，并与美术学科中"出其不意的礼物"这一课，课程中把"学会关爱父母"这一内容以及信息技术课中"如何制作电子贺卡"相结合，让学生感受父亲的那种至深至纯的爱，同时学会向父母表达自己的爱。

2.设计思路

三篇课文：与文本对话，通过语言文字，感受父爱。学生实践作业：在父亲节那天给父亲写一封信，帮父亲做一件力所能及的事，制作一张精美的电子贺卡送给父亲，给他一个惊喜。

我进行这样的重建，是为了把处于不同册的课文进行整合，同时整合了艺术、品社、信息技术等学科。在这种学习状态下，学生的学习是多维度的，情感体验是深刻的、持久性的。这样可以解决学科未整合时出现的问题。

四、教学目标

1.学习与文本对话的方式、技巧，能品词、析句。

2.学习爱的多种表达方式，如：写一封信、做一件力所能及的事、制作一张电子贺卡等。

3.学会制作精美的电子贺卡，学会写信。

4.通过文本对话，让学生透过语言文字体会父爱。

五、单元教学计划

第一天教学内容：学习《"精彩极了"和"糟糕透了"》。

第二天教学内容：学习《地震中的父与子》

第三天教学内容：学习《温暖我一生的冰灯》

第四天教学内容：制作一张精美的电子贺卡送给父亲。

第五天教学内容：给父亲写一封信。

第六天教学内容：帮父亲做一件力所能及的事。在父亲生日那天给他一个惊喜。

六、课案例举

《地震中的父与子》是发生在父亲与儿子之间的感人故事，我们能够从文章的字里行间深切地感受到父爱的伟大。教学本课，重在引导学生体验文中所表达的情感。了解父亲不顾一切抢救儿子的经过，感受父爱的伟大，让学生明白这对父子为什么了不起。引导学生进入情景，激发学生的内在情感，让学生凭借文本中的人物进行心灵的对话。感受到父亲在生与死的关头的那种义无反顾的抉择。

（一）创设情境，揭示课题

1.师：同学们，我想请你们看一段影片。（播放影片片段）

2.师：这就是可怕的地震，（板书：地震）此时大家最想说的是什么？

3.揭示课题：是啊，地震是多么的残酷，它使多少人失去了亲人而万分痛苦，1989年，当巨大地震的危害侵袭美国洛杉矶时，有这样的一对父子演绎了一段令人潸然泪下的故事。今天就让我们来学习《地震中地父与子》。（板书课题，齐读课题）

（二）初读读文，整体感知

1.自由朗读课文，用简单的话说说课文主要写一件什么事。

（从一次大地震中，一对父子靠着互相坚定的信念，父亲终于救出了儿子和儿子的14名同学的事情）

2.从文章中感受到，这是对怎样的父与子。（学生自由谈感受）

（三）精读课文，体验情感

1.读课文，把你认为最感动的地方画下来，你从那里看出父亲和儿子的了不起。可以简单地写写自己的感受。

2.学生自学，教师相机指导学习方法。

3.集体交流。

关于父亲的了不起，以下句子或关键词语是品味的重点：

（1）"在混乱中，一位年轻的父亲安顿好受伤的妻子，冲向他7岁的儿子的学校。"

（我感受到父亲关爱孩子，担心孩子会有危险了。"冲"这个动作体现了这位父亲急切的心情，他迫切地希望孩子能够平安。）

（2）"当看到教学楼已成为一片废城时，他顿时感到眼前一片漆黑，大喊：'阿曼达，我的儿子。'"

（从这里可以体会到父亲以为儿子已经死了，他感到极度痛心，体现了他失去儿子的悲痛心情。）

师：心爱的儿子不在了，父亲那撕心裂肺地喊着。（指名读，齐读）

（3）"跪在地上大哭了一阵后，他猛地想起自己常对儿子说的一句话：'不论发生什么，我总会跟你在一起！'他坚定地站起身，向那片废墟走去。"

（从这儿可以看出父亲有一个坚定的信念支持着他，当父亲坚信儿子在等他时，就疾步走到那里，可见父亲教儿子的急切心情，他想快些救出儿子。）

师：父亲坚信儿子仍然活着，是因为他记得儿子说的那句话。谁

来读读他对儿子说的话。(指名读，分小组读)

（4）"他挖了8小时、12小时、24小时、36小时，没有人再来阻拦他。他满脸灰尘，双眼布满血丝，衣服破烂不堪，到处都是血迹。挖到第38小时，他突然听见瓦砾堆下传出孩子的声音。作者把表示时间的词罗列起来，从中你读懂了什么？

（父亲坚信儿子没有死，用尽全力救儿子，这是一种多么伟大的父爱。）

师：这是多么伟大的父爱！这是多么坚定的信念，正是这种坚定的信念使这位年轻的父亲不停地挖。（分男女生读。）

关于儿子的了不起，以下句子或关键词语是品味的重点：

（1）"挖到第38小时，他突然听见瓦砾堆下传出孩子的声音：'爸爸，是你吗？'"儿子为什么猜出来救他们的人是他的爸爸呢？

师：我们从儿子微弱的声音中感受到儿子对父亲的信任，他坚信父亲会来救他。即使在最危险的时刻，儿子的信念都没有动摇。因为他知道，无论发生什么"我们总会在一起"。

（2）"不！爸爸。先让我的同学出去吧！我知道你总会跟我在一起，我不怕。不论发生什么事，我知道你总会跟我一起。"从这句话中，你读懂了什么？

师：儿子还是个无私的人，在父亲救他的时候，他让同学们先出去，要父亲先救他的同学，而这又是那朴实但又强有力的话语。（生读"无论发生什么事，我知道你总会和我在一起。"）

（四）教师小结，升华情感

是呀！了不起的父亲与儿子。父亲对儿子的浓浓的爱让我们感动，儿子对父亲的信任，更让我们感动。亲情使父子心连心，亲情使儿子更坚信，两颗真挚的心紧紧地连在了一起。全班齐读最后一个自然段。

七、单元反思

在这一次学科重建的教学中,我将同为表达父爱的三篇文章进行整合,并结合了艺术、品社、信息技术多门学科,让学生在温馨而感人的氛围中感受到父亲的伟大。学生凭借语言文字与文本中的人物进行心灵的对话,让父爱流溢心间。学生的情感体验是深沉的、持久的,同时学生还学会了写信和制作电子贺卡,从而实现了多维度、多层面的学习。

第六章　小学生培养的家、校互动

小学不"小"

XIAO XUE BU XIAO

丁苗 ● 著

—— 我的教育探索之路

第一节 三结合育人体系

学校、家庭和社会教育，直接影响着学生的成长，三者达成一致，是教育取得成功的重要因素。学校虽然是教育的主阵地，没有家庭、社会的支持、配合，就如失了士兵的大将，孤军奋战的结果怎能尽如人意？联合国教科文组织早在20世纪70年代提出了学校与社会关系中的"教育适度先行"的发展思想，作为一种主动性、前瞻性、建设性的社会组织——学校，在三结合关系中应主动成为发起方。因此我校以自身为主办方，坚持建设三结合育人体系，即让学校、家庭、社会联合起来。

一、学校与家庭

家庭教育是在家庭生活中，家长有意识地通过自己的言传身教和家庭生活实践，对子女施以一定教育影响的社会活动。这是学校教育和社会教育的基础。2021年10月23日第十三届全国人民代表大会常务委员会第三十一次会议表决通过《中华人民共和国家庭教育促进法》，我国首次就家庭教育进行专门立法，这是大力弘扬中华民族家庭美德的法治体现，为促进未成年人健康成长提供了保障，也树立起了重视家庭教育的鲜明价值导向。

在此我要提醒一点，不要把家庭教育狭窄化。固然父母是起主要作用的家长，但家庭中的任何成员都会对孩子的成长施加影响。

家庭是孩子成长过程中的终身学校，家长是孩子学习和生活的第一任教师，家庭教育为孩子的成长奠定坚实的基础。"家庭是社会的第一细胞，是人生的第一所学校。"习近平主席多次强调家庭教育的重要性。即使在现代，如此规模系统的学校教育对学生影响长约20年，但和家庭教育的跨度与影响相比，仍旧难以平分秋色。在家庭这所学校里，推动摇篮的手，能推动这个世界，生活即教育，从婴孩时期就被种下了教育的种子，并且在日复一日的强化中不断发展。

家庭教育对学校教育影响极大，美国西南教育发展实验室的一个报告显示：当学校、家庭和社区共同参与教学时，孩子在学校的表现就更好，愿意待在学校的时间更长，也更加喜欢学校。该报告基于10年来家长参与教学的一项综合研究得出。无论家庭收入和背景如何，只要其家长参与教学，学生更有可能取得更好的考试成绩，社交技能更好，改进行为，更好地适应学校。

家庭教育能为学生的良好习惯打好基础，第三章我重点论述了小学生的习惯培养，学校抓得再紧，也只是很小一部分，家庭在培养孩子习惯方面不能无所作为，金钱只是单向的低矮的闸门，永远无法积累起情感的洪峰。如孩子的生活习惯就更多受到父母影响，讲卫生、爱运动、不挑食、早睡早起，孩子都是跟在父母的先行表率下学习。家庭教育也是学校教育的有益补充。试想教师在学校费尽心力让孩子掌握知识、多多阅读，若是回到家就把教师的耳提面命抛之脑后，何以育人？

家庭教育做好了，孩子的发展一定不会差，小学教师在管理、教学上也将变得更便利。所以学校才要充分发挥家庭教育的作用，把家长视为一种特殊的教育资源。

但有部分家长总以为教育是学校的事情。在孩子入学前，一般家长都能自觉承担起教育子女的责任，但一入学，尤其是进入小学，部分家长就大松一口气，更有甚者，把责任一推了之，"老师，我家的孩子就全权交给你了。"但其实在孩子成人之前，家庭教育是无论如何也不可松懈的，没有家庭的配合，学校不可能孤军奋战地将孩子培养出色。

正因为家庭教育如此重要，所以施教者要先受教育，那如何给家庭中的施教者上课？最关键就在学校。

首先，学校教育与家庭教育存在共同点，学校和家长目的相同，毫无疑问，一切都为了孩子，二者都向着全方位培养孩子的目标，为了同一个孩子共同努力。

其次，二者也有更多的不同。

第一，就教育对象而言，家庭教育重在个体，学校重在整体。举一个众人都深有体会的例子，家长看到孩子成绩稍有下降，往往心急如焚，老师虽然也会对学生进行教育指导，但老师们的目光更多着眼于班级整体情况，是试卷整体偏难，抑或只是学生成绩的暂时波动，都是很正常的现象。

所以，家庭教育可以更好地培养孩子的个性发展，而学校教育则有利于纪律性、责任感、荣誉感等社会性的培养。目前我们虽然提倡学校也关注孩子的个性发展，但学校就是一个以班级为单位进行整体学习的地方，是一个由孩子们共同组成的小社会。学校内的教师，尤其是班主任也关注每个孩子不同的气质、性格、爱好，但教师再如何神通广大，也不能面面俱到地依次耐心发掘孩子们的这些特性并持续培养。家庭是孩子个性发展的最好场所，家长可以带着孩子去大胆尝试，在朝夕相处中发现自家孩子的优缺点，可以将这些相关信息提前告诉教师。

第二，就教育关系而言，家庭教育中是自然关系，学校教育则是一种社会关系。孩子一出生就和家长建立了天然的联系，而和学校、教师的关系则是后天构建的。因此，家庭教育更关注孩子的情感，学校教育更关注孩子的知识，当代学校教育是满足人的生命发展需要的教育，满足人生命发展需要的教育以人文、科学为主要教育内容。[①]

这一点给了我们提示，即学校能够站在第三方的角度评价孩子的情感发展，可以对孩子品行、行为的优劣作出判断，从而为是否需要改变提出相应的建议。

第三，就教育者而言，家庭教育的教育者普遍缺少"打磨"，学校教育的教育者则更加专业。对多数家长来说，拥有"家长"这个身份都是头一回，再多次也不过停留在个位数。而且家长接受的教育各不相同，存在教育学背景、阅读过大量教育类书籍的家长终归是少数派，更多的还是继承了他们儿时经受的教育来教导他们的孩子。因此家长作为家庭教育中的教育者是兼职的、非专业的，一方面他们没有接触过教育专业知识和系统训练，教育活动大多源于天性、经验和直觉；另一方面，家庭教育水平无法统一，家长也受限于自己的工作，无法把所有精力放在教育孩子身上。当家长的精力无法完全放在家庭教育上，又缺乏对教育的正确认识后，便出现了"家庭教育学校化"的问题，家庭教育依附于学校或课外辅导的帮助。

学校的教师是专门的教育工作者，他们求学时所接触的都是教育学，工作后的时间精力都花在了小学生教育上。他们接受过系统的职业培训，是具有一定的教育工作能力的专职教育工作者。家庭教育肯定需要专业化，从家长的心理来看，学校具有权威性，固然网络上存在大量泛用性广的教育文章，家长所信任的仍然是具有教师身份的

---

①许序修：《教师发展的专业逻辑——教育观察与教学探索》，厦门大学出版社，2017年版，第196页。

人，尤其是自己孩子所在的学校、班级的教师。

由此可见，学校教育与家庭教育各有所重，二者必须相辅相成，缺一不可。也正因为以上异同点的存在，学校可以对家庭教育施加影响，促使其向着更科学、更完善的方向进步。学校要充分落实主体责任，发挥主导作用。

二、学校与社会

陶行知提出了"社会即学校"的大教育观，来源于杜威"学校即社会"的观点，是对其教育思想的批判继承。"社会即学校"关注到了社会的作用，使学校教育面向自然、面向生活。

社会教育为学校提供价值导向，社会需要德、智、体、美、劳全面发展的人，能时刻纠正学校更重视智育的偏颇。社会更是学生成长实践的大课堂，我们的孩子最终还是要走入社会，象牙塔内长不出挺拔的枝干。社会绝非个人之单独行为而能生存，必须借助相互关系来增进个人的行为，孩子可以在社会活动中学会生活、学会协调、学会交际。

社会资源也大有可利用之处，帮助深化实施素质教育。红色教育资源、劳动教育资源都为强化实践育人创造了有利条件。诸如博物馆、美术馆、音乐厅等建筑，是实施素质教育的有力增长点，也是促进教育改革的力量源泉，能更有力地提升教育水平。绝大多数学生都生活在一个相对固定的地域之中，而每个社区都有自己独特的自然资源、文化资源和深厚的历史底蕴等，这些资源对学生有很大的亲和力和吸引力，可以把社区作为加强学生思想道德建设的重要阵地，积极鼓励、引导和支持学生走进社区，拥有一个服务社会的社区岗位，广泛开展多种公益活动。

学校对社会也能起到莫大帮助，学校在和谐社会建设中具有示范辐射作用，校园的平安和谐有利于社会的稳定。学校要坚持以人为本，以全面实施素质教育为中心，以促进人的全面发展为目标，建立健全学校规章制度，完善学校卫生安全管理制度，加强校园文化环境创设。其实学校坚持发展自身就是对社会的良好助力。

教育是构建和谐社会的基础，学校是教育的主阵地，也拥有充足而又重要的公共资源，担负着和谐社会建设的重要任务。从长远来看，从学校里走出去的需得是未来的优秀公民，始终坚持全方位、开放式办学，多渠道培养素质全面的社会新人就是学校能提供的最大帮助。从资源上看，一方面学校可以开放自身具有的物质资源，另一方面，学校可以以自身的人才、教育资源对社会起到引领作用，为社会建设提供智力支持和保障。

强化学校教育主阵地作用，并不是让学校总揽一切，承担起所有的教育活动，更不能让学校生活侵占孩子所有的生活空间，在大教育观念的引导下，以各种活动为载体，以学校教育为主，以社会为平台，学校可以和社会相互融为一体，利用双方共享的丰富资源，维护社会稳定，提高居民生活质量，促进孩子全面成长，推动双方共同发展。共建对学校和社会而言是双赢的选择。

在利用好社会资源教育学生的同时，学校也必须增强紧迫感和使命感，找准切入点和落脚点，真抓实干，充分发挥自身学生集中、学习环境好、规章制度齐全、育人周期长等优势，不断拓展自身功能，积极共享已有资源，使学校成为和谐社会建设的先行者和承载者。

教育学家苏霍姆林斯基说过："生活向学校提出的任务是如此的复杂，以致如果没有整个社会首先是家庭的高度的教育学素养，那么不管教师付出多大的努力，都收不到完满的效果。"三结合育人是科学的，也是必行的道路。

第二节 三结合育人体系的建设

苏霍姆林斯基说：生活向学校所提出的任务是如此复杂，以致如果没有整个社会首先是家庭的高度的教育学素养，那么不管教师付出多大的努力，都收不到完满的效果。

我校在建设三结合育人体系的过程中，为了增强对儿童教育的合力，使家长、社会在教育过程中都能发挥沟通、服务、参与、管理作用，结合我校整体实际情况，努力夯实"三位一体"工程，加大对现代化学校治理的探索，加强学校、家庭、社会紧密结合的开放式办学格局。

一、家校合作，形成教育合力

两个"教育者"——学校和家庭，不仅要一致行动，要向儿童提出同样的要求，而且要志同道合，抱着一致的信念，始终从同样的原则出发，无论在教育的目的上、过程上还是手段上，都不要发生分歧。没有家庭教育的学校教育以及没有学校教育的家庭教育，都不可能完成培养一个人这样极其细微的任务，学校里的一切问题都会在家庭里折射地反映出来，而学校的复杂的教育过程中产生的一切困难的根源也都可以追溯到家庭。学校作为主导者，可让家长不时参与到校园活动中，除了上文所述请家长代表参加发新书仪式外，我在担任班主任期间进行了很多尝试，我校也有特色建设。

（一）学校整体措施

1.家长开放日

我校通过每学期的"家长开放日"活动，让家长体验孩子在学校的学习和生活，向家长展示学生的学习成果，及时向家长介绍学校的教育教学工作，积极主动与家长沟通，听取家长代表提出的建议，邀请家长参与学生的集体活动，家长们也受益良多。

家长来学校可以参观班级布置、检查教师常规教学工作（备、教、辅、批、考），翻阅学生作业，参加主题教育活动，观看学生成果展示。让家长看到学校工作的整体水平和学生的发展水平，家长对学校有信心，才能更好开展工作。利用这一天我们也充分征求家长对学校、班级的工作的建议和意见。

2.家校共育委员会

把"家长委员会"改为"家校"，这就有了决定意义上的不同。家长委员会类似学校的附属组织，而家校委员会是把学校和家庭放到了同等地位上，开展工作时，双方均作为独立主体展开合作。

家长和学校携手，教育形成合力才能形成最大效果。我校推进PTA（Parent Teacher-Association，"家长教师联合会"）运作模式，以班级为基本单位，委员会由家长自荐或推举，再从其中产生年级、学校PTA。如此成立了三级委员会，参与学校的管理，为学校工作献力献策。

学校家校共育委员会由分管德育的副校长牵头，其职责为：审议学校工作计划，参与学校重大决策，听取学校工作总结，提出改进意见，督促学校各项工作的开展。

年级家校共育委员会由年级主任负责，指责为：审议年级工作计划，参加年级组织的重大活动，协助年级组和班主任做好家校联系工作，及时反馈家长信息。

班级层的就由班主任负责，代表班级家长的利益和愿望，对班级工作提出意见和建议，督促班级调整工作思路，达到最佳育人效果。

3.家长学校

如上一节所述，学校教育要对家庭教育起到引导作用，而且由学校对家长进行教育往往是最有效的。为了给每一个孩子营造良好的教育环境，学校应该办好家长学校，带领家长学习家庭教育知识，帮助孩子的父母学做优秀的家长。这将能进一步提高家长整体素质，提高我校学生家长的家教水平，促使家庭教育更好地成为学校教育和社会教育的基础和纽带，促进孩子的健康成长和全面发展。

我们聘请校长、主任、有经验的教师、家庭教育的专家授课，要求授课教师从学生的需要、家长的需要出发，丰富授课内容和活动形式，加强授课内容的针对性，增强对家长的吸引力和实效性。

我校曾开展的具体课程有：如何培养孩子良好的学习、生活习惯；如何与孩子进行交流；与辅导孩子学习有关的知识和技能；儿童心理学、教育学。皆把理论知识跟家庭教育的实际情况紧密地联系起来。

4.爸爸接送周

我校每学期会开展"爸爸接送周"活动，曾有人这样形象地描述当下的家庭教育现象：爸爸缺位，妈妈焦虑，孩子崩溃。的确，在当下的家庭教育中，爸爸缺位现象非常普遍。接送孩子上学的除了老人多是妈妈，爸爸鲜见身影；开家长会时，绝大多数是妈妈参加，几十个学生的班级只有零星几个爸爸点缀其间；学校开展大型活动时，能一起参与的家长也多半是妈妈；公益家庭教育讲座、学校的家长学校来听报告的也基本上是妈妈或者老人。

其实，爸爸在育儿路上起着举足轻重的作用，爸爸对孩子的成长有着极大的影响力，这种影响涉及孩子的智力、体格、情感、性格等多方面，对孩子的独立、理性、坚强、探索、创造等品格起到重要作用，尤其是对男孩子的阳光、阳刚、坚毅、率性、责任感等优秀品质的培养有着极为重要的影响。鉴于此，我校开展了一项非常有意思、有意义的活动：爸爸接送周。学校倡议这一周当中尽量抽出时间来校接送孩子，牵着孩子的手送到校门口，拉着孩子的手回家。

在实行过程中，有的爸爸还是第一次接送孩子，显得特别激动，也感受到了一种前所未有的幸福；有的爸爸专门向单位请了假，尝一尝接送孩子的味道；有的爸爸还特地从外地赶回，体验一把接送孩子的天伦之乐……更有不少妈妈来找学校，强烈建议这样的活动要定期开展，有的妈妈直接向学校提出在每周设定一个"爸爸接送日"。

其实爸爸是否接送只是一种外在的形式，需不需要每周有个"爸爸接送日"并不重要，重要的是通过"爸爸接送日"告诉家长们：爸爸在家庭教育中的作用非常重要，绝不可缺位；通过"爸爸接送日"提醒爸爸们：工作再忙，也要多抽时间陪伴孩子的成长，更好地尽到爸爸的责任。况且，我们也不提倡中高年级的家长接送孩子，孩子到了一定年龄，完全可以自己独立上学回家。只要家长们尤其是爸爸们的观念到位了，观念改变了，爸爸接送和陪伴孩子就会逐渐成为常态。到那时，"爸爸接送日"活动就会退出历史舞台，每一天都是真正意义上的"爸爸接送日"和"爸爸陪伴日"。

我相信如果更多的学校做一做类似"爸爸接送日"这样的活动，将会在全社会逐步营造一种家庭教育的良好氛围，对家庭教育的健康发展起到一定的正向引导作用。我更相信学校教育是可以在一定程度上正向影响并引领家庭和社会的。

（二）班级策略

1.新型家长会

常规的家长会俨然是一种定式教育活动，时间上只在考试后进行，内容上先是班主任发言，再由各科教师分析情况，最后个别单独交流。这也带来了许多问题，一场家长会，家长似乎只是来了解孩子在学校中的情况，而且还主要是关于学习成绩的情况。一个班级数十位家长，班主任也不可能一次性聊完所有家长，一学期下来，也许有些家长从未有过直面交流的机会。我校举办的家长会一般有如下模式：

（1）活动式：让家长参与教师、学生的活动，在活跃互动的氛围中相互沟通，

（2）交流式：就教育中的共性问题进行理论探讨，做个案分析，或召开经验交流会；

（3）对话讨论式：就一两个突出的问题进行亲子、师生、教师与家长的对话；

（4）专家报告式：就学生入学后某阶段或某个共性问题，请专家做报告并现场答疑，以提高家长的教育素质；

（5）展示式：展览孩子的作业、作品或学生现场表演等，让家长在班级（学校）背景中了解自己的孩子；

（6）分类式：可根据不同的内容、类型，分别召开小型的家长会。

针对大型家长会，以我曾经举办的一次家长会为例。

家长会前，我让每位同学动手给自己的爸爸妈妈制作家长会邀请卡，富有个性的卡片赢得了家长的一致赞许，在充满仪式感的环节中，孩子主动邀请爸爸妈妈参加家长会，这还是头一遭。

家长会上，我并没有像以往一样和家长聊期中考试成绩，也没有全程站在讲台上侃侃而谈，而是坐在了下面，请每个家长站在了讲台

中央。班集体是家长、学生和老师共同的，要想真正实现自主成长，这里的每个成员都必须共同制定班级目标，一起为自己的愿景而努力。我请家长和孩子一起坐在小组里讨论，学习、感受小组的合作模式。第一次参加自己走上讲台的家长会，很多爸爸妈妈有些害羞，但是一到小组展示却精彩纷呈，各显其能，给力的表演，十八般武艺全拿出来了，为了给小组拉分，两个妈妈竟用唱歌的方式展示诵读的诗词，引爆全场。会前，我曾请每个孩子和家长一起讨论，提出平时教育中的焦点问题，写出属于自己的班级愿景。我搜集整理后，进行归并梳理，在家长会现场请家长们以小组合作的方式讨论解决这些问题。每个小组的家长团队首先进行问题认领，并用网络图的方式呈现讨论结果，分工合作完成问题的思考、梳理和介绍。现场43位家长智慧与智慧的碰撞，真情与真情的交流，给大家留下了难忘的印象。家长会持续了近三个小时，分享讨论还在进行，最后对班级目标、未来发展等多个问题大家都达成了共识。

家长会后，很多爸爸妈妈留言在家校联系本上，表示对自己触动很大，他们通过亲身体验终于明白了，许多他们自己提出的问题，是可以通过自主合作解决的，甚至和同伴的交流能够喷发无限的思维火花。自主性是多么重要，自主参与被充分尊重，这种感觉太美妙，家长和孩子们一样，都是班级建设的主人。

无论家长会规模的大小，教师必须做到准备充分，计划详实，目的明确，中心突出，组织有序。要将尊重、平等、合作原则体现在家长会的全过程，积极营造平等、民主的家校交流氛围，在交流中探讨，在探讨中解决问题，使家校教育得以持续、健康、和谐发展。尤其要注意的是，家长会的内容和形式都要不断充实和创新，使家长会具有吸引力，获取家长们的支持，调动他们的积极性与主动性。教师要充分发挥开拓精神、组织水平，带领家长们开一场活跃的、有实效的家长会。

2.家长课程

家长学校是把家长当作学生，家长课程则是让家长作为教师。学校家长来源各行各业，每个家庭都有着不同的背景，学校充分挖掘家长身上的教育资源，开展了系列"家长课程"。我校家长课程开展频率为每月一次，则一学期各班都有五位家长走上讲台，其中不乏行业的精英、道德的模范，为学生带来了各行各业的知识与见闻。

家长从不同的方面给孩子们上课，发挥自己的职业特长、兴趣爱好，教孩子水果拼盘、学会理财、挑选水果的生活小技巧、书法赏析、栽种花草等。这为学生打开多扇窗，丰富了他们的课外知识，为他们认识广阔的社会提供了有利的条件。同时也是对学校教学的有益补充，而站上讲台的家长的孩子也会深感与有荣焉。

3.书信交心

除了家访、家长会，信息时代班主任与家长沟通的手段无比丰富。我始终认为信件是很能传递情感的事物，《堂吉诃德》里面说："笔头比舌头更能无拘束地表达自己的情意，倾诉自己的衷肠。"通过信件，能把教师的拳拳之心表达得淋漓尽致。因此有条件的话我会给家长复印后的手写纸质信，哪怕是一封线上邮件，也比聊天群中干巴巴的气泡消息有更大的作用。

一方面，信件有称呼、有落款，撰写时严谨的措辞、恳切的语气都显得更加正式，体现出充分的尊重，更能引起家长充分的重视，也不易遗失。另一方面，书信的工具意义在当今日渐丧失，但反而愈发凸显了它的情感意义。信件的文字，还可以反复阅读，有温暖，有力量，让家长感受到教师、学校的用心，将助力教育工作的顺利开展。

书信架起了家校合作的桥梁，使家长成为班级管理最有力的支持者。有效的书信式教育，能为班级管理增添无穷的力量。

4.有效沟通方法

在与家长沟通的过程中，教师的话术至关重要，掌握得体、恰当的沟通语言，教师能够在与性格迥异的家长对话时都做到游刃有余、从从容容。

我校有针对教师与家长沟通方法的20句推荐用语：

（1）您的孩子最近表现很好，如果在这几个方面改进一下，孩子的进步就更大。

（2）请家长不要着急，孩子偶尔犯错是难免的，我们一起来慢慢引导他。

（3）您有什么事情需要我做吗?

（4）您有特别需要我们帮助的事情吗?

（5）谢谢您的提醒！我查查看，了解清楚了再给您答复好吧。

（6）您有什么想法，我们可以坐下来谈谈，都是为了孩子好。

（7）孩子之间的问题可以让他们自己来解决，放心吧，他们会成为好朋友的。

（8）这孩子太可爱了，老师和小朋友都很喜欢他，继续加油。

（9）谢谢您的理解，这是我们应该做的。

（10）很抱歉，孩子受伤了，老师也很心疼，以后我会更关注他。

（11）我想这件事我可以帮你协调一下。

（12）我们非常欣赏您这样直言不讳的家长，您的建议我们会考虑的。

（13）您的孩子最近经常迟到，我担心他会错过许多好的活动，我们一起来帮他好吗?

（14）您的孩子最近没有来校，老师和同学都很想他，真希望早点见到他。

（15）请相信孩子的能力，他会做好的。

（16）学校的食谱是营养配餐，为了孩子的身体健康，我们一起来帮他改掉挑食的习惯，让他吃饱吃好。

（17）您有这样的心情我很理解，等我们冷静下来再谈好吗?

（18）近期我们要举办××活动，相信有您的参与支持，会使活动更精彩。

（19）学校网站内容丰富多彩，欢迎您经常浏览，及时沟通。

（20）这本书您可以看一下，您一定有收获的，孩子也会受益。

总的来说，因为家长真正关心的是：老师是不是关怀我的孩子。不管何种沟通方式，教师应该让家长觉得自己的确在关心他的孩子。

二、联动社会，实现多方共享

我校整合多方资源，实现创新开放的办学格局。整体采用的方式可概括为"请进来，走出去"。充分利用社区和社会资源，开发社区课程，形成多方联动的共享格局。学校与社区对接，将辖区周边有效资源"请进来"，与学校周边诸多单位共同组成了服务中心。让学校内的各种资源"走出去"，推动和谐社会的建设，也带领学生"走出去"，让学生接触更为广大的社会生活，更加深入地参加社会活动，在具体行动中提升社会性。

（一）开放学校的教育资源，为社区建设提供智力支持和保障

学校始终要坚持方位、开放式办学，多渠道培养素质全面的社会新人。及时制定切实可行的计划和方案。

1.有序开放学校的图书馆和阅览室、从而营造全民读书氛围，帮助

社区居民接触并了解新事物，最大限度地发挥学校资源的效益。

2.学校定期开放学校运动场地和健身器材等体育设施，为社区居民健身和娱乐提供最大的便利。

3.学校每学期开展"学校开放周"活动，在此期间，主动打开校门，让来自社区的单位人员和学生家长以及居民到学校观摩课堂教学，浏览学生作业，跟老师和学生交流思想，参与"大课间活动"，与孩子们共同进行小发明、小创作，观看学校运动会的比赛情况。

4.学校定期组织"社区家长评教师"等活动，扎实开展学校和社区的合作，让社区和家长近距离地感受、了解学校的教育教学活动，了解孩子的成长环境，并对学校提出合理化的建设性意见，给予学校更大的支持。

5.根据社区的要求，学校将组织有专长的教师到社区举行公益性讲座、专业技术辅导报告、职业技能培训等活动，普及家庭教育、全民终身教育，宣传社会发展新形势新变化。

6.主动联合社区进行书法绘画大赛、体育友谊赛、文艺演出等积极向上，反映时代和学生生活的活动，丰富社区文化生活和居民精神生活，提高居民生活质量，切实发挥学校在社区中的文化普及和宣传、智力支持和保障的作用。

（二）利用社会资源，深入实施素质教育

学校不可局限于周边的一亩三分地，要积极主动与外界的社会合作，我校采取措施如下：

1.走进社区敬老院，关注孤寡老人，争做"爱心小少年"，做到由此及彼，从而学会感恩父母，感恩社会，感恩生活在你身边的人。

2.开展多项主题活动：了解社区的人文环境和风俗习惯；关注社区中绿化美化和公共卫生，为社区做自己力所能及的事情，争做"社区环境小卫士";知道社区各面的发展状况,做关注社区发展的有心人;对社区中的水源情况进行调查,就其污染和治理提出自己的合理性的小建议。

3.与邀请家长一样,邀请社区中有影响的人、劳动模范等,或在民间工艺、专业知识等方面有专长的人员通过设立的选修课、举行报告会、进行辅导等形式参与学校的教育教学,增长学生的课外知识技能,增强社会责任感,树立充足的生活信心。

4.学校和社区定期联手开展"争做生活小主人""家务劳动竞赛"等活动,为学生提供创新和展示的平台,锻炼学生的竞争意识和创新意识。我校和社区联合办有"社区小义工"活动,让孩子承担路面清扫、摆放共享单车、维护快递箱等社会劳动,从居住的地域、放学的路上开始,引导孩子做一个传递温暖的使者。

5.爱心公益事业是值得重视的一架桥梁。孩子们很感性,讲述完先辈们抛头颅洒热血的故事时,我见到有孩子把小捧的野花放在花园的土壤上,他们说:"我要把花献给烈士。"孩子们很纯粹,"赠人玫瑰,手留余香",简短的文字,却蕴含了友善、给予、关爱他人的无穷快乐,平日里校园内就能见到同学们积极担任学校的义务服务岗:从校广播员到图书管理员,从电影放映员到安全小红帽,从校讲解员到校园升旗手……处处都有他们忙碌的身影。因此,学校要提供一个窗口,让孩子们浸润在真善美的熏陶中。在我校举办的"向福利院孩子献爱心义卖活动"和"向西藏贫困地区捐献义务活动"中,孩子们呢更是积极踊跃,他们在体验中真正领悟"自己约束自己,自己管理自己""有余力而助人"的理念,提升了自我教育的能力。爱是顶好的老师,我们在校园、班级中对学生施以爱,他们是接受者,通过这样的互动,他们是发出者,一来二去之间,我们能加深孩子们的爱心、恻隐之心。

（三）强化领导，健全制度，为实施学校社区共建工程提供保障

为避免和社区共建的策略流于空泛，学校需要健全制度，为实施学校社区共建工程提供保障。首先，与家校互助委员会相仿，成立由学校和社区人员共同参加组成的社区教育委员会，强化责任，制定方案，明确目标，扎实推进。其次，建立健全评价机制，将年级、班级的工程事实情况与年度考核量化挂钩，并将学生的社区活动情况记入个人成长档案记录中，建立表彰激励制度，激发学生参与社区服务的积极性。

学校和社区的共建，必将形成更加强大的教育合力，促进和谐社区的又好又快地发展，加快和谐校园创建和素质教育进程的步伐，同时又为社区精神文明建设提供新方法，为学校教育教学工作开辟新渠道，打开"学校社区联动"的新篇章。

在三结合教育中，学校占据主导地位，要充分发挥自己的号召力、凝聚力，担任三者中强有力的黏合剂，引导三者步调协调一致，相互配合。风正时济，自当破浪扬帆；任重道远，还需策马扬鞭！

第三节 "双减"政策下的家、校、社共育

"双减"政策减轻学生作业负担，孩子离校后拥有了更多时间；减少校外培训负担，当校外学科性质的辅导班不再开设，孩子再不能往各种培训班中一丢了事，也就杜绝了"家庭教育学校化"的现象。"双减"，就是要把学生从书房、培训班里解放出来，让他们多到户外运动场、大自然中去强身健体；让学生的实现从电子屏、作业堆里脱离出来，让他们有时间去动手实践；把学生的大脑从刷题的机械操练中解放出来，让他们有时间去生产天马行空的奇思妙想。这对家长的教育、社会的开放度都提出了更高要求。学校如何形成一个大课程观，并联合家长、社会共同成长起来，跟上时代的步伐，领悟"双减"的本质？"减"的背后是其实"加"，三者须在学校的主导下提升育人的观念与方法。从学校在家校社共育中所起作用出发，我有以下观点。

一、守住"双减"政策红线

学校是国家教育系统的最基本单元，现在诸多学校大刀阔斧地进行着"家校互动"的改革，可过几年，过十几年，在"双减"政策后要维持住现状，这尤其需要学校的努力。

一方面，学校不能落入应试教育的窠臼。现在正是"双减"政策真正落地的时候，但几年后或许迫于部分家长不允许减负的压力，或许迫于竞争的需求，学校切不可重蹈覆辙，再次一味盯紧孩子的成

绩。明面上的作业减少了，"夏令营""晚托班"等形式又层出不穷，打着"实践教育、放松娱乐、自愿参加"的幌子，实则为所有学生上课，此类举动要严令禁止。最根本的，还是学校全方位培养好孩子，如上述章节阐述的那样，在切合"双减"政策环境的教育理念的统摄下，注重每个孩子的性格、习惯等方面的养成，扎实提高课堂效率，若学生在减负后能发展得更好，素质教育才真正迎来了政策红利期，才将不被"怠慢"。

另一方面，学校不可增加家长的负担。杜绝将学生作业变成家长作业，作业始终是学校教学课程的一部分，家长或可辅导，或可检查，但这些应是家长的自愿行为，而非他们应承担的责任。不给家长布置作业，并不意味着家长把孩子交给学校就没有教育的责任了，家长也要在家里引导培养孩子养成自主完成作业的良好习惯，跟学校密切配合，让家庭教育做它该做的事。再有"双减"政策后各小学开展的课后服务，学校不能把它演变为"补课"或"集体教学"，如此一来，课后延时服务变成了延长在校学习时间，没有家长会提前接孩子回家，反而给家长造成了更大的不便。

学校守住"双减"政策的红线，摆明态度，是开展合作育人的前提。

二、辅助家长素养的提升

在促进家庭教育前，学校要知道家庭教育的问题在哪里，方能对症下药。张基广校长指出过家庭教育存在的三个典型误区：一是过度关注孩子的学习成绩，关心分数而忽视"成人"的教养；二是重视孩

①张基广：《生长在我们的土地上》，湖北教育出版社，2019年版，第239页。

子所谓的"未来幸福",忽视了当下的童年幸福;三是喜欢将自己的孩子与他人的孩子相比,忽略自己孩子身上的闪光点①。好的家庭教育要带给孩子身体和心理的健康,为人处世的情商,良好的习惯,强大的精神,辅导功课反而是最最次要的东西。但长久以来固化的观念并非一朝一夕就能更正,现如今,许多家长依然怀着共同的焦虑与想法:见不得孩子闲着。因为减少作业负担而空下来的时间一定要被其他训练填满,补习不了学业就去学习艺术,家长总想推着孩子前进,多学哪怕一点技能也许就能在将来超越他人。孩子的确需要才艺、需要拓展,但前提是至少要留有让孩子喘息的时间,家长要充分照顾到孩子的感受,尊重、引导、陪伴他们。学校在实行具体举措前,要深入了解家长的想法,体贴家长的心情。

1. 学校提供培训

我校开办的家长学校是为家长提供培训的一种形式,目前已有的家长学校都还只是初初起步,未来蓬勃的发展,有赖于各校开发系列"父母教育"的培训课程。

"双减"之下,我认为学校为家长开展的培训内容总体可从以下几方面出发,缓解家长的焦虑,提升家庭教育的质量。第一,学校可以通过家长学校向家长宣传党和国家的教育方针、政策和法规,提高家长对家庭教育重要性的认识,切实承担起法律赋予家长在培养教育子女方面的义务和责任。第二,向家长传播科学的家庭教育知识、方法以及未成年人生理、心理发展特点和营养保健常识,指导家长对子女实施道德教育、素质教育以及心理健康教育等。第三,纠正家庭教育的错误观念,教育孩子识字看书并不是家庭教育的全部。引导家长从"控制型"转向"顾问型",从更多角度来发现学生的闪光点,让家长充分认识到孩子的优势所在，继而发展孩子的能力，给家长指明学生的最佳发展走向。第四，引导家长密切关注学生教育、教学工作的重点、难点及热点问题，积极开展家庭教育理论与实践的调查研究，为学校家庭教育的开展和建设提出意见和建议。

但总的来说，家庭的差异性总会导致家长需求参差不齐，即使做过调查，依然不能覆盖全面，这为家校合作提出了创新性发展的更高要求，需要我们的家长课程随时作出相应调整，所以，课程体系的建立不仅要有系统性，更需要遵守开放性原则。①也许未来会有一个可参考的课程体系，目前只能有待各校从实际出发，去办最适宜、实用的家长学校。

2. 班主任负责

普遍而言，班主任与孩子、家长的沟通都是最多的，也是家长在学校中最信任的人。因为班主任言之有效，又与家长交流密切，学校把帮助家长提升素养的工作具体落实到班主任、副班主任的身上。

我校一个班级有一位班主任，两位副班主任，则每位教师负责十多户家庭，如果只让一位班主任负责三四十个家庭，班主任负担太重，工作效果也只能是马马虎虎、参差不齐，唯有细化分工才能出成效。

班主任可以在日常工作中渗透对家长的教育。

丰富家长会内容。家长会切忌形式单一，只谈学习，忽略了学生思想、态度、情感以及生活发展能力等，家长会要形式多样、不拘一格，各班主任应积极探索、创新家长会的模式，在家长会上让家长提

---

① 周文清、杨金霖、王季超：《家长学校课程体系的构建与实践——以山东大学附属中学为例》，《中小学心理健康教育》2022第11期，第65—68页。

升家庭教育水平。我在上一节我校举办小型家长会的众多模式均可作为参考，教师讲课要重点突出"一课一得"，家长会也要有"一会一得"，我认为家长会要追求充分发挥"立体教育"的作用，构建"小、精、实、活"的会议。

小——规模宜小。家长们因为时间、工作性质等因素，都邀请本来就难以实现，即使都来了，人多嘴杂泛泛而谈，个别家长甚至连发言机会也没有，效果未必见佳。我建议每次邀请6-10名家长，且分门别类，如独生子女家长会、后进生家长会、女孩子的妈妈会等。

精——内容精练，主题单一。家长会最忌面面俱到，不要幻想通过一次家长会解决所有问题。每次座谈要目标明确，最好集中解决一个中心问题。只有内容精练、主题单一，才能让家长有的放矢，谈到点子上，谈得开阔，才能群策群力突破教育中的难点问题。

实——内容实在。家长百忙中抽空来参加座谈会，若是没有太大收获，无疑会降低再次参与的积极性。因此，每次座谈会都必须务实，要解决一些实际问题，通过实在的活动内容，使家长感到来了有所得，不来有所缺，激发家长积极参加下次座谈会的浓厚兴趣。

活——形式多样活泼。根据学生的学习情况，可召开汇报型家长座谈会；根据学生某方面存在的问题，可召开专题性家长座谈会。不过无论何种形式，家长座谈会都应该是班主任和家长思想的双向交流，而不是"一言堂"。要尽量改正那种领导讲话、班主任汇报、优秀学代表发言、留下个别家长谈话的固定形式。

通过家访"对症下药"。家访是家长会的延续和补充，是对学生个案有针对性的研究和教育，是密切联系学校和家庭的一个重要环节。曾经的家访普遍坚持"六个必访"，必访经常违纪的学生、学习成绩波动大的学生、家庭中出现重大事件的学生、特长生、学困生、心理和情绪不稳定的学生。

"双减"政策后家访更要面向全体，突出重点，做到"一家一案"。尤其需要注意家访前后的工作。家访前，班主任应精心准备，设计好内容，确定家访的目的，并思考如何将教育思想融入家访过程中。将预计探讨的问题告知家长，主动取得支持。家访后，教育工作并没有结束，班主任要适时跟进，保证个别化指导落到实处。家访也可以设置档案，令每一次教育理念的传播，育人水平的提升都能具象化。

三、与家、社紧密合作

（一）与家长连心

"双减"政策下，学校教育与家庭教育的合作重心要从学校本位逐渐转变到家庭本位，其焦点不再围绕学校本身的发展和管理，而是更多关注不同家庭的需要。学校有责任鼓励家长与学校发展伙伴关系，促进家长参与，以帮助儿童在社会、情感、学习等各方面健康成长。

1. 建立联络簿

学校与家庭的唯一联系就在孩子身上，加深家校关系，为开展协同育人埋下良好铺垫的关键也在孩子身上。故我在此特别提示学校要重视孩子的桥梁作用，联络簿就是发挥孩子中间作用的可行形式。

我所说的联络簿并非简单地汇集学生家长的电话、职业等信息，而是每个学生独有的一本实体簿子。在联络簿上，教师可以把对学生的关注、鼓励的语言，以及孩子出现的问题写在上面，与家长交流孩子在校的情况。学生也可以把联络簿作为记录每日作业的本子，第二天教师也可以在学生前一天所记录作业的后方写下对他本次作业的评价。家长则可以翻阅以知晓孩子每日所需完成的任务，也可以在簿子上反映孩子的情况，回应教师留下的笔迹。

有时教师希望家长配合学校工作，无法得到较好的回应，但通过联络簿，有孩子在其中"斡旋"，教师可以顺畅、委婉地让家长在家庭教育中做得更好。

把联络簿当成一种别样的作业本，如果教师能够坚持做到亲自批阅、及时批阅，而且对家长在联络簿上反映的问题及时解决，那将最大化地发挥联络簿的作用，家长也会更信任教师。

2. 逐步提高信息技术使用水平

借助包括微信、云课堂在内的各种平台和工具，构建一个"家校合作一体化"系统。以我校为例，我们与时偕行，利用互联网建设的"微校"平台，每日推广更新着学校各部门的工作报告，家长是"微校"的直接受众，能全面了解我校成长历程和各种相关信息。平台上还会公布学校发展公报，学校向家长和社区发放每月一期或每季度一期的时事通信或公报，让他们了解学校里的教学活动、出色的专业活动和学校所面临的一些问题。

以上都属于官方信息，与家长更密切的交流需要借助群聊达成。但目前的群聊形式存在一些问题。一是华而不实，仅仅用来发布作业、通知，召集举办家长会，只是教师应付工作之举动。如果只做到如此，这实质上还停留在低层次的合作。二是只提问题，没有解决方案，学生在校内的一切小事都在群内事无巨细地公开交代，似乎有了群聊，就可将任何问题都抛给家长，发布消息后就静待家长对学生实施管理，教师的责任感缺失。关于群聊，我认为有三点需要注意。

第一，线上群聊要相互勾连，机构完善。我校建立了行政班子的线上群聊、学校教师线上群聊、各班也设有班级群、校级家委会微信群，分管行政的教师则落实到每个班级群中。行政群、教师群、学科教研群等具备办公自动化功能，支持学校高效开展文件流转、信息发布等信息化管理。通过综合信息发布与互动平台，保证家长能及时收取学校最新信息。完善的群聊体系也让家长反映的任何问题，都可以在第一时间反馈到相应部门。

第二，发挥互联网的记忆功能。学校和班级线上群聊均具备学生数字成长档案管理功能，有学生学业成绩活动照片记录，有学期末学生成绩采集以及各项问卷、意见征集等教务活动。每个班级聊天组内的文件俨然是学生在小学阶段的珍贵的精彩瞬间。

第三，学校教师在利用班级群聊、"班班通"等网络信息平台开展家校互动时要适度，并将功能最大化。学校对全体教师要开展"班班通"网络空间使用培训，并通过家长会和班会对学生和家长进一步进行操作指导。我认为，教师除了发布必要信息，利用群中的作业布置、提交、上传等功能实行管理外，"双减"下更要为家长的家庭教育提供指导和建议。

（1）每逢周末，或是发布假期消息时，教师都可以适当附上一两条建议。

（2）教师也应筛选慕课、讲座等，提供课外的优质教育资源，及时上传，为有需要的学生、家长提供一定的个性化课外在线学习服务。

（3）通过线上沟通改正对假期作业的敷衍态度，可以实时跟进，进行指导、管理和监督。

教师、家长、学生利用电脑和手机可以随时随地进行交流，不仅形成了教育资源的大共享、教师间的大融合、师生间的大互动、教师与家长间的大沟通，也让孩子们在轻松愉快的氛围中高质高效地学习，同时进一步增强了学生空间资源建设。学校都应着力建设完善的管理信息化系统，让师生的网络学习空间比例达到百分之百，实现学校日常管理与家校联系全面信息化。

（二）与社会拉手

曾经也有说要令学校携手社会共同培养孩子，但普遍存在一些问题。

第一，时空协调不便。学校的课程被安排得满满当当，学生在校内的时光全用来学习，乃至体育课、音乐课等都被侵占。学生的课余日程则被作业、补习填满。学校很难找到适合的时间统一安排学生进入社会。

第二，社会课程虚有其名。部分学校开展的社会课程诸多都是"一次性活动"，此类活动往往匆匆开始、草草结束，留给学生的仅仅是"走过场式的体验"①。

"双减"政策之后，学校要建设真正的"社会课程"。

第一，学校可以利用放学后的时间组织各种深入社会的活动，组织频率各校根据实际情况而定。内容可以是在放学路上参与社区的路面清扫、看守垃圾分类房等社区公益劳动，也可以是布置相应调研课题后让学生自由分组走访，如调查住址附近的环境污染情况，某一范围内的植物生长情况等等。

---

①孙夕礼：《学校在家校社协同育人方面如何作为》，《人民教育》2021第8期，第29页。

第二，要具备课程意识，以完整课程的形式精心设计和开展。要明确教育目标、教育重难点，要有课程评价。举一个例子，如学校邀请消防大队来校讲解灭火器的用法、火灾逃生要点、紧急救助方法等知识时，若没有检测手段，大部分学生只能是看了就忘。学校不能单单只进行"邀请"这一步动作。在邀请前和邀请成功后，就要与消防大队沟通本次社会教育的知识内容、重难点，订立完整的计划。完成教育后，可以有消防知识竞赛、火灾演习等多种形式，并在其中设立评价机制，同样要明确奖惩制度。

第三，关注当下社会热点与学生喜爱的表现形式。社会上资源众多，如何筛选出适合普通学生的教育资源，需要学校深刻体察社会动向与学生心理。最典型的，学校可以定期组织学生观看儿童歌舞剧表演，在孩子们喜闻乐见的形式中达成无声的教育。

本节提出的诸多方法，若学校能确切落实，小学教育在"双减"政策之下必然呈现"我行其野，芃芃其麦"的蓬勃之象。

【附录】

1.丁老师的信

当学生初次走进校园时，面对懵懵懂懂的孩子和内心焦虑的家长，我会写下一封信，当学生的语文学习，读书习惯、作业习惯、书写习惯，出现问题时，我会及时而又严肃地写下一封信，当丁老师外出培训，不能和学生待在一起时，为了减少家长的担忧，我会细致而又诚恳地写下一封信 假期到了应该是学生和家长们的幸福时光。为了让孩子们的双休日过得丰富而充实，我也会写下一封信。

我每个学期要给每位家长发出至少6封信，及时把学校、班级中工作安排告知家长。同时，在致家长的信中还会经常出现进步同学的名字。有时，某些学科的方法也出现在信上，与家长学生共享。一位学生的妈妈曾真诚地对我说："这些信都是给我们的'无价之宝！'"

书信一：

给一年级（C）班家长的一封信

尊敬的家长：

你好！祝贺你们的孩子从今天起就成为实验小学的一名学生，经过了漫长的暑假，我期待看到你们的孩子们。他们健康、可爱、聪明、懂事。我将和孩子们一起走过小学六年的时光、陪他们度过生活中的每一天。而我和各位家长将携手为了孩子的全面发展而共同努力，成为最好的合作伙伴，成为好朋友。

小学一年级是一个人学习的起始阶段，就像是一座高楼的地基。这一阶段学习质量的好坏，将对孩子的一生有着无法估量的影响。从幼儿园的小朋友变成一年级的小学生，这是孩子人生道路上一个大的转折。因为幼儿园的生活和学习同小学是完全不一样的。幼儿园以保教为主，老师阿姨细心周到的照顾，让孩子生活得无忧无虑。孩子的许多知识是通过游戏和接触实物等方式，轻轻松松地学到的。而进入一年级后，要求孩子们的生活学习更规范更辛苦，每天要上七节课，还要上一个晚自习。而且上课要求思想集中，不能随便请假旷课。此外，还得要求孩子们遵守校纪校规，很多事情都需孩子独立完成。孩子们刚刚开始肯定很不适应，他们会出现精神差、烦躁，甚至有些孩子不想上学。作为家长，要特别注意您的孩子的教育引导，让他们更快适应新的环境，向往小学生活。为了帮助孩子做好入学的准备，我们建议家长做好下面的工作：

1.给孩子讲讲小学生活，带孩子到校园里转转，让他们亲近校园。

2.教会孩子端正地写好自己的名字，并和孩子一起看看发的新书，包好自己的书，再在上面写好班级、老师、姓名。

3.为孩子准备好六支削好的铅笔（以后渐渐让他们自己削铅笔），和两块橡皮。在铅笔和橡皮上粘上自己的名字，以便在学校里掉了铅笔帮助寻找。为了安全和卫生不要带削笔器或小刀到学校。不要用那种功能太多、颜色太鲜亮的文具盒，不要带铁质的铅笔盒。以免孩子把学习用品当玩具玩，使得上课注意力不集中。

4.请和孩子一起制作一张课程表，家长在开学后的一段时间每天按课程表慢慢地引导孩子带好上学需要的学习用品和书本，学习归类整理书包。过一段时间再放手让孩子自己做，培养他们的学习生活的自理能力。

5.每天放学，我将在黑板上写上今天发生的重要事情、孩子们的表现和明天的注意事项。请家长认真阅读。

6.每天给孩子带上湿纸巾和餐巾纸，特别中午在学校里就餐用。培养孩子的卫生习惯。在家里教孩子学会扫抹桌子，并学着收拾自己的餐具。

7.每天的作业记录在家校联系本上，请督促孩子完成并签字。一开始就给他立下铁的纪律和规矩，每天的家庭作业必须按时完成。奖罚分明。

8.准备一个小闹钟，并教会孩子看钟。父母要有意识地和孩子一起制定学习和作息计划。调整孩子的生活起居习惯及常规，养成孩子自己准时就寝，准时起床的习惯，培养孩子的时间观念。

9.每天8:30之前，准时送孩子到学校。让孩子自己背书包（为了保证正常的教学秩序，没有特殊事情家长请不要进校），每天下午准时接孩子，如果有特殊情况要晚点来接孩子，要及时给我打电话，以免发生危险。

我相信，经过我和各位家长的共同努力，您的孩子一定会在实验小学充实而快乐地度过小学阶段的每一天。

班主任：丁老师

书信二：

给三年级（C）班家长的一封信——关于审题的重要性

各位家长：

你们好！昨天的语文作业是完成《同步解析》中21课《圆明园的毁灭》一课。其中有一题是"填字成词，并在横线上写出所填字的意思"。班上有一些学生因为没有认真审题，在横线上写出的是词的意思。

我一直在强调审题的重要性，可是部分学生依然对待家庭作业马马虎虎，题目都不认真读完，拿笔就写！失之毫厘，差之千里！如此这般，何以在考试中脱颖而出，如何才能考上理想的学校！这种随意性也许会对将来的工作和生活带来极大的影响，实在令人担心！请家长引起重视，无论做哪门功课，都要督促孩子把题目要求多读几遍，弄清题意，才能从容下笔。

那么如何审题呢，如何培养良好的审题习惯呢？

所谓审题，就是弄清楚题目意思，弄清楚已经知道什么以及要求做什么（已知和未知）。

审题不认真的孩子，往往有畏难心理，依赖心理，急躁心理，马虎的态度。不少学生面对文字较长，或者中间有一两个地方卡住，就没有信心，予以放弃；有些学生丢三落四，没有看清楚题目的意思，匆忙动手，导致错误。

题目要多读两遍，分段逐字阅读，边读边想，理解每句话的含义，知道题目要我们干什么。对重要的字、词要做上记号，提醒自己注意，细心体会它们的含义，理解各个分句之间的关系，最终理解题意。审题很重要，它是取得优秀成绩的关键呀！

班主任：丁老师

书信三：

给四年级（C）班家长的一封信

各位家长：

你们好！

感谢你们一直对班级工作的支持和信任！由于学校的安排，我要外出学习一段时间，六月底才能回来。对于班上的孩子，我确实有些放心不下。因为班主任就像是孩子们在学校里的妈妈。

我不在学校的这段时间，请各位家长加强对孩子的管理和督促。特别是提醒学生在校的安全和学习状态。学校已经请了有经验的语文老师代我的课。我会和代课老师全面细致地沟通，一定不会耽误孩子的学习。请各位家长放心！

关于近期语文学习、学生在校的行为规范、学生期末复习需注意情况的文件已分别上传。

最后谢谢各位家长对我工作的支持和帮助！再次提醒各位家长关注孩子在校的安全，特别是男孩子的家长，这段时间一定要格外注意。多和魏老师沟通，了解孩子在学校里的情况。

祝各位家长工作顺利，家庭幸福！

备注：

魏老师电话……　　　　梁老师电话……

丁老师QQ号……　　　　代课陈俊秀老师电话……

班级邮箱……

班主任：丁老师

书信四：

再致四（C）班全体家长的一封信

各位家长：

你们好！为期将近一个月的学习已经结束。我于6月30日回到武汉。这次学习，我聆听了北京师范大学的教授、北京市特级教师以及全国优秀班主任的报告。更让我感到作为一名小学基础教育的语文老师的幸运和作为一名班主任的责任。

在外学习的这么多天，最放心不下的就是班上的孩子们。他们就像我养大的孩子，不管离开多远，心中总会有份牵挂！担心他们的安全，担忧他们的学习，生怕班上的小家伙们闹矛盾，出乱子！还好，虽然其间有一些小插曲，但总算安然度过。特别感谢各位家长，这个月对孩子生活更加细心地照顾，对他们学习更加严格的要求，对我工作的全力支持！

坐在书桌前，翻看孩子们这次期末考试的卷子。让我感到欣慰，孩子们已经慢慢地长大，他们对基础知识的掌握，对阅读题的理解，对习作的兴趣，都在不断地提高。只是粗心马虎的毛病比较明显。是不是我这个"妈妈"不在，孩子们有些不安和焦虑？先生在一旁，拍着我的肩膀说："这不正体现了你这个妈妈存在的价值吗？呵呵！"

我现在将本次期末考试，学生完成试卷的情况分析如下：

本次期末考试，除五人免考以外，九十分以上的同学有（排名不分先后）……

试卷书写比较认真的有……

这次考试，反映出学生的书写不够端正，审题马虎，有些同学成绩退步较大。请各位家长督促学生将期末试卷打印（在邮箱），重新完成！

充实而快乐的暑假生活即将到来，大家要合理安排假期生活，睡眠营养大脑，旅游调节身心，广泛阅读深厚积淀（参看《书香人家阅读推荐书目》），必不可少！

祝大家暑假快乐，家庭幸福！

班主任：丁老师

书信五：

致五（C）班全体家长的一封信

各位家长：

你们好！

在这里我为诸位家长提供一些教育方法。

父母送给孩子的话可以是：

1.孩子，你在我们这个家庭中是非常重要的。

2.孩子，在任何时候有任何困难一定要知道，爸爸妈妈是你强大的后盾。

3.孩子，爸爸妈妈对你的爱是无条件的，但是人一定是要靠自己的。

4.孩子，任何人的成功都是要付出汗水的，这个世界不相信眼泪、不相信投机取巧，只相信努力，虽然努力不一定成功，但放弃一定失败。

5.孩子，每个人都有其独特的潜质，所以人人皆可为尧舜，你也一样，说你行，你就行。任何困难是安排来锤炼你的使者，反而你要去善待它。

给孩子推荐一本好书

前言：你读得越多，知道得越多。你知道得越多，你越聪明。你越聪明，在校学习的时间越长。你在校时间越长，获得的文凭越多，受雇的工作时间就越长——你一辈子赚的钱就越多。你的文凭越多，你的孩子在学校的成绩越高。你的文凭越多，你的寿命越长。你读得越少，知道得越少。你知道得越少，越早辍学。你越早辍学，越早变穷，而且穷得越久。你越早辍学，入狱的概率越大。

—— [美]吉姆·崔利斯《朗读手册》

推荐书名1：《跳蚤也能胜过大象：小学生最想读的101个趣味故事》，[韩]金恩彬。

推荐书名2：《淘气包马小跳》系列之一——《名叫牛皮的插班生》，杨红樱。

推荐书名3：《爱的教育》，亚米契斯。

推荐书名4：《在宇宙中书写：感动小学生的100篇科幻》；陈娣等主编。

推荐书名5：《窗边的小豆豆》，[日]黑柳彻子。

推荐书名6：《男生贾里》，秦文君。

推荐书名7：语文新课标名著阅读花絮——《中国历史故事》，朴松花主编。

推荐书名8：《青鸟》，[比利时]莫里斯·梅特林克。

推荐书名9：国际大奖小说系列：

《蓝色的海豚岛》，曾荣获纽伯瑞儿童文学奖金奖、国际安徒生奖等七项儿童文学大奖。

《苹果树上的外婆》，荣获1965年奥地利国家儿童与青少年文学奖，

《时代广场的蟋蟀》，这个写于20世纪60年代的童话故事感动了全世界，受到各国读者的喜爱，成为充满友爱与温情的经典之作。本书荣获1961后纽伯瑞儿童文学奖银奖。

推荐书名10：《格林童话》，[德] 雅各布·格林、威廉·格林编著。

推荐书名11：《小学生必背古诗70首》。

班主任：丁老师

书信六：

致六年级（C）班家长的一封信

六（C）班的各位家长们：

你们好！

转眼间，我们和孩子们在实验小学已经生活了五年，即将进入六年级的学习。总还清晰地记得他们刚入学的幼稚模样，可看看现在的

他们，长高了、懂事了！他们就像我抱在怀里的孩子，渐渐会爬了、慢慢蹒跚学步了，现在该是脚踏实地奔跑的时候了！六年级，是孩子成长的关键期。充实、紧张、但又充满期待。

这段时间，大家见到我，说的最多的话就是："丁老师，到六年级了，学习上应该怎么办？""丁老师，帮我管紧一点，这一年太关键！"从大家的话语中，我感到做父母的不易，更感到了大家的不安和焦虑。

所以我首先想谈谈家长的心态。大家必须克服浮躁，调整情绪，多点平常心，少点虚荣心。这一年只是孩子要经历的人生的一个阶段，它并不能决定孩子的一生！家长们不要盲目跟从，要了解自己孩子的实际情况及家庭状况，多多赏识、鼓励孩子。"不求与人相比，只求超越自己"。对于六年级的孩子来说最关键的并不在于这次考试多少分，那次考试多少分，而是要继续养成良好的学习习惯，形成主动、踏实、细致的学习意识，能严格要求自己。家长要耐心听孩子倾诉，及时排除不良情绪，让他们时时刻刻在爱与被爱中有快乐、轻松、健康的心理。只有当孩子觉得自信、快乐、自尊、自强时，他们才能积极地生活、学习，才能让你有意想不到的进步。

接着我们再来聊聊孩子的青春期教育。六年级孩子正是身体发育最迅猛的时期，我们要及时告诉孩子身体上将会有哪些变化，消除孩子好奇、紧张的心理。父母亲要寻找合适的时间跟孩子说说悄悄话，特别是女孩子的妈妈要告诉孩子该如何保护自己。

有些孩子因为身体发育，可能会出现以下情况：①对异性产生好感；②出现逆反；③敏感情绪不稳定；④爱看校园言情小说。这些变化对于六年级的孩子来说太正常了。我们要学会理解这是孩子此阶段成长的一个表现，要细心观察孩子的思想动态，心平气和地与孩子沟通。切记，宜疏不宜堵！

父母要保障孩子营养均衡，教育孩子合理安排时间。做到先紧后松，提醒孩子不要睡得太晚，保证有充足的睡眠时间。

特别提醒孩子要注意安全，不玩危险的游戏，在学校里不与其他学生因为发生矛盾，而有肢体上的接触。学会忍耐、宽容，以理服人。更要学会保护自己不受伤害。生命高于一切！

最后我们再来说说六年级的学习。相信每位家长在这一年都不会放松对自己孩子在学习上的要求，但千万不要舍本逐末，轻重倒置，基础知识的学习，扎实把握书本内容，博览群书，广泛积累，才是根本！更不要让孩子每天的生活只有学习，因为那只会让学习变得索然无味，毫无效率！进行有氧运动，发展兴趣爱好，会让大脑充满活力与智慧！

六年级了，让我们手握紧，心相印吧！突然想起微博上，好友转给我的一句话："孩子烦我千百遍，我待孩子如初恋。"

班主任：丁老师

2.鼓励独立并非拒绝陪伴

前几日，在《中国青年报》上，看到了这样一篇文章——《孩子过早独立是另一种奥数训练》，首先是被它的题目所吸引，孩子早点独立不好吗？这正是我们大家所期待的。为什么在作者看来却变成了一种奥数训练？

现在社会上确实有这样的一种现象:"奥数竞赛""英语考证"逐渐降温，越来越多的父母开始重视分数之外的能力培养，更有家长反其道行之，表示坚决不上课外培训班，他们认为孩子必须早点扔向社会，学习吃苦，学会自立……但当家长们纷纷夸耀自己孩子的独立能力时，是否观察一下自己的内心，培养孩子独立的初衷是怎样的？而让孩子过早独立，是否为另一种如奥数训练一般的拔苗助长？

去年腾讯，搜狐、网易，以及各大媒体曾经报道过这样一则新闻：（出示搜狐新闻截图），简述故事。一天傍晚7点多钟，一个6岁的孩子带着一个4岁的孩子，在没有大人的看护下，独自搭乘公交车，这已经是自己第四次，孩子父亲认为自己的做法是为了"锻炼孩子的独立能力"。人们对这件事情的看法褒贬不一。

现在确实有一种"教育方法"渐渐流行，培养孩子的独立性越早越好。更多年轻的父母感受到独生子女"性格脆弱""依赖性强"的毛病，希望孩子的能力尽早得到锻炼。每当家长骄傲地说，"我家孩子一出生就自己睡"，"我家孩子上下学从不用接送"，往往会得到别的家长羡慕的眼神。不过，这样真的好吗？

作者在这篇文章中阐述了自己的三个观点：

观点一　缺爱的孩子，也无法给别人爱

（介绍小女孩蕊蕊的故事，课件出示故事中的关键词。）蕊蕊妈妈信奉"科学喂养"，绝不溺爱孩子。几乎从一出生开始，她就用各种方法训练女儿的独立性。蕊蕊在婴儿期就是独自睡一张床，一个房间；对孩子的任何要求，从不爽快答应而要"延迟满足"；小学一二年级，自己乘公交车上下学；一放寒暑假，蕊蕊更是要参加各种训练营，或是单独送回农村老家，几乎一天都不在家待着……

多年培养的结果是，蕊蕊的自理能力非常强。但蕊蕊在家也越来越待不住。总想出去玩。越到假期，和妈妈的相处就变得越困难了，总是吵架，引发冲突；妈妈想跟她一块儿出门呢，蕊蕊说了："我就算一个人在家宅着也不跟你出去！"

她也显得比一般孩子成熟，她关注的话题也比较成熟，和同班女生玩不到一块儿。对待别人也总是不信任。

为什么"科学的喂养方式"会导致现在的结果？

儿童教育专家、《好妈妈胜过好老师》作者尹建莉说："当你不陪孩子的时候，孩子慢慢也就不想陪你了。儿童的一切都是在模仿成人，父母怎样对他，他也怎样对待别人。一个人不可能给出自己没有的东西，从小缺爱的孩子怎么给别人爱？"

"过早独立的孩子往往早早失去了童真。也许家庭经济环境不错，但家长人为制造了复杂的生存环境，迫使孩子早早成熟。就像在丛林中独立生活的小动物，需要时时保护好自己，缺乏安全感，敏感多疑。"

观点二 过早训练孩子独立是披着爱的外衣的占有和控制

文章介绍了小女孩阳阳的故事：因为阳阳的家庭比较特殊，阳阳有一个患自闭症的哥哥，妈妈希望女儿长大后还能肩负照顾哥哥的重任，所以想把女儿培养得很强大。四岁时，妈妈就把阳阳送到一个军事化训练的夏令营，每天让孩子自己叠被子、吃饭、洗澡，甚至剪头发。阳阳从一岁开始，就单独睡觉，虽然极不情愿。

渐渐地，阳阳变得越来越"强大"。

从上幼儿园开始，阳阳就表现出极强的控制欲，"你一定要跟我玩，不许跟别人玩"。如果不跟她玩，就可能发生打架事件。放学时，其他小朋友都牵着爸爸妈妈的手回家，只有她背着一个超过她身形的大书包，独自走在回家的路上。阳阳也不合群，经常郁郁寡欢。

尹建莉说："这些家长表面上没有溺爱孩子，但其实和溺爱的家长一样，是披着爱的外衣的占有和控制，是成人按照自己的意志去管理孩子。"

"这样的家长太急于把孩子训练成社会人，潜意识中是在推卸自己的责任，要把孩子推向社会。无视孩子的需求。"

观点三　孩子只需要爱，不需要别的

文章又介绍了三岁小男孩的故事：尹建莉老师在一次聚会中遇到的事情。一对父母，在儿子3岁的时候就把他送到了一所全托的幼儿园，一周或者两周才接回家一次。父母非常满意，说孩子会自己洗袜子、内裤，睡觉起床都很自觉。

在聚会中，孩子也的确看起来十分聪慧乖巧，坐在妈妈身边默默吃饭。但突然，孩子"哇"的一声哭了出来，显得十分伤心。平息后才知，妈妈一直给孩子夹虾仁，他以为妈妈故意不让他吃喜欢的腰果，所以大哭，怎么安慰也没用。

尹建莉说："看得出，孩子内心有强烈的不安全感。父母和孩子缺少相处的长度和频次，彼此间的情感联结就会比较稀疏，（缺少相处的时间，缺乏爱的交流与回应）爱的浓度和质量就不会高。孩子只需要爱，不需要别的。"

尹建莉强调，人的基因里潜藏着要独立的愿望，这是人的天性，不用担心孩子不愿意独立；相反，不能独立的孩子往往是由于早期错误的教育。

"就像奥数训练，本身是中性的，但如果孩子不喜欢奥数，非得训练就是错的。种种培养孩子独立的方式也是如此。比如夏令营，孩子乐意参加就好，可以过一过集体生活，交交朋友，但如果把夏令营的训练当成目的，引起孩子的痛苦就适得其反。衡量标准，就是孩子喜不喜欢。"

文章中的一个个故事，儿童教育专家尹建莉老师话语中的担忧与焦急，以及文章作者的三个观点，确实让我感想颇多：我们的教育是不是在由一个极端走向另一个极端，反应试、反培优、反考级后的推崇过早的独立自主，是不是会弄巧成拙？由此我联想到了三个问题：

联想一　上不上寄宿制学校？

关于孩子寄宿，赞成派认为可以培养孩子的自理能力和集体意识，反对派认为缺少家庭的温暖，不利于孩子情感培养及智力发展。

我个人的看法，还是比较反对寄宿制的，我认为幼儿园和小学阶段的孩子最不该寄宿，初中也不该。孩子到了高中阶段，寄宿制对他的负面影响会小很多，要不要寄宿，需综合各种条件来考虑，但仍然建议最好住在家里。

如果把孩子和父母隔绝开来，就可以锻炼出很强的自理能力——按照这样的逻辑，孤儿院的孩子受到的早期教育应该是最好的。事实上，在孤儿院长大的孩子大部分有较重的心理问题。因为他们被剥夺了正常的家庭生活和父母之爱，缺少和亲人的情感及语言交流，以至于成年后在心理及能力方面表现出永久的缺陷。

长期寄宿的孩子，潜意识中害怕被父母抛弃，对父母有怨恨，所以经常会表现出委屈、拒绝、和不可理喻。送孩子寄宿成人无视儿童作为一个人的自然需求、把自己的需求强加到孩子头上。

正如苏联教育家苏霍姆林斯基所说，"最好的寄宿学校也不能代替母亲"。孩子首先要获得温饱、安全感、爱和亲情等这些自然需求，然后才能发展出更高一级的自律、合作等意识和能力。

要培养一个出色的孩子，父母必须有这样的意识和自信：父母是最好的老师，亲情是最好的营养品，餐桌是最好的课桌，家是最出色的学校。

联想二　要不要提前出国留学？

现在低龄留学趋势明显，最近，某机构对国内中学生出国留学意愿进行专项调查，结果令人吃惊：近半数的中学生打算出国留学。

其中，有两个数据令人惊讶：一是有留学打算的中学生比例超过高中生，分别是47.4%和42.9%；二是中学生家长对孩子留学的支持率奇高。调查数据显示，超过六成的中学生家长对子女的出国留学计划持支持态度，其中非常支持的占20.1%，比较支持的为41.5%，而不太支持的有30.3%，坚决反对的仅占8.1%。

近些年来，全国各大中城市中学生留学已成热门，无论是富裕家庭，还是中上生活水平的家庭，都希望或想方设法把孩子弄出国去。即便是有些一般家庭，也会倾其所有而为之。但是，国外的生活真的犹如我们想象中的那么美好吗？孩子小小年纪就出国就一定能衣锦还乡？

由于中学生的生理、心理发育尚未成熟，生活阅历单纯，且他们多为独生子女，普遍缺乏独立生活的经验和独立处世应变的本领，因而在国外生活时往往会陷入意想不到的困境，甚至是陷入人生的种种误区和歧途。

当我们的孩子站在举目无亲的异国他乡的土地上需要独立生活了，才发现其实困难重重。

联想三　家庭教育的迷局？

据人民网强国论坛今年5月开展的一项调查显示，在有子女的被调查者中，92.8%的家长认为自己对孩子的成长、教育存在焦虑。在焦虑的家长成为大群体的同时，还有部分家长教育手段出现偏差、家庭监管缺失，甚至暴力虐童。

"家庭是人生的第一个课堂，父母是孩子的第一任老师。家庭教育越来越被人们关注和重视，人们也逐渐意识到家庭教育出了一些问题和偏差。那么，家庭教育的问题到底出在哪里呢？我认为，不少家长对家庭教育有"三不知"：

一是不知道为什么"教"。不知道教育的根本目的是什么，不清楚教育的价值所在，不知道先"成人"后"成才"的基本教育原理。

二是不知道"教什么"。不知道家庭教育的主要内容是什么，不清楚家庭教育该在哪些方面着力，以至在家庭教育中，不少家长眼睛盯着的是学习成绩，是功课和分数，存在"重成绩轻品德"的现象。

三是不知道"怎么教"。不知道家庭教育的正确方式方法，以致在家庭教育中出现了以下行为上的偏差：看到大家都在做什么，也跟着做什么。

眼睛老是盯着"别人家的孩子"，一心希望自己的孩子拥有"别人家的孩子"所有的优点，这是一种典型的攀比心理、虚荣心理。把家长的意愿强加在孩子身上，不考虑孩子的个性特点，不尊重孩子自己的意愿和选择。有不少家长把所有的希望寄托在孩子身上，把大部分精力用在孩子的教育上，完全失掉了自己的生活。

父母不仅要爱孩子，更要会爱孩子；不仅要教孩子，更要懂得会教孩子。否则，可能好心办坏事，事与愿违。

现在家庭教育工作的当务之急，就是制定专门的"家庭教育法"。在刚刚结束的"两会"期间，福建省全国人大代表陈秀榕提交议案，建议将家庭教育立法纳入全国人大立法计划，制定专门的家庭教育法律。以法律的威严让家长高度重视家庭教育，让全社会关注家庭教育，改进家长的教育观念和教育方法，提高国民素质。

现在比较火的电视节目《朗读者》的第二期的主题词是陪伴，很喜欢董卿在节目里念的一首孤城的诗："草，在结它的种子；风，在摇它的叶子，我们俩站着不说话。"陪伴，是一种温暖，因为它意味着有人把世界最珍贵的时间给了你；陪伴，更是一种力量，因为失去了陪伴，也就失去了生存的意义。

　　孩子的自主生活能力要不要培养？回答绝对是肯定的。但一定要顺性而为之，多考虑孩子的需要，少一些功利，少一些虚荣，多一些责任，多一些关爱，因为陪伴孩子长大的过程，也是我们自我成长的过程。

3.班主任如何与家长处理好关系

关于班级管理方面的经验介绍，我苦思冥想总觉得我所做的太平凡、太平常了，没有什么经验可谈，在座的各位，经验丰富的班主任多的是，如果说是经验交流倒不如说是抛砖引玉。作为一名班主任，工作能受到领导和同事的首肯，我倍感欣慰，我深知自己做得还很不够，有很多地方还有待提高。所以，我又感到惭愧。下面我把平时在班级管理中的一些点滴做法跟大家做一下交流，有不当之处，敬请各位老师批评指正。

一个孩子的健康、健全成长，仅靠学校或仅靠家庭都是不够的：教师观察不到孩子在家的情况，家长也很难看到孩子在校的表现，需要的是两者之间的合力，教育才会有针对性和连贯性。应该说，这是校园人际关系中难度较大的一种关系。因为家长的职业不同、层次不同，教育孩子的观念也不同，要让他们都能与学校"步调一致"，真的很不容易。为培养创造性人才提供一个良好的大教育环境。教师与家长必须做到互相配合，和谐施教，共育新人。所以今天我和大家共同探讨的话题是：班主任如何与家长处理好关系。

作为一名小学老师，不但要和孩子打交道，还要经常和家长见面交流。平时，同行们经常会聊起家长这个话题，某某班家长很好，对老师的工作很支持，某某班家长比较苛刻等等。前段时间，看了一下丁远峙的《方与圆》，文中说一枚铜钱，中间透着棱角分明的小方孔。铜钱所启示我们做人的道理就是要外圆内方。方，就是做人的正气，具备优秀的品质。圆，圆通，善用技巧。正如人生走路，直走不行，就可以想办法绕过去。一个人如果过分方方正正，就像生铁一样，一拗就容易断；但一个人如果八面玲珑，圆滑透顶，总是想让别人吃亏，自己占便宜，久而久之，谁还愿与这种人打交道呢？我猛然领悟到：作为一个老师，要和家长交流，必须做到外圆内方，方外有圆，圆中有方，外圆而内方。

一、"圆"是和家长交流中的处世之道

教师的"圆"最重要体现在与家长的谈话交流上，好的意见建议家长都是乐意接受的，但要提出批评意见又该如何说呢？如果谈话的技巧"圆"了，家长也就能接受了，所以我认为应做到以下几点：

1.出批评之时机（即什么时候向家长批评孩子最合适）

教师向家长反映情况时，如果当着小孩的面或者其他家长的面，不管教师的批评多么温和，其结果可能会很糟糕，可能得罪家长，家长会以为你在出他的丑，容易伤害家长的感情，产生不良的后果。有的家长可能因此迁怒于孩子，回家之后打骂孩子，有的可能造成双方情绪上的对立。所以我认为选好与家长交流的时间和地点非常重要。像接送孩子时的短暂交谈，就是一种最简便、最常用的沟通方式。它可以及时地互通信息，使家长和教师得知近日乃至当天孩子在校在家情况，这比特意找家长到校更容易让家长接受。

2.报喜忧之先后（即向家长是先说优点还是先说缺点）

不管是"对中有错"还是"错中有对"，小孩子的优点、点滴进步都要先告诉家长，不吝惜对孩子应有的赞美与期望，不要懒得说，"喜"并不是简单地理解为是"应该做的"，不用说，而是应该必须说出来，多表扬。报喜说明教师喜欢孩子，然后再耐心诚恳地指出问题所在，能提醒的就不要批评。我们大部分老师也是家长，我们也有亲身体会，谁不渴望自己的孩子好呢？有些家长有时是在试探老师，比如"我们这孩子忒笨""这孩子一点出息也没有"……

3.说看法之语气（即与家长交谈什么样的语气最合适）

批评是来自外部的，如何把来自外部的转化成内部的动力呢？把责备变成"请教",采取请教式的批评。如:"这个问题我不太清楚,您能讲讲吗?您能和我谈谈孩子在家里的情况吗?"尽量采取请教、商量的态度,把找出问题的主动权让给家长,耐心地听取家长的意见,使家长产生伙伴般的亲切感,也向家长证明你是尊重他的人格的,所以效果好。其实不仅是对家长,对所有人提出批评时,都应采取"请教"的方式。批评时不要以教育专家自居,不要用命令式的口吻,一副指使的派头,说过多的术语,给人以高高在上的感觉。我经常对有的家长说:"我闺女……""在教育孩子的问题上我还应向您学习呢!"

4.提意见之可行(即提什么样的意见最可行)

在指出存在问题时,把注意力集中在孩子的具体行为和表现上,介绍孩子情况时,最好是描述孩子"做了什么",而不要概括"是什么样的"。批评时对问题就事论事,不概括化,批评行为本身,不能进行无视孩子人格价值的指责贬损,不要一味地指责孩子。批评的目的是希望孩子获得进步和提高,重点是放在如何改,防止重新犯错,教师要多分析原因,提出具体的改进方法。比如,为什么错,应该怎样做,为什么要这样做以及告诉处理类似事情的方法。

二、"方"是与家长交流中的做人之本

实质上,"方"的确是做人之本,是堂堂正正做人的精神脊梁,这个世界上最受欢迎、最受爱戴的那些人物无不是具有"方"之灵魂。作为一个教师,人类灵魂的工程师,更应做到"方"的楷模。

1.抵制社会不正之风

有的家长出于对孩子教育的重视,有的是受社会不正之风的影响,或是随波逐流,给教师"送礼",当然也有的是因教师对孩子真诚的爱感动了家长,家长主动给教师送东西,教师应该如何处理这些问题呢?这确实是值得每一个教师认真思考的问题。在市场经济条件下,教师要抵制社会不正之风的侵蚀,不利用地位向家长谋求私利,避免通过孩子指挥家长，要遵守人际交往的道德规范，否则不但降低教师在孩子和家长心目中的威信，还会影响对孩子问题的处理。教师要清醒地保持自己人格的高尚性，在与家长交往的过程中端正动机，不搞"权钱"交易，保持教师与家长关系的纯洁性，这是教师与家长进行交往的原则。

2.对家长一视同仁

教师与孩子家长虽然社会角色不同，特别是家长的社会角色也是各不相同的。一个教学班通常有几十名孩子，孩子家长的职业不同，身份不同。有的孩子家长在学历、职业、收入、社会地位等方面都比教师高，也有的家长是普通的劳动者，甚至是下岗的工人。其实不管是普通的工人农民，还是公司企业的经理、老板、政府机关的领导，在教师面前只有一种身份，都是家长，双方没有人格上的高低贵贱之分，只能在相互理解，彼此尊重的过程中进行交往，任何一方都不能采取凌驾于对方之上的态度。但无论在何种情况下，教师对家长都应一视同仁，一样看待，一样尊重，要平等待人，不要"势利眼""看人下菜碟"，不因家长地位的高低而有亲疏之分，要不卑不亢。

3.平等处理家长关系

教师要换位思考，体谅家长的爱子之心。教师因为是施教者，容易产生优越感，遇事爱坚持自己的观点，"好为人师"，这其实很容易影响与家长的关系。教师要将心比心，真心理解家长对孩子的关爱，考虑家长的利益，不过分计较个人得失。教师还要处理好家长之间的矛盾。在学校里孩子之间发生矛盾、冲突是常有的事，常常是两个发生问题的孩子已经没事了，可家长之间却产生了矛盾。这时，教师要以一颗平常心对待每一位家长，以平等的态度对待每一位家长，在相互尊重的前提下，协助处理好家长之间的关系。

4.帮助家长提高威信

首先，教师教育孩子尊重自己的家长，是使他们认识是非的一个重要方面，教师要帮助孩子发现家长身上的使他们感到自豪的品质，发挥家长在教育孩子中的作用。如果教师善于提高家长在自己孩子心目中的威信，也就提高了教师自己的威信，也就取得了家长对教师工作的真诚支持。

其次，教师不要当着孩子的面议论家长的缺点，评判家长的对错。教师与家长即使有不同的看法，也要注意采用适当的方法，与家长真诚交换意见，给予热心的指导，根据家长的特点，机智地帮助家长提高教育素养。避免当着孩子的面与其他教师议论家长，评判家长，更要避免当着孩子的面与家长争高低，发生争吵。

作为一名小学教师，只有做到了外圆内方，才能得到家长的认可，才能使你更顺利地开展好工作。

下面我再谈一谈交往过程中出现的几个棘手的问题：

——当家长不满时

一次，我们班的一个孩子被同伴打出鼻血后，家长十分气愤，对我说话也是气势汹汹的。我当时就想，如果是我，我也会心疼孩子，所以我首先承认自己工作失误并表示深深的歉意，接着全面介绍孩子的情况，使家长感到他的孩子是受老师和小朋友关爱的，发生这次事件纯属偶然。然后，我诚恳地保证今后将尽力避免发生类似事情，还表示接受建议，希望家长今后对自己的工作多提意见。这位父亲面见我态度诚恳，很快化解了心中的怨气，谅解了教师，还分析了自己的孩子的过错。从这个例子可以看出，如果教师能认真分析家长的意见，理解家长的正当发泄，接纳家长的合理化建议，就会转变家长的态度，得到家长的理解和支持。

1.对待家长的不满、抱怨甚至愤怒，应真诚地与家长沟通，以得到家长的信任和理解。

2.想一想自己是否真的错了，如果确实是自己不对，要诚恳地向家长道歉。

3.要始终尊重家长。如果家长的嗓门越大，自己讲话的声调就要越轻，速度要越慢。

4.向家长询问一些可以自由回答的问题，如："这是如何发生的？""如果您是我，应该怎样做才好呢？"尽量不要反问，否则会让家长反感。如："为什么别的家长没意见？""为什么你要我这样做？"

5.家长将不满、抱怨甚至愤怒发泄出来，如果家长的言辞带有侮辱性，则暂时找个借口回避，以后再谈。

6.一些教师听到家长的指责和抱怨，往往会本能地为自己辩护，这样只会激化矛盾。所以，教师应把"不可能""我绝对没有说过那种话"等辩解词换成"别着急，我查查看""让我们看看这件事该怎么解决""您放心，我一定给您满意的答复"，等等。

7.不能因为家长的过激情绪而影响对他孩子的看法，应更加关爱他的孩子，这样做的效果远远胜于表白。

——当沟通无效时

遇到这种情况，教师首先要冷静分析沟通失败的原因，然后尝试采用迂回的沟通策略。像我们班一名同学叫张梦航，一年级……在和家长沟通希望其引起注意的过程中，家长却认为孩子没有这个毛病，甚至认为教师对孩子有偏见。对此，我既没有生硬地和家长继续交谈，也没有因为家长的不理解而放弃教育责任，而是改变了沟通策略。我下课经常找这个孩子谈话，给她讲道理，小孩子一般回家都向家长汇报当天老师都对他们说了什么，经过多次观察，家长渐渐发现自己的孩子和同龄幼儿相比，确实存在差异，便主动找教师沟通，后来这个孩子在老师和家长的共同教育下终于和其他孩子和平相处了。这个例子告诉我们，不论多难沟通的家长，只要辅以灵活巧妙的方式，让他们感觉到教师确实是为孩子着想的，就能使沟通获得成功。

1.绕开态度强硬、性格固执的家长，主动和孩子家庭中较开明的家长进行沟通。

2.在各种建议都无效时，可以说"您想怎么办"或"您有什么要求"等，让家长直接面对问题。

3.推荐一些相关的育儿杂志、书籍给家长阅读，或建议、安排家长参加有关专家讲座，以丰富家长的育儿知识，提高家长的认识。

4.安排家长参加一些活动，用事实说话，让家长自己发现问题。在家长产生解决问题的愿望时，再与其进行沟通。

最后，还有几个工作中的细节问题我认为不能忽视：

1.成功组织好每学期的家长会。

2.一定要认真、如实、艺术地填好每学期的学生评价手册。

3.要不厌其烦地接听所有家长的电话。

4.经常做一些调查，了解孩子的情况及家长的意愿。

各位老师，上述所言只是我与家长交往的一些做法，相信这些不成熟的经验，是无法与经验丰富的老班主任相比的，说出来只是希望老师们不吝赐教，以期更好地做好今后的工作。无论何时何地，有一点不会变，那就是：我们班主任都有一颗和家长一样爱孩子的心。